KB009940

우리는 더이상 흔들리지 않는다

# 미안해요, 이재명

백승대·이수현 저

# 미안해요,
# 이재명

초판 1쇄 인쇄 2023년 7월 12일
초판 1쇄 발행 2023년 7월 21일

**지 은 이** 백승대·이수현
**디 자 인** 박애리
**펴 낸 이** 백승대
**펴 낸 곳** 매직하우스

**출판등록** 2007년 9월 27일 제313-2007-000193
**주    소** 서울시 마포구 모래내로7길 38 서원빌딩 605호(성산동)
**전    화** 02) 323-8921
**팩    스** 02) 323-8920
**이 메 일** magicsina@naver.com
**I S B N** 979-11-90822-31-2

*책값은 표지 뒤쪽에 있습니다.
*파본은 본사와 구입하신 서점에서 교환해드립니다.

ⓒ 백승대·이수현 | 매직하우스
이 책은 저작권법에 따라 보호받는 저작물이므로 무단복제를 금지하며
이 책 내용의 전부 또는 일부를 이용하려면 반드시 저작권자와 매직하우스의 서면동의를 받아야 합니다

미안해요,
이재명

# Prologue

## 총선에서 패배하면
## 이재명의 미래도 사라진다

윤석열 정권이 들어선 지 이제 겨우 14개월이 지났다. 불과 14개월이 지났음에도 불구하고 10여 년이 지난 것처럼 괴로웠으며, 남은 46개월은 몇십 년을 기다려야 하는 것처럼 까마득하다. 이것은 비단 지난 대통령 선거에서 역사상 가장 유능했던 후보 이재명을 외면하고, 역사상 가장 무능한 윤석열을 선택했기 때문만은 아니다. 대통령의 무능은 윤석열 개인이 책임질 문제는 아니다. 국민은 사실 윤석열이 무능하다는 것을 선거기간 동안 이미 알고 있었다. 대통령이 무능하다고 해도 대한민국은 이미 전임 정부의 성과로 인해 민주주의는 고도화되었으며, 경제, 안보 등에서도 괄목할만한 성과를 내었기에 쉽게 무너지지 않을 것이라는 기대 속에 윤석열을 선택했다.

지난 대선에서 이재명이 선택되지 않은 것 중에 하나를 뽑으라면 전임 정부에서 만들어놓은 아파트 가격 폭등에 분노한 민심 때문이라고 대부분 분석한다. 하지만 이 진단은 틀렸다. 만일 이 진단이 맞다면 부동산 가격 폭등으로 가장 많은 혜택을 본 고가 아파트에 거주하는 주민들은 열열한 민주당 지지자가 돼야 했다. 반대로 부동산 가치 폭등으로 가장 소외당한 주택가나 저가 아파트 주민들은 정권교체를 위해 윤석열을 지지했어야 정상이다. 하지만 선거 결과는 그와는 정반대였다. 고

미안해요, 이재명

가 아파트 밀집 지역에선 윤석열에 대한 압도적인 지지로 나타났고, 저가 아파트나 주택지역에서는 다소나마 이재명이 승리를 했다.

부동산 폭등으로 인한 분노 투표로 민주당이 패배한 것이 아니다. 오히려 폭등한 부동산이 이재명이 집권하게 되면 가격이 내려갈까 봐 두려워하던 고가 아파트 거주 주민이 자신의 자산 가치를 더 올리거나 최소한 유지하고 싶어서 국민의힘 윤석열을 압도적으로 지지했다.

이들은 대한민국의 민주주의가 후퇴하더라도 윤석열을 통해 자신의 재산 가치를 지키고 싶었던 것이다. 윤석열을 지지했던 유권자들은 이미 윤석열의 무능함을 알고 있었다. 윤석열 집권하게 되면 대한민국의 민주주의는 후퇴할 것이고, 박정희, 전두환 정권 때 같은 공안 통치가 되살아나리라는 것도 알고 있었다. 대한민국의 사회복지도 후퇴할 것을 알고 있었다. 다만 부동산 가격이 폭등한 자신들을 위해서 윤석열 정권은 종부세 인하, 재산세 인하 등 부자 감세를 해줄 것이라고 믿었다. 그리고 윤석열이 집권한 이후 제일 먼저 한 일은 부자 감세였다. 대신 누구나 다 쓰는 도시가스 인상, 전기세 인상 등 실질적인 서민 증세를 강행했다. 지난 대선의 승패를 가른 가장 핵심적인 것은 자신들의 노력은 하나도 없이 전임 정부에서 폭등한 아파트 가격을 지키기 위한 이기적인 투표였다.

　여기에 맞물려 가장 뼈아픈 대목은 민주당이 대선 기간 분열되어 있었다는 것이다. 이낙연 지지자들은 경선결과에 승복하지 않고, 이재명이 대장동 일당에게서 뇌물을 받았다고 터무니없는 선동을 하면서 이재명을 악마화했다. 이낙연의 핵심 참모인 정운현은 윤석열에게 투항했으며, 이낙연을 지지했던 국회의원들은 선거운동 내내 태업으로 일관했으며, 이낙연을 지지하는 몇몇 그룹들은 민주당원의 이름으로 윤석열을 지지하는 해당 행위를 서슴지 않았다. 그들이야말로 지난 대선에서 민주당이 패배하는 데 결정적인 역할을 한 자들이다.

　이낙연 캠프를 통해서 처음 시작된 이재명에 대한 악마화 작업은 여전히 진행중이다. 그리고 그들은 지금 이낙연의 책임을 묻는 필자 같은 사람이 이낙연을 악마화한다며 적반하장을 저지르고 있다.

　대선에 패배하면 보통 많은 당원이 실망하여 탈당하게 된다. 그런데 지난 대선에서는 이재명 후보가 패배했음에도 불구하고 수십만 명의 당원들이 새로 가입했다. 그들은 대선 기간 악마화된 이재명에 관해 스스로 연구하면서 뒤늦게 이재명의 매력에 빠진 2030 여성들이었다. 이들은 그동안 이재명에 대해서 오해했다면서 '미안해요, 이재명', '쏘리,

이재명' 하면서 입당을 했고, 개딸이 되었다. 개딸의 출현으로 인해 대선 패배의 충격을 최소화하고 강력한 야당을 만들어가고 있다.

지금 수많은 여론조사가 나오고 있다. 전화면접조사를 바탕으로 한 조사에서는 민주당과 국민의힘은 우열을 가리지 못할 정도로 박빙에 있다. 민주당 내 이재명을 반대하는 세력들은 전화면접조사를 바탕으로 이재명 대표의 사퇴를 요구하고 있다. 하지만 자동응답 방식인 ARS 조사에서는 민주당의 지지율이 압도적으로 높다. 전화면접 조사에서는 윤석열 정권에서 자신을 압수수색할 지도 모른다는 두려움 때문인지 민주당 지지자들이 적극적으로 응답을 하고 있지 않다. 하지만 ARS 조사에서는 민주당 지지자들이 적극적으로 자신의 속내를 드러내고 있다.

선거 결과를 가장 잘 맞추는 방식은 전화면접이 아니라, 오히려 ARS 자동응답 방식이다. 지금 민주당은 ARS 조사에서는 50%에 육박하고 있다. 이재명을 중심으로 내년 총선을 잘 준비한다면 압도적인 승리가 예상된다.

이 책은 개딸들이 이재명의 지지자가 되면서 처음으로 내뱉은 말 '미안해요, 이재명'에서 아이디어를 얻었다. 개딸들이 스스로 공부하면서 알게 되었을 이재명에 대한 오해와 진실에 대해 집필하려고 노력했다. 이재명을 옭아매고 있는 터무니없는 사법 리스크에 대해 알아보고, 윤석열 정부의 굴욕적이고 매국적인 외교 정책에 대한 비판과 함께, 2024년 총선 승리를 위해 어떻게 해야 할지를 밝혔다.

이재명의 운명은 검찰에 의한 기소에 의해서 결정되지 않을 것이다. 이재명에 대한 모든 사법 리스크는 법원을 통해 무죄가 확정될 것이다. 오히려 이재명의 운명은 내년 총선 결과에 달려있다. 내년 총선에서 민주당이 패배한다면 이재명의 미래도 사라진다.

내년 총선에서 200석 이상을 획득해서 윤석열의 검사독재를 조기에 끝내기 위해서는 이재명을 중심으로 단일대오로 싸워나가야만 한다.

2023년 6월 27일
백승대 이수현

# 목차

## 제3장 대한민국의 리스크 윤석열

## 제4장 이재명과 함께 하나가 되자

일반적으로 바닷물 1Kg에는 35g의 염류 물질이 존재하고 있다. 다시 말해 바닷물의 염분 농도는 35‰ 즉 3.5%에 불과하다. 3.5%의 소금이 바다를 바다답게 만들 수 있는 것이다. 전체 유권자의 3.5%라면 소금과 같은 역할을 해서 대한민국을 바꿀 수 있다. 지난 촛불 투쟁 속에서도 150만 명 이상이 거리에 뛰쳐 나와서 박근혜 탄핵이라는 위대한 여정을 완성할 수 있었다.

### 1장

# 이기는
# 민주당을 위하여

# 부끄러운 대통령과
# 자랑스러운 대통령

정치는 정치인이 하는 것 같지만 사실
은 국민이 하는 것이다.

**당사에 부끄러워서 역대 대통령 사진을 올릴 수 없는 정당**

민주당과 국민의힘의 역대 대통령을 보면 과연 어느 진영이 유
능했는지 알 수 있다. 국민의힘은 1948년 제1대 대통령을 시작
으로 민주당과 비교할 수 없을 정도의 기간을 집권했다. 하지만
그들은 모두 장기집권, 군사독재, 부정비리, 국정농단 등으로 얼
룩져 있다. 그래서 국민의힘 당사에는 자신들이 배출한 대통령
의 사진을 걸어놓지 못하고 있다.

하지만 민주당은 김대중, 노무현, 문재인 대통령의 사진을 걸
어놓고 자랑스러워하고 있다. 당사에 역대 대통령 사진을 걸어
놓을 수 있는 거와 없는 거의 차이가 바로 민주당과 국민의힘의
가장 큰 차이점이라고 할 수 있다.

미안해요, 이재명

## 1~5대 대통령 이승만(1948~1960)

1919년 국내의 3·1운동의 연장 선상에서 그해 4월 13일 중국 상해상하이에 대한민국임시정부가 세워졌다. 초대 대통령으로 이승만이 취임했는데 집권 기간은 1919년부터 1925년까지였다.

이승만은 임시정부 대통령으로 선출되었음에도, 청사가 있는 상해에 있지 않고, 미국에 머물렀다. 이유는 자신은 대통령으로서 위험한 지역에 갈 수 없는 위치라는 것이다. 이승만은 미국에서 미국 정치인들에게 대한민국의 대통령이라고 소개하면서, 우리가 일본으로부터 독립하게 되면 미국이 위임통치를 해달라고 요구하기도 했다. 또한, 미국에 거주하는 교포들이 모금한 독립운동 자금을 제 맘대로 사용하고 임시정부에 보내지 않았다. 한마디로 국고자금을 횡령한 것이다. 여기에 덧붙여 이승만은 한성임시정부를 지지하며 상해임시정부의 정통성마저 부정했다.

탄핵여론이 만만치 않자 이승만은 마지못해 상해로 왔는데 이승만을 맞이한 단재 신채호 선생께서 이승만의 귀싸대기를 때리면서 외쳤다는 말은 유명하다.

"이완용이는 있는 나라를 팔아먹었는데, 너는 없는 나라마저 팔아먹으려 하느냐?"

이승만이 미국에서 대한민국이 독립하면 미국이 위임통치를 해 달라는 것을 두고 한 말씀이다.

대한민국 임시정부 공보 43호에는 이승만의 탄핵 사유가 나와 있다. 그 내용을 보면 다음과 같다.

이승만은 외교를 구실로 하여 직무지를 마음대로 떠나 있은 지 5년 에, 바다 멀리 한쪽에 혼자 떨어져 있으면서, 난국수습과 대업의 진 행에 하등 성의를 다하지 않을 뿐 아니라, 허황된 사실을 마음대로 지어내어 퍼뜨려 정부의 위신을 손상하고 민심을 분산시킴은 물론 이거니와 정부의 행정을 저해하고 국고 수입을 방해하였고, 의정원 의 신성을 모독하고 공결公決을 부인하였으며 심지어 정부까지 부인 한바 사실이라. 생각건대, 정무를 총람總覽하는 국가 총책임자로서 정부의 행정과 재무를 방해하고 임시헌법에 의하야 의정원의 선거 를 받아 취임한 임시대통령이 자기 지위에 불리한 결의라 하야 의 정원의 결의를 부인하고 심지어 한성조직의 계통 운운함과 같음은 대한민국의 임시헌법을 근본적으로 부인하는 행위라 이와 같이 국 정을 방해하고 국헌을 부인하는 자를 하루라도 국가 원수의 직에 두 는 것은 대업의 진행을 기하기 불능하고 국법의 신성을 보존키 어 려울뿐더러 순국 제현을 바라보지 못할 바이오 살아있는 충용의 소 망이 아니라. 고로 주문과 같이 심판함.

〈〈대한민국임시정부 공보〉 제42호)

이런 심각한 결격 사유가 있었던 자가 해방이 되고 1948년 대 한민국의 초대 대통령이 된 것은 대한민국의 비극이다. 이승만 이 한국전쟁 당시 자신은 이미 서울을 버리고 대전에 가 있었으면서도, 라디오 방송을 통해서는 서울을 지키고 있는 것처럼 방송한 것은 매우 유명하다.

이승만은 이후 제2대, 제3대 대통령을 지냈다. 제4대 대통령 선거가 있던 1960년 3월 15일의 부정선거가 발단이 된 4·19혁명으로 이승만은 자신이 좋아하는 미국으로 망명했다.

이렇게 해서 이승만은 1925년에는 임시정부에서 탄핵이 되고, 1960년에는 민중의 봉기로 축출되는 등 모두 두 번에 걸쳐 탄핵당했다.

두 번이나 탄핵당한 이승만을 건국 대통령이니, 국부이니 하면서 추종하는 세력이 있지만, 이승만이 저지른 만행을 생각한다면 도저히 있을 수 없는 일이다. 최근 윤석열 정권 들어서 이승만기념관을 짓겠다고 하는데, 박정희기념관처럼 아무도 찾지 않는 흉물이 되고 말 것이다.

### 4대 대통령 윤보선(1960~1962)

4·19혁명으로 민주당은 처음으로 집권했다. 이때 처음으로 대한민국은 의원내각제를 도입했는데, 대통령은 윤보선이었으며, 내각의 총리는 장면이었다. 13년간의 이승만 장기독재를 경험한 민중들의 민주주의 요구가 사회 각 분야에서 분출되었다. 그렇다 보니 자연스럽게 사회가 혼란스러워 보이기도 했

다. 일각에서는 당시 민주당이 집권능력이 없었다고 폄하하기도 하지만, 오랜 독재정권 하에서 자연스럽게 터져 나온 민주화의 요구였다고 보는 것이 타당하다. 물론 민중이 피 흘리며 쟁취해 낸 4·19혁명의 결과물을 통해 민주당이 손쉽게 집권한 측면은 존재한다.

각계각층에서 봇물 터지듯 터져 나오는 민주주의 요구를 사회혼란으로 매도한 박정희가 군사쿠데타를 일으키면서 2년의 짧았던 민주당 집권은 막을 내렸다.

### 5~9대 대통령 박정희(1963~1979)

4·19혁명의 성과물을 송두리째 앗아가고 군부독재의 시대를 연 것이 박정희이다.

박정희가 독립군 때려잡던 만주군 출신이라는 것은 다 아는 사실이다. 일본군 출신인 것도 모자라, 박정희는 남로당 당원이기도 했다. 그런 그가 대한민국의 대통령이 된 것이다.

'새마을운동'과 '포항제철', '경부고속도로'는 박정희 찬양자들의 단골 메뉴이다. 박정희가 집권하는 동안 대한민국은 많은 발전을 했다. 그러나 그것은 박정희의 뛰어난 능력이라기보다는 미국의 정책 결과물이라고 봐야 한다. 미국은 아시아에서 대한민국뿐만 아니라 대만에도 같은 정책을 썼는데 결과는 비슷했다.

박정희는 집권 기간 한일국교 정상화를 단행했는데, 그때 대충 대충 넘어간 '강제징용', '위안부' 문제는 지금도 풀리지 않고 있다. 국가가 개인의 청구권을 무시하고 멋대로 합의해준 결과 그 피해자들이 지금까지 고통받고 있다.

박정희는 명분 없는 베트남전쟁에 미국의 요청으로 육군 수도사단맹호부대, 해병2여단청룡부대, 육군9사단백마부대 등 5만여 명을 파병했다. 이 당시 한국군 파병으로 벌어들인 총수입은 약 2억 2,556만 달러였는데, 이 중에 20%만이 병사들에게 지급되고, 총수입의 80%인 1억9,511만 달러가 한국 정부에 송금되었다. 이 돈의 일부가 한국의 경제개발 자금으로 쓰였다. 베트남전쟁 참전은 어떠한 명분도 없이 돈을 벌기 위해 미국의 용병으로 참전한 것이다. 베트남전쟁에서 희생된 한국의 젊은이들의 삶을 가볍게 생각할 수는 없지만, 박정희가 베트남전쟁을 통해 얻고자 했던 것이 무엇인지 다시 생각하지 않을 수 없다.

이후 박정희는 1972년 유신헌법을 통해 대한민국을 지구상에서 김일성 정권에 버금가는 독재국가로 만들었다. 박정희가 집권하는 동안 수많은 간첩단 조작사건이 있었으며, 수많은 인권이 유린당하였다.

1979년 중앙정보부장 김재규에 의해 제거되면서 1963년부터 1979년까지 17년간의 장기독재는 막을 내렸다. 특히 유신헌법 53조에 규정되어 있던 긴급조치는 초헌법적 조항으로 "대통령은 헌법상의 국민의 자유와 권리를 잠정적으로 정지할 수 있다."고 되어있다. 긴급조치는 모두 9호까지 발령되었는데, 특히 1975년 5월 13일 선포된 긴급조치 9호는 1979년 10·26의거로 박정희가 사망하고 신군부의 주도로 헌법이 개정될 때까지 4년간 지속되었다.

대한민국 경제발전의 상징으로 대한민국 보수주의자들에게서 가장 위대하게 추앙받고 있는 박정희는 대한민국의 민주주의를 훼손한 유신헌법과 그에 따른 긴급조치로 민주주의를 부정한 독재자로 생을 마감했다.

### 제10 대통령 최규하(1979~1980)

유신 독재가 무너지고 얼떨결에 준비도 없이 대통령이 된 자가 최규하이다. 최규하는 박정희의 마지막 국무총리였다. 박정희의 유고로 인해 대통령 권한대행을 거쳐 이듬해 통일주체국민회의에서 표결을 거쳐 대통령이 되었다. 대통령이지만 신군부의 꼭두각시 노릇을 했던 최규하는 헌정 사상 최단기 대통령으로, 전두환 신군부가 집권하게 되는 징검다리 역할을 했다.

### 11~12대 대통령 전두환(1980~1988)

전두환은 12·12쿠데타로 군부를 장악하고, 광주민주화운동을

군인을 동원해서 진압한 살인마 정권이다. 한국전쟁 이후 처음으로 국민을 상대로 군대를 동원해서 발포한 인물이다. 이전에 4·19혁명 당시 이승만도 해내지 못한 일을 전두환이 해냈다.

5·18민주화운동으로 직접 사망 193명, 후유증 사망 376명, 실종 65명, 부상 3,139명, 구속 및 고문 피해자 1,589명이 발생했다.

전두환은 이후 7년 단임제 대통령이 되었다. 대통령 선출방식은 선거인단을 통한 간접선거로 장충체육관에서 당선되었다.

전두환은 이후 반란수괴죄 및 살인, 뇌물수수로 1심 사형, 2심 무기징역형을 선고받았다.

## 13대 대통령 노태우(1988~1993)

군인 출신의 박정희와 전두환의 장기 군사정권에 저항하는 1987년 6·10 민주화운동이 전국적으로 진행되었다. 실질적인 쿠데타로 집권한 전두환은 민주화운동에 굴복해서 대통령 직선제를 받아들였다. 13대 대통령 선거에는 노태우를 비롯해 김영삼, 김대중, 김종필이 출마했고, 승자는 전두환의 친구 노태우였다. 87년 만들어진 민주헌법을 토대로 치러진 대통령 선거에서 신군부 출신 노태우가 대통령으로 당선되었다. 김대중, 김영삼이 후보 단일화에 실패한 후과이기도 했다.

어쩌면 노태우는 보수 쪽 대통령으로서 가장 저평가된 대통령인지도 모른다. 노태우는 구소련과의 수교, 중국과의 수교 등 탈냉전 시대에 북방외교 초석을 마련한 대통령이다.

노태우는 사망하기 진전 자신의 아들 노재헌을 통해서 광주 5·18 국립묘지를 참배하는 등 사과를 하기도 했다. 물론 노태우가 직접 사과한 것이 아니라 아들 노재헌이 한 것뿐이라는 비판도 있을 수 있지만, 아들 노재헌의 사과가 노태우의 뜻이기도 할 것이라고 믿고 싶다.

노태우는 전두환과 함께 법정에 서고 내란죄 및 뇌물수수로 징역 17년에 2,628억 원의 추징금을 선고받았다. 이후 노태우는 전두환과 다르게 비교적 적극적으로 추징금을 납부했다.

## 제14대 대통령 김영삼

13대 대통령 선거가 끝나고 김영삼은 김종필과 함께 노태우 품 안으로 들어가는 합당을 감행했다. 박정희 시절 민주당의 대통령 후보 경선에서 김대중과 경쟁하기도 했고, 민주화 운동의 한 축이었던 김영삼의 행보는 많은 사람에게 충격을 주었다. 부산 경남을 기반으로 했던 김영삼의 배신은 이후 영호남 지역 구도의 고착화에 쐐기를 박았다.

집권 초기 전두환, 노태우 등 과거사 정리 및 군부 조직인 하나회 척결 등의 개혁정책은 국민의 많은 지지를 받기도 했지만, 집권 후반기 수출부진, 경제성장 둔화, 외환 관리 실패 등으로 인해 IMF 금융위기를 맞았다. 한국전쟁 이후 대한민국을 국가 부도라는 가장 큰 위기로 몰아넣었다.

노태우 정권보다 진일보한 민주주의를 실현했음에도 불구하고 국가 부도를 낸 무능한 대통령으로 기록되었다.

### 15대 대통령 김대중(1998~2003)

대한민국 헌정사에서 최초로 선거에 의한 정권교체를 이룬 대통령이 김대중이다.

김대중은 박정희 정권하에서도 민주화운동의 상징적인 인물이었다.

신민당 대통령 후보 김대중은 1971년 대통령 선거에서 민주공화당 박정희에게 패배했다. 이듬해 1972년 박정희는 유신헌법을 단행했다.

1987년에도 대통령 선거에 출마했지만, 또다시 낙선한 김대중은 이후 1997년 대통령 선거에서 3수 끝에 당선되었다.

김대중 대통령은 IMF 국가 부도 위기를 성공적으로 탈출했다. 대한민국 대통령으로는 처음으로 북한의 김정일 위원장과 정상회담을 하는 등 한반도의 평화에도 크게 기여했다.

김대중 대통령은 박정희 정권 시절의 민주화운동과 남북평화의 기틀을 마련한 것 등의 성과로 2000년에 노벨평화상을 수상하기도 했다.

김대중 대통령은 집권하는 동안 인터넷 기반한 IT 산업에 대대적인 투자를 해서 경제강국의 토대를 마련했다.

김대중 대통령은 이후 노무현 대통령이라는 후임 대통령을 배출한 것만 봐도 민주당에서 가장 성공한 대통령이라고 평가하는 것이 옳다고 본다.

김대중 대통령은 '행동하는 양심'이라는 상징처럼 대한민국 민주주의의 상징으로 기록되고 있다. 민주당 당사에 자랑스러운 대통령으로 사진이 걸리어 있다.

존경받는 첫 전임 대통령 김대중이다.


## 16대 대통령 노무현(2003~2008)

역대 대통령 중 국민으로부터 가장 사랑받는 대통령이 노무현이다. 정계 입문은 김영삼 대통령의 권유로 시작했지만, 3당 야합에 합류하지 않고 김대중 대통령과 뜻을 모았다. 노무현을 사랑하는 모임노사모의 절대적인 지지와 헌신으로 대통령이 되었다. 노사모는 대한민국 최초의 정치인 팬덤 모임이다.

노무현은 김대중 이후 두 번째 고졸 출신 대통령이다. 고졸 출신으로 사법고시에 합격하고 인권변호사를 거쳐 국회의원, 대통령이 되었다. 노무현 대통령의 탄생은 대한민국 주류들에게 일대 충격을 안겨줬다.

대통령이 되어서는 한미 FTA, 이라크 파병 등 지지자들이 반대하는 정책을 과감하게 실시했다. 강력한 팬덤이 있었지만, 때로는 지지자들과 반대되는 정책을 밀고 나가기도 했다. 역사는 결국 노무현이 옳았다는 것을 증명했다. 한미 FTA는 이후 한국이 경제 강국으로 진입하는 데 중요한 역할을 했다.

국회의원 선거 기간 중 자신이 속한 열린우리당이 총선에서 좋은 결과를 얻으면 좋겠다는 말 한마디가 선거 개입이라면서 국회에서 탄핵되는 위기를 겪기도 했다.

2007년에는 평양을 방문해서 김정일 위원장과 정상회담을 하기도 했다.

집권 후반기에는 보수언론의 집중적인 견제 속에 인기 없는 대통령이 되었다. 퇴임 이후에는 봉화마을에 내려가 역사상 처음으로 귀농 대통령이 되었다.

이후 들어선 이명박 정권의 망신 주기 수사 등이 계속되던 와중에 2009년 5월 23일 스스로 목숨을 내려놓아서 전국민을 충격에 빠뜨렸다.

이후 노무현 대통령은 각종 여론조사에서 한국인이 가장 좋아하는 역대 대통령 1위로 국민 가슴 속에 그리움으로 남아 있다.

당연히 노무현 대통령은 민주당 당사에 자랑스럽게 사진으로 남아 있다.

### 제17대 대통령 이명박(2008~2013)

17대 대통령 선거는 "모두 부자 되세요."라는 광고 카피와 같았다. 현대 기업가 출신 정치인 이명박은 재개발을 통해 그야말로 모두 부자로 만들 수 있다는 환상을 심어주며 대통령이 되었다.

집권하는 동안에는 4대강 사업을 통해 20조 원이 넘는 국고를 탕진하기도 했다.

퇴임 후 이명박은 삼성 등에서 뇌물을 챙기고 회사 자금을 횡령한 혐의로 징역 17년이 선고되었다.

### 18대 대통령 박근혜(2013~2017)

독재자 박정희의 후광으로 정계에 입문해서 대통령이 되었다.

최순실의 국정농단에서 보듯이 대통령으로서 매우 무능했다. 그 무능한 빈자리를 자신의 옛 측근이었던 최태민의 딸 최순실에게 국정을 맡기었다가 촛불 시민의 엄청난 저항에 의해 탄핵당했다.

노무현의 노사모에는 미치지 못했으나, 박근혜 역시 박사모라는 강력한 팬덤이 존재했다.

이승만이 임기 중에 3·15 부정선거로 미국으로 망명한 이래, 대한민국 헌정사에서 최초로 탄핵당한 대통령으로 남게 되었다.

최순실의 국정농단 외에도 삼성 등에서 받은 뇌물로 인해 총 33년의 형을 선고받았다.

이로써 이명박, 박근혜가 동시에 수감되는 진기록을 달성했다.

### 19대 대통령 문재인(2017~2022)

박근혜의 국정농단에 분노한 촛불 시민의 항쟁으로 이루어진 첫 대통령 보궐선거를 통해 당선되었다.

노무현 대통령의 비서실장으로 대중에게 알려져 있었다. 노무현 대통령의 서거 이후 정계에 진출해서 민주당을 전국정당으로 만드는 데 기여했다.

노사모를 뛰어넘는 팬덤 조직이 있는데, 분파가 하도 많아서 이들 무리를 보통 '문빠 또는 문파'라고 칭한다.

재임 기간에 북미 정상회담을 주선하고, 김정은과 남북 정상회담도 성사시켰다. 하지만, 대북문제에 있어서, 금강산 관광 재개, 개성공단 재개를 이루지 못한 것은 아쉬움으로 남는다.

문재인 대통령은 대한민국을 세계 경제 대국 10위권에 올려놓았다. 민주주의 지수도 전임 정부와 비교하면 비약적으로 올려놓았다.

역대 대통령 중 임기 후반에도 지지율 50%를 넘나드는 유일한 대통령으로 기록되었다. 퇴임하는 대통령의 지지율이 취임하는 대통령 윤석열의 지지율을 뛰어넘을 정도였다.

퇴임 이후에도 문재인 대통령의 영향력은 여전히 유지되고 있다. 역대 대통령 중 가장 평화로운 생활을 누리고 있다.

당연히 문재인 대통령은 민주당 당사에 자랑스러운 대통령으로 사진으로 남아 있다.

### 20대 대통령 윤석열(2022~  )

문재인 대통령의 최대 인사 실패는 윤석열을 검찰총장으로 앉힌 것이다. 사사건건 문재인 대통령과 갈등하면서 대통령 후보가 되고, 마침내 대통령에 당선되었다.

전임 대통령이 만들어놓은 경제성장, 민주주의 지수를 통째로 말아먹고 있다. 가치외교라는 1950년대 사고방식을 통해서 친미 친일을 기치로 내걸고 반중, 반러, 반북 이데올로기로 외교를 하면서 대한민국을 위기로 몰아가고 있다.

윤석열이 어디까지 대한민국을 망칠지 걱정이 아니 될 수 없다. 윤석열 대통령이 대한민국 최고의 리스크라고 할 수 있다.

## 부끄러워는 해도 반성할 줄 모르는 지지자

민주당 출신 대통령에 대해서는 민주당 지지자뿐만 아니라 대부분 국민도 후한 점수를 주고 있다. 국민의힘 출신 대통령에 대해서는 국민뿐만 아니라, 국민의힘 지지자들도 부끄러워하고 있다.

박정희를 선택하고, 전두환을 선택하고, 노태우를 선택하고, 김영삼을 선택하고, 이명박, 박근혜, 윤석열을 선택한 국민의힘 지지자들은 자신들이 뽑은 무능한 대통령에 대해서 부끄러워는 하면서도, 자신의 잘못된 선택에 대해서 반성하지는 않고, 여전히 국민의힘의 강력한 지지를 보내고 있다. 반성하지 않는 그들 지지자가 대한민국의 발목을 잡고 있다.

민주당은 저들이 만들어놓은 지역적 소수를 극복하고, 모두 세 번에 걸쳐서 대통령에 당선되었다. 이분들은 대한민국의 경제발전, 인권 등에서 훌륭한 성과를 남기었다.

국민의힘이 집권해서 나라 망가뜨리면 민주당이 집권해서 바로 세우고, 그러면 다시 보수언론의 이간질로 국민의힘이 집권해서 말아먹고, 그 어려운 상황에서 민주당이 집권해서 다시 세우고, 국민의힘이 다시 말아먹고를 무한 반복하고 있다.

그렇게 된 데에는 지역주의에 사로잡혀 대통령 선거, 국회의원

선거, 지방자치 선거를 동네 운동회쯤으로 생각하는 반성할 줄
모르는 그들의 지지자가 있기 때문이다. 유권자가 올바른 투표를
하지 않으면, 결국 유권자는 최악의 무리에게 지배당한다는 것은
역사가 알려주는 교훈이다.

# 민주당은 구조적 소수를
# 극복해야 한다

독재권력은 경제성장의 탈을 쓰고 불
평등과 빈곤의 틈새를 파고들었습니다.

### 세 번의 민주당 정권

김대중, 노무현, 문재인 정부 등 민주진영은 그동안 세 번에 걸
쳐서 집권에 성공했지만, 민주당 단독으로 집권에 성공한 적이
없었다. 김대중 대통령은 충청을 기반으로 한 김종필이 이끄는
자유민주연합자민련과의 연립정부를 공약으로 집권에 성공했다.
노무현 정권은 지역 기반으로 한 단일화가 아닌 중도의 정몽준
후보와의 단일화를 통해 집권하려 했지만, 역설적으로 정몽준의
단일화 파기가 지지층의 결집에 도움을 주면서 승리했다. 문재
인 정권은 박근혜 탄핵이라는 압도적인 이슈를 통해 집권에 성
공했지만, 과반수 득표에 실패했다. 2022년 치러진 대통령 선거
에서는 민주진영은 반수 이상의 득표에 성공했지만, 정의당과의

연대에 실패함으로써 석패하고 말았다.

1997년 12월 18일에 있은 15대 대통령 선거에서 김대중새정치 국민회의 후보는 득표율 40.3%로 2위 이회창한나라당 후보 38.7%, 3위 이인제국민신당 후보 19.2%였다. 김종필과의 단일화에 성공 하긴 했지만, 단일화에 반발하는 충청권의 표심도 만만치 않았다 는 것을 확인할 수 있다.

2002년 12월 19일에 있은 16대 대통령 선거에서 노무현새천년 민주당 후보는 48.9%, 이회창한나라당 후보 46.6%, 권영길민주노동 당 후보 3.9%로 민주진영은 역사상 처음으로 과반 이상의 득표 율을 올리면서 당선되었다.

박근혜의 탄핵으로 치러진 헌정사상 최초의 대통령 보궐선거 인 2017년 5월 9일 제19대 대통령 선거에서는 문재인더불어민주 당 후보 41.1%, 홍준표자유한국당 후보 24.4%, 안철수국민의당 후보 21.4%, 유승민바른정당 후보 6.8%, 심상정정의당 후보 6.17%였다. 어차피 대통령은 문재인이라는 대세 속에서 치러진 선거였음에 도 불구하고 과반수 득표에 실패한 것은 물론 심상정 후보의 득 표율을 합치더라도 47.9%에 머물렀다는 것은 뼈아프게 남는다.

## 민주진영의 뼈아픈 두 번의 패배

2022년 3월 9일 치러진 제20대 대통령 선거에서는 윤석열국민 의힘 후보 48.4%, 이재명더불어민주당 후보 47.8%, 심상정정의당 후보 2.5%로 대통령 선거 역사상 가장 적은 득표율 차이와 득표 차이로 이재명 후보가 윤석열 후보에게 석패했다. 특히 심상정 후보의 득표율을 고려하면 민주진영은 역사상 두 번째로 과반의 득표에 성공하고도 집권에 실패하고야 말았다.

1987년 6월 민주항쟁을 통해 대통령 직선제를 골자로 한 민주헌법이 만들어지고, 처음 치러진 대통령 선거였던 제13대 대통령 선거에서 노태우민주정의당 후보는 36.6%로 당선되었는데 이때 김영삼통일민주당 후보 28.0%, 김대중평화민주당 후보 27.0%, 김종필신민주공화당 8.1%였다. 박종철 고문치사 사건, 이한열 열사의 최루탄 직사로 인한 사망과 그에 이은 전두환 군사정권을 몰아내는 민주화 투쟁 이후 치러진 선거였음에도 불구하고, 전두환의 친구 노태우가 당선되었다. 노태우 후보는 역사상 가장 낮은 득표율로 당선되었으며, 민주진영은 55%라는 역사상 최고의 득표율을 올리고도 두 후보의 단일화에 실패함으로써 군사정권을 실질적으로 끝내지 못했다. 6·10 항쟁은 군사정권의 폭압에 맨몸으로 저항해서 혁명과도 결과를 만들어냈지만, 두 후보의 단일화 실패로 인해 다시 군사정권의 핵심 인물이었던 노태우가 합법적으로 집권하는데 일조하는 과오를 남기고 말았다.

민주헌법에 의해 치러진 대통령 선거에서 최초로 극단적인 지역주의 선거가 나타났다. 지역주의의 시작은 1980년 5·18 민주항쟁과 무관하지 않다. 박정희 사망 이후 혼란한 틈을 타서 나타난 전두환 신군부 세력은 가장 저항이 심했던 광주를 봉쇄하고 학살을 자행했다. 그해 5월 27일까지 이어간 광주에서의 외로운 항쟁은 사망자 193명, 후유증 사망자 376명, 행방불명자 65명, 부상자 3,139명, 구속 및 고문 피해자 1,589명의 피해를 보았다. 1950년 한국전쟁 이후 처음으로 대한민국의 군인이 민간인을 상대로 군사작전을 펼친 사건이었다. 이 당시 전두환 신군부 세력은 광주의 시위대를 폭도로 규정하는 것은 물론, 시위대에 북한군이 침입해 활동하고 있다는 유언비어까지 퍼뜨렸는데, 지금까지도 광주항쟁을 북한의 지령에 따른 내란이라고 주장하는 세력이 남아 있는 것을 보면 그들이 만들어낸 유언비어가 얼마나 악의적이고, 치명적이었는지 알 수 있다. 역사는 광주의 민주화운동을 평가하고 있지만, 신군부 세력이 만들어낸 광주 및 호남의 고립전략은 지금까지도 그들의 집권을 쉽게 만드는 데 역할을 충분히 하고 있다.

### 민주주의의 심장 광주

광주민주화운동 이후 광주를 중심으로 한 호남은 늘 진보적인 투표를 해왔다. 그들의 선택이 전두환과 관련된 정당에 대해 절대적으로 반대하는 것은 당연한 선택일 수 있는데 그들은 이것을 호남지역주의라고 공격했다.

전두환 군사정권 내내 전국에서는 광주의 진실을 알리고 민주주의를 회복하려는 저항운동이 계속되었다. 하지만 수구 언론의 진실을 외면한 선동으로 인해 광주는 정치적으로 점점 고립되었다.

1987년 13대 대통령 선거에서 처음으로 광주의 압도적인 표심이 확인되었다. 김대중 후보는 광주·전라에서 88.5%의 득표를 보였지만, 부산·경남에서는 6.5%, 대구·경북에서는 2.9%에 그쳤다. 반면 김영삼 후보는 부산·경남에서 51.8%, 대구·경북에서 24.8%, 광주·전라에서 4.1%의 득표를 보였다. 당선자인 노태우 후보는 대구·경북에서 67.3%, 부산·경남에서 38.6%, 광주·전라에서 5.2%의 득표를 보였다. 전국 득표율 8.4%였던 김종필의 대전·충청 득표율이 30.6%로 1위 노태우의 32.3%에 불과 1.7%였다. 지금과 별반 다르지 않은 선거 결과이다. 김영삼이 부산·경남에서 득표한 51.8% 역시 민주진영의 득표율이라고 생각한다면 패배는 했지만 그래도 희망은 있었다. 하지만 대통령 선거 이후 호랑이 잡으러 호랑이굴로 들어간다는 변으로 김영삼이 참여한 민주정의당의 127석, 통일민주당 59석, 신민주공화당 35석의 3당 합당으로 인해 217석의 민주자유당민자당이라는 초거대 여당이 탄생했다.


## 구조적 소수의 시작 3당 합당

1990년 1월 22일 있은 3당 합당은 대한민국의 비극적인 지역주의가 고착되는 빌미가 되고 말았다. 민주화운동 역사에서 적지 않은 업적을 쌓아온 김영삼은 그의 말대로 여당의 대통령 후보가 되고, 이후 대통령에 당선되는 기염을 토하기도 했지만, 부산·경남 지역은 극도로 보수화되는 결과를 만들어냈다.

1992년에 치러진 대선을 살펴보면 당선자인 김영삼<sub>민자당</sub> 후보는 부산에서 73.4%, 대구에서 59.6%, 경북에서 64.7%, 경남에서 72.3%의 득표를 했으며, 김대중<sub>민주당</sub>은 광주에서 95.8%, 전남에서 92.1%, 전북에서 89.1%에 득표를 보였지만, 부산에서 12.5%, 대구에서 7.8%, 경북에서 9.6%, 경남에서 9.2%에 머물렀다.

이후 치러지는 모든 선거에서 지역별 투표는 크게 다르지 않았다. 광주, 전남, 전북은 민주당에 투표했으며, 부산, 대구, 울산, 경남, 경북은 현 국민의힘 계열의 정당에 투표했다. 노무현 대통령이 당선되었던 2002년 16대 대통령 선거에서는 영남지역 출신인 노무현이 출마했음에도 불구하고, 부산에서 30.4%, 경남에서 30.6%, 대구에서 19.2%, 경북에서 23.5%의 득표를 했다. 이전 선거에 비해서 부산·경남이 약진하는 결과를 이루어 집권에 성공했지만, 여전히 지역주의를 극복하기에는 힘겨웠다.

2017년 5월 19일 있은 19대 대통령 선거에서 문재인 후보는 부산에서 38.7%로 탄핵된 정당인 자유한국당의 홍준표 후보 32%에 불과 6.7% 차이로 이겼으며, 대구에서 21.8%로 홍준표 후보

45.4%에 23.6%나 밀렸다. 최순실의 국정농단 그리고 박근혜의 탄핵과 구속 속에 치러진 선거임을 생각한다면 대구에서 홍준표가 획득한 45.36%라는 수치는 놀라울 뿐이다. 속된 말로 '나라를 팔아먹어도 우리는 자유한국당을 찍는다'는 것이 사실이었다. 이 선거를 통해서 확인된 것은 국정농단을 저질러도 변함없이 그들을 지지하는 20.8%홍준표 후보 득표율가 존재한다는 것이었다.

2022년 3월 9일에 있은 제20대 대통령 선거에서 당선자 윤석열은 부산에서 58.2%, 대구에서 75.1%, 울산에서 54.4%, 경북에서 72.7%, 경남에서 58.2%의 득표를 기록했으며, 이재명 후보는 부산에서 38.1%, 대구에서 21.6%, 울산에서 40.8%, 경북에서 23.8%, 경남에서 37.4%의 득표를 기록했다. 민주당 부산·울산·경남에서 38% 이상 득표하고, 대구·경북에서도 미세하게나마 올라간 득표율을 기록했다.

호남을 기반으로 한 민주당은 영남을 기반으로 한 국민의힘에 비해서 절대적으로 불리한 위치에 있다. 그래서 이재명 민주당 대표는 지난 당대표 선거에서 구조적 소수일 수밖에 없는 상황을 극복하고 승리하는 민주당의 토대를 만들겠다고 했다.

**영남을 포기하면 민주당 승리는 불가능하다**

2022년 20대 대선 당시 전국 유권자의 분포를 보면 민주당이 왜 구조적 소수일 수밖에 없는지 알 수 있다.

박영석 기자 20220302

전체 유권자는 4,420만 명으로 이 중에 호남은 광주 121만 명, 전북 153만 명, 전남 158만 명으로 432만 명인 데 반해서, 영남은 부산은 292만 명, 대구 205만 명, 울산 94만 명, 경북 227만 명, 경남 281만 명으로 총 1,099만 명으로 무려 667만 명이나 차이가 난다. 대구·경북만 따로 계산해도 432만 명으로 호남 전체 유권자 수와 비슷하다. 대구·경북에서 이 정도의 득표율을 유지한다면 부산·울산·경남에서 45% 이상 득표해야만 승리를 기대할 수 있다.

민주당이 대구·경북에서 30% 이상 득표를 하고, 부울경에서 45% 이상 득표한다면 안정적으로 집권할 수 있다고 할 수 있다. 이번 대통령 선거에서 윤석열은 광주에서 12.7%, 전북에서 14.4%, 전남에서 11.4% 등 역대 대통령 선거에 비해서 유의미한 득표율 증가를 보였다. 호남도 차츰 계급투표 성향을 보이고 있는 것이다. 앞으로 민주당은 호남에서 일정 정도 득표율의 감소를 겪더라도 동진 정책을 추구해야만 한다. 호남에서 빼앗긴 득표율만큼 영남에서 획득한다면 필승의 구도로 가게 될 것이기 때문이다. 여전히 호남의 압도적인 민주당 지지율을 단순히 지역주의에 기반한 투표인가 하는 논쟁이 있을 수 있지만, 호남에서의 압도적인 지지율이 영남 사람들 입장에서 볼 때 껄끄러운 것도 사실이다.

그렇다면 영남과 호남의 압도적인 선거인단 수 차이라는 구조적인 소수를 어떻게 극복할 것인가에 대한 이재명 민주당 대표의 해법이 궁금해질 수밖에 없다. 이어지는 글에서는 이재명의 '이기는 민주당'을 위한 해법을 알아보고자 한다.

# 이기는
# 민주당을 위하여

우리가 치열하게 지켜야 할 것은 오늘을
살아가는 우리의 삶이지 제도나 관습 그
자체가 아니다.

이재명 대표는 2022년 8월 28일 당대표 경선 과정과 당대표 수락 연설을 통하여 구조적 소수를 극복하고 이기는 민주당을 만들겠다고 했다. 앞에서 이미 살펴본 바와 같이 영남과 호남의 압도적인 유권자 수를 고려한다면 부산·울산·경남에서 국민의힘과 한 자리 숫자의 지지율 격차를 유지하는 경쟁을 해야만 한다. 대구·경북에서도 지속적인 득표율 재고를 이룰 수 있도록 해야 하는 것은 물론이다.

호남정당을 탈피하고 전국정당으로 돌파하려는 시도는 노무현 대통령과 문재인 대통령 때부터 지속해서 이루어져 왔으며, 부산시장 선거, 경남지사 선거에서 승리하는 등 일정 정도 성과를 보여왔다. 이런 성과를 바탕으로 지속적인 투자가 이루어진다면 구

조적 소수를 극복하는 것이 불가능한 것만은 아니다.

### 지구당을 부활하라

이재명 대표는 그 첫 번째 과제로 지구당의 부활을 꼽았다. 지구당이란 국회의원 선거구별 지역위원회 정당 사무실이라고 보면 된다. 지구당은 정당법 제정 때부터 존재했으나, 2004년 3월 12일부로 폐지되었다. 지구당을 운영하기 위해서는 상당한 인적·물적 조직이 필요하고, 이를 위하여 사무소 임대료, 인건비 등을 비롯한 많은 비용이 든다는 것과 지구당 운영 경비의 조달을 지구당 위원장에게 의존하면서 지구당이 사당화私黨化된다는 이유였다.

하지만 지구당은 유권자의 여론을 수렴하고 정치적 이념이 같은 사람을 결집시켜서 정치적 자원의 충원을 담당하는 풀뿌리 민주주의 조직으로서 기능하게 되는데, 지구당의 폐지로 말미암아 오히려 민의를 제대로 수렴하지 못하게 되었다.

지구당의 폐지는 비용을 줄인다는 순기능보다는 민의를 왜곡하고 기득권을 강화하는 역기능을 더 많이 해왔다. 현역 국회의원은 지역에 국회의원 사무실을 두고 상시로 직원을 상주시킬 수 있으나, 국회의원을 배출하지 못한 정당은 사무실을 둘 수 없다는 모순이 있다. 그러잖아도 국회의원은 해마다 국정보고대회라는 명목으로 지역에서 각종 행사를 하고, 후원금도 모금할 수 있지만, 그 지역에서 경쟁하는 다른 정당의 정치인은 사무실도 낼 수 없고, 상시로 자신의 비전을 전파할 방법이 없다. 매우 불공정한 경쟁이라고 할 수 있다.

국회의원이 되기 전에는 '지구당 부활'에 대해 찬성하다가도 자신이 국회의원이 되면 내심 지구당 부활에 대해 반대를 하게 된다. 그도 그럴 것이 자신의 경쟁자가 불리함을 극복하고 다소나마 대등해지는 것에 대해서 경계를 하지 않을 수 없기 때문이다. 21대 국회는 민주당이 169석에 이르기에 '지구당 부활'은 불가능해 보이지 않는다. 민주당과 생각을 같이하는 무소속 및 정의당을 합친다면 180석에 이르기에 민주당의 입장만 정리된다면 '지구당 부활'은 가능할 것으로 보인다. 무엇보다 이재명 대표의 의지가 강하기 때문에 그 어느 때보다 가능성이 크다고 할 수 있다.

지구당의 부활은 지역 정당을 극복할 수 있는 유력한 방법으로 평가된다. 지구당이 부활한다면 호남에는 국민의힘 지구당이 상시로 활동을 하게 될 것이며, 대구·경북도 영남에서도 민주당의 지구당이 상시로 활동하게 될 것이다.

민주당 입장에서 본다면 대구·경북 등 뿔뿔이 흩어져 있던 민주당 당원들이 상시적으로 또는 사안 별로 모일 수 있는 계기가 될 수 있다. 지구당을 중심으로 해서 모인 민주당 당원들은 평상시에는 친목 등 끈끈한 유대와 연대를 쌓고, 선거 기간에는 자연스럽게 핵심적인 선거운동원이 될 것이다. 당원들의 선거를 통해 선출된 지역위원장을 중심으로 지역별 정책을 만들고, 당원별 분과 모임을 통해서 역량을 높일 수가 있다. 지역위원장 및 핵심 당원들은 평상시에도 지역주민들을 만나서 현안을 논의하고 지역 발전을 위한 다양한 의견을 유권자에게 전파할 수 있게 된다. 물론 국민의힘 입장에서도 이와 같은 방법으로 호남에서 득표율을 끌어올릴 수 있게 된다.

국민의힘도 망국적인 지역별 투표 성향을 개선하고 보다 건설적인 국가의 미래를 고민한다면 지구당 부활에 적극적으로 협력해야 할 것이다. 지금의 구도로 계속해서 가는 것을 선호할 수도 있겠으나, 지구당의 부활은 이제 미룰 수 없는 시대 과제가 되었다.

## 특별한 희생을 치른 영남 민주당원을 위한 배려

민주당은 1987년 이후 경북에서 단 한 명의 국회의원 당선자를 내 본 적이 없다. 대구에서도 김부겸, 홍희락 외에는 당선자를 배출하지 못했다. 험지 중의 험지가 바로 경북에 있는 모든 지역구라고 할 수 있다.

2020년 8월 22일 경북 포항지역에 진보정당의 뿌리를 내리고자 했던 정치인 허대만 전 더불어민주당 경북도당위원장이 사망했다. 1968년 포항시 남구 장기면에서 태어난 허대만 전 위원장은 서울대 정치학과를 졸업하고 1995년 무소속으로 포항시의원에 당선되었다. 이후 열린우리당 시절 노무현 전 대통령의 인수위원으로 활동하기도 했다.

2008년부터 경북도의회와 포항시장, 국회의원포항남·울릉 등 7번에 걸쳐서 도전하였으나 지역 내 지지 정당의 한계로 인해 고배를 마셔야 했다. 우리는 바보 노무현을 기억하지만, 노무현과 같은 바보의 길을 걸었던 민주당의 정치인들은 사실 의외로 많다.

민주당의 험지에서 민주당의 깃발을 들고 선거에 참여했던 후보자들뿐만 아니라, 지역에서 빨갱이라고 손가락질받으면서도 민주당의 깃발 아래에서 승리할 수 없는 선거전이지만 언제나 최선을 다했던 민주당 동지들이 있었다. 이들은 지난 선거에서 자신의 지역구에서 단 한 번도 승리하지 못했다. 외롭게 싸우고 있는 그들을 위한 특별한 지원이 있어야 할 것이다.

이재명 대표는 2022년 9월 22일 국회에서 열린 시·도당위원장 연석회의에서 "당원 중심의 정당, 국민 속의 정당, 민주적 기초가 잘 가꿔진 정당으로 거듭나야 재집권의 기회를 만들 수 있다."며 "민주당이 앞으로 재집권의 토대를 구축하려면 전국 시·도당들이 튼튼해야 한다."고 강조했다. 이재명 대표는 특히 "시·도당 중 사정이 좋은 지역도, 어려운 지역도 있는데 그 편차가 너무 크다."며 "특히 대구·경북이나 부·울경, 충청·강원 지역은 정당 조직의 생존 자체가 가능한가 싶을 정도로 어려운 상황"이라며 "우리가 '전국정당'으로 거듭나기 위해 어려운 지역에 어떻게 우리의 뿌리 조직을 만들어낼지에 대해 진지하게 논의해 주길 바란다."고 당부했다. 이재명 대표는 열세지역들에 대한 구체적 지원 방안으로 현재 당원 수대로 지급되는 당비를 이들 지역에 좀 더 많이 배분하고, 체계적인 당원 관리 시스템을 도입하겠다고 밝혔다.

허대만 전 위원장의 별세 후 민주당에선 '제2의 허대만을 만들지 말자'는 다짐과 함께 전국을 6개 권역으로 나눠 개방형 비례대표제를 실시하자는 내용의 일명 '허대만법'을 발의했다. 이런 시도는 전에도 있었지만, 여야가 유불리를 따지면서 번번이 무산되었다. 특히 호남보다 인구수가 압도적으로 많은 영남지역을 기반으로 둔 국민의힘의 반대가 심했다.

석패율제도를 도입해서 취약지역에서 높은 득표율을 기록하고도 2위로 떨어진 후보를 비례로 구제해주는 방안도 논의되고 있다. 하지만 선거법은 여야 합의로 처리하는 관례를 무시하기 힘들다. 합리적인 협상을 기대해 볼 수밖에 없다.

선거법은 단독으로 바꿀 수 없다 하더라도, 지구당 부활은 민주당이 사활을 걸고 이루어내야 할 것이다. 지구당을 부활하고 이재명 대표의 공언대로 취약 지구당에 대한 중앙에서의 전폭적인 예산지원을 한다면 명실상부한 전국정당으로 거듭나게 될 것이다.

지구당의 활성화를 통해 우리 민주당은 지역적 소수라는 구조적인 모순을 적어도 다음 대선까지는 극복해야 할 것이다.

# 2022년 대선 패배의
# 책임은 누구에게

보증도 담보도 없는 정치인의 말은 그의 말이 아니라, 그의 과거 삶에서 그의 실적에서 그의 미래를 보아야 합니다.

2022년 3월 9일 치러진 제20대 대통령 선거에서 국민의힘 윤석열 후보는 48.56%, 더불어민주당 이재명 후보는 47.83%, 정의당의 심상정 후보는 2.37%로 1위 윤석열 후보와 2위 이재명 후보는 247,077표 차이에 불과했다. 직전에 나온 여론조사에서는 최소 5% 이상 최대 10% 이상으로 밀리는 것으로 나왔다. 정확하지 않은 여론조사로 인해 이재명 지지자들의 투표율이 다소 떨어진 상태에서 나온 결과로 두고두고 아쉬움이 남는다. 엉터리 여론조사로 인해 선거에서 민주당은 패배했으며, 윤석열이라는 희대의 무능한 대통령을 우리는 맞이했다.

선거가 치러지는 과정에서 윤석열 후보에게는 아내 김건희의 주가조작과 장모 최은순의 부동산투기 혐의로, 이재명 후보는 대장동 개발 비리, 형수 욕설 사건 등으로 언론은 도배했지만, 주로 이재명 후보와 관련된 뉴스가 주를 이뤘다. 언론은 역대급 비호감 선거라고 하면서 누가 당선되든 대한민국은 비극이라고 보도했다. 이재명 후보로서는 매우 억울한 여론지형 속에서 선거를 치렀다고 볼 수 있다.

그렇다면 지난 대통령 선거에서 이재명 후보가 패배한 원인은 무엇인가? 이에 대해 정확한 분석을 하는 것이 다음 선거에서 이기는 길이다. 이재명 후보가 부족해서 역대급으로 무능한 후보인 윤석열 후보에게 패배했다는 것은 정확한 진단이 아니다. 오히려 이재명이라는 역대급으로 강한 후보를 갖고도 왜 윤석열에게 패배했는지를 진단해야 할 것이다.

지금부터 열거하는 진단은 중요한 순서가 아니라 시간순으로 엮은 것이다.


**윤석열이라는 괴물을 만든 사람은 문재인 대통령이다**

누구나 알고 있다시피 윤석열은 문재인 정부에서 키운 인물이다. 윤석열은 박영수 특검에서 '국정농단의혹사건수사특별검사팀 수석 파견검사'로 시작해서 인지도를 높였으며, 문재인 정부에서 서울중앙지방검찰청 검사장을 거쳐, 대검찰청 검찰총장을 지냈다.

문재인 정부에서 윤석열을 중앙지검 검사장으로, 그리고 검찰총장까지 추천한 인물은 누구였을까? 그 인물에 대한 논의는 여러 가지가 있는데 여기서는 생략하기로 한다. 누가 추천을 했든 간에 임명권자에게 가장 큰 책임이 있다.

윤석열은 청문회에서 문재인 대통령의 검찰개혁에 전적으로 찬성한다는 거짓말로 최종적으로 임명되었다. 그러나 검찰총장에 임명되고 나서는 문재인 대통령의 뜻을 따르지 않고, 오히려 추미애 법무부 장관의 징계에도 소송을 통하여 대응하였다.

문재인 정부 개혁의 중심에 서야 할 인물이 문재인 정부에 부담을 주었다. 문재인 정부 말기에는 현직 검찰총장이 야당 대통령 후보로 거론되는 있을 수 없는 일이 계속되었다. 이를 저지하기 위하여 추미애 법무부 장관이 정당하게 징계했음에도 불구하고, 오히려 현직에서 물러나야 했던 인물은 윤석열이 아니라 추미애였다. 문재인 대통령은 사사건건 현 정부의 검찰개혁 의지에 찬물을 끼얹는 윤석열 총장을 파면했어야 했으나, 문재인 대통령의 소신은 검찰총장의 임기를 보장하는 것이었다. 문재인 대통령의 임기보장이 확실한 소신이라는 것을 간파한 윤석열은 정권교체의 상징으로 우뚝 섰다. 문재인 대통령의 실기라고 아니할 수 없다.

문재인 대통령의 인사 실패는 윤석열뿐만 아니었다. 최재형 감사원장은 이후 이낙연이 대통령이 되겠다며 국회의원직을 버린 서울 종로구에서 국민의힘 소속 국회의원이 되었다.

문재인 대통령이 임명한 검찰총장과 감사원장이 모두 정권교체의 선봉에 선 것이다.

다음으로는 문재인 정부와 처음부터 끝까지 함께했던 홍남기 기획재정부 장관이자 경제부총리였다. 홍남기 부총리에 대한 문재인 대통령의 무한 신임으로 인해 대통령 선거 직전 이재명 후보가 간곡하게 요청했던 전국민 재난지원금 100만 원을 지급하지 못했다. 홍남기는 국가재정이 부족하다는 이유로 반대했지만, 대통령 선거가 끝난 직후 대통령 윤석열은 전국민 재난지원금을 지급했다. 만일 그때 이재명 후보의 요청대로 전국민 재난지원금을 지급했다면 선거 결과는 분명히 달라졌을 것이다. 국가재정이 부족하다는 홍남기의 말은 새빨간 거짓말이었다. 오히려 추가 세수로 인하여 국가재정은 오히려 넘쳐났다. 2023년 지금 대기업에 법인세를 깎아주겠다는 윤석열의 호기도 여기서 나오는 것으로 보인다.

### '대장동 그분'이라는 동아일보의 오보

東亞日報

# 김만배 "천화동인 1호 배당금 절반은 그분 것"

(1208억 원)

2021년 10월 09일
이판 (종합)

남욱-정영학과 대화 녹취록에
金 "내 껏 아닌거 잘 알지 않나"
'유동규 윗선 연루' 시사 발언 담겨
경찰, '퇴직금 50억' 곽상도아들 조사

동아일보 2021년 10월 9일자.

미안해요, 이재명

동아일보는 민주당의 대통령 후보 선출을 하루 앞둔 2021년 10월 9일 기사에서 정영학 회계사가 천화동인 4호 소유주 남욱 변호사와의 대화 과정에서 김만배가 "그 천화동인 1호 배당금 절반은 '그분' 것이다."라고 말했다고 보도했다. 동아일보는 "김 씨가 녹취록에서 천화동인 1호 실소유주의 이름까지 거명한 건 아니었다. 하지만 김 씨가 유동규 전 사장 직무대리보다 네 살 위니 김 씨가 언급한 '그분'은 최소한 유 전 사장보다 '윗선'이라는 것이 당시 사정을 아는 관계자들의 설명"이라고 전했다.

이 기사는 정영학이 녹취록을 검찰에 제공한 직후 나온 것으로 보이는데, 최근에 공개된 정영학 녹취록엔 이른바 '그분'이라는 게 전혀 없다. 녹취록에 나오지도 않는 걸 동아일보가 가공해서 만든 것이거나, 검찰에서 가짜 정보를 동아일보에 제공해서 나오게 된 오보라고 할 수 있다.

이때까지만 해도 이재명은 타 경쟁자보다 모든 여론조사의 지지율이 앞서고 있었다. 동아일보의 이 기사를 시작으로 이재명은 대선 기간 내내, 그리고 지금까지도 송사에 시달리고 있다.

동아일보의 이 기사를 시작으로 수백만 건의 관련 기사들이 쏟아졌으며 윤석열과 이재명의 지지율도 역전이 되었다.

대선 이후 조사된 데일리리서치 여론조사에 의하면 '대장동의 그분' 기사로 인해서 무려 23·1%가 지지 후보를 바꿨다고 한다. 동아일보의 '대장동 그분'이라는 기사로 인해서 대통령 선거의 결과를 뒤바뀌었다고 볼 수 있다.

Q1. 대장동 그분 언론보도 인지도
-들어본 적 있다 85.3%, 없다 11.6%

Q2A. 지지 후보 결정에 영향을 미쳤나?
-미쳤다 45.7%, 안 미쳤다 50.9%

Q2B. 언론 보도 이후 지지 후보 변경
-바꼈다 23·1%, 안 바꼈다 71.8%

대장동 관련 재판이 끝나고 나면 동아일보는 허위사실에 의한 대선개입에 대해서 마땅히 책임져야 할 것이다. 2023년 3월 15일 시사평론가로 활동하고 있는 김두일 작가가 주축이 된 '대장동 진실규명 청구인단'은 동아일보에 대하여 위자료 청구 소송을 제기한 것으로 알려졌다.

## 문파라고 스스로 네이밍한 가짜 뉴스의 생산자들

스스로 '문파'라고 부르는 이들과 이재명의 악연은 2017년 민주당 경선 때부터이다. 이재명은 당시 성남시장으로 지자체 단체장으로선 처음으로 대선 경선에 뛰어들었다. 문재인 후보의 일방적인 승리가 예상된 경선에서 흥행을 위해 문재인 후보가 직접 후보로 뛰어달라고 부탁했다는 얘기도 있다.

이때 경선에서 이재명은 '사이다' 문재인은 '고구마'라는 별명을 얻었다. 누구나가 문재인의 승리를 예측할 수 있었던 약속 대련 같았던 경선은 예상외로 과열되었으며, 이재명 후보는 문재인 후보에게 다소 난처한 질문들을 쏟아내었다. 이때부터 문재인 지지자들 소위 문파들에게 비판을 받았으며, 그 이후 문재인이 대통령이 되고 퇴임한 이후까지 앙금으로 남아 있다. 물론 대부분의 문재인 지지자들은 이재명 지지자로 흡수되었지만, 그들 중 일부는 여전히 안티 이재명 노선을 고수하고 있다. 그들은 지난 대선에서 민주당원임에도 불구하고 윤석열을 지지하는 해당 행위도 서슴지 않았다.

지금 이재명 대표는 온갖 루머와 송사에 시달리고 있는데 그 빌미를 제공한 자들이 바로 이들이다. 이들이 이재명을 제거하기 위하여 만들어낸 악의적인 루머를 살펴보면 다음과 같다.

1) 김부선과의 스캔들을 퍼뜨려서 이재명의 제거를 시도했다. 공지영과 김부선과의 전화 통화에서 이른바 거기에 '점'이 있다고 해서 아주대 병원에서 신체검사까지 하는 수모를 견디어야 했다. 이후 이들은 이재명을 '점지사' 또는 '낙지사'라는 멸칭을 지금까지 사용하고 있다.

2) 형수 욕설에 대해 조작을 해서 이재명을 제거하려고 했다. 해당 욕설은 형이 어머니께 한 욕설을 형수에게 들려주며 항의하는 과정에서 나온 것이다. 이는 법원 판결에도 이미 나와 있는 것임에도 불구하고 이재명이 형수에게 욕설을 했다고 하며 지금까

지 괴롭히고 있다. 이들은 이재명에게 여전히 '찢지사' 또는 '찢' 이라는 멸칭을 사용하고 있다.

3) 형을 강제입원 시키려 했다며 이재명의 제거를 시도했다. 이 사건은 결국 송사로 이어져서 법원으로부터 무죄를 판결받았음에도 불구하고 여전히 이들은 자신의 정치적 이득을 위해 형을 강제 입원시키려 했다고 음해하고 있다.

4) 이재명 조폭 연루설로 이재명을 제거하려고 했다. 성남시장 시절 시장실을 개방했는데 성남 시민 한 명이 시장실에서 성남시장 의자에 앉아서 거만한 자세로 사진을 찍었는데 이 사람이 조폭이고 이재명에게 영향력을 행사하고 있는 사람이라면서 이재명을 음해했다.

5) 이른바 '혜경궁김씨'로 부인 김혜경 여사를 끌어들여서 이재명과 문재인을 이간질해 이재명을 제거하려고 했다. '정의를위하여08_hkkim'라는 트위터 계정은 오랫동안 사용하지 않았던 계정이었는데, 이 계정이 김혜경 여사가 사용했다며 이재명과 김혜경을 음해했다.

6) 대장동, 백현동, 정자동으로 이재명의 제거를 시도했다. 지금 현재 대장동 사건은 이재명을 가장 곤란하게 하는 것 중의 하나이다. 대장동 사건에 이재명이 연관되어 있다는 루머는 지난 2021년 민주당 대선후보 경선 기간에 이낙연 지지자들이 처음 들고 나온 것이다.

지금도 이들은 트위터, 페이스북, 유튜브를 통하여 여전히 이재명에 대한 음해를 멈추지 않고 있다.

### 이낙연 선대위원장

지난 민주당 경선에서 이재명 후보는 가까스로 50%를 넘었다. 당시 민주당 경선 룰은 '유효투표의 과반수 이상 득표자를 승자로 한다'는 것이었다. 이 룰은 노무현 후보, 문재인 후보 때도 적용된 것이었다. 중도에 사퇴한 후보의 득표는 무효표 처리하게 되는데 무효표는 유효표에 포함되지 않는다. 이낙연 후보 측은 이 룰을 무시하고 무효표를 유효표로 계산해서 과반 득표가 안되니 결선투표를 해야 한다면서 결과에 승복하지 않았다. 이낙연 후보는 경선 마지막 날 승복연설을 하지 않았다. 이낙연 지지자들은 경선결과를 '사사오입'이라며 네이밍조차 터무니없는 것으로 여전히 음해하고 있다. 경선결과에 대한 즉각적인 승복을 하지 않은 것은 이낙연의 최대 실책이었다.

정운현 페이스북

두 번째 실책은 측근이거나 그의 지지들이 경선결과에 불복하는 것을 넘어 윤석열의 품 안으로 들어가는 것을 방치한 것이다. 대표적인 인물이 정운현이다. 정운현은 오마이뉴스 편집국장 출신으로 이낙연이 경제부총리를 할 때 비서실장을 역임한 인물이다. 정운현이 윤석열을 지지했을 때 이낙연은 저지했어야 했다. 대통령 선거 기간 동안 민주당 선대본부장을 이낙연이 맡았지만, 약발이 제대로 서지 않았다.

정운현의 투항을 필두로 이낙연을 지지하는 민주당 당원들이 집단적으로 윤석열을 지지하는 기자회견을 열기도 했다. 민주당의 핵심 SNS 조직 '디지털전략팀'이라고 밝힌 자들이 윤석열을 지지했으며, 이낙연이 더불어민주당 총괄선거대책위원장

을 하고 있음에도 불구하고, 스스로 문재인 대통령과 이낙연을 지지한다고 밝힌 '2022 대선에 임하는 오소리모임'이라고 밝힌 자들이 "이번엔 2번! 전략적 지지선언"을 한다며 문파 16,175명이 윤석열을 지지한다는 기자회견을 했다.

이낙연은 자신의 측근, 지지자들이 윤석열을 지지하는 상황에서도 단 한마디도 제지하지 않았다. 이낙연은 총괄선대위원장을 하면서도 법인카드로 논란이 되었던 김혜경 여사의 사과를 강요해서 오히려 민주당의 악재를 만들었다. 김혜경 여사의 '법카 논란'에 대해서는 별도로 다루도록 하겠다.

### 민주당의 국회의원
지난 대통령 선거 과정에서 보여준 민주당 국회의원들의 행태를 보면 열불이 난다. 국회의원들은 전투력을 전혀 보여주지 않았다. 하다못해 현수막마저 제대로 걸지 않았다. 180명이나 되는 국회의원들이 보여준 의원들의 태도에 항의하는 민주당 지지자들이 엄청났다. 그나마 선거 결과가 박빙으로 끝난 것은 이재명을 대통령으로 만들어보겠다고 발 벗고 뛰어다닌 권리당원과 일반 당원 그리고 지지자들의 노고였다.

## 이재명 본인

대장동과 이재명의 연루설을 끝없이 쏟아내며 윤석열의 선거 운동원으로 활동한 언론, 이낙연 지지자들의 비협조를 넘은 윤석열 진영으로의 투항, 민주당 의원들의 비협조 등 악재가 결정적인 패인임은 분명하겠지만, 이재명 후보 스스로 말했듯이 제일 큰 책임은 이재명 본인이다.

이재명은 민주당 역사상 최고의 후보였다. 그런 후보를 가졌음에도 불구하고 민주당은 선거에서 패배했다.

이재명 후보의 실책 중 가장 큰 것은 선거 초반에 '이재명다움'을 잊은 것이었다. 이재명은 기본소득, 기본주택, 기본금융으로 상징되는 인물이었다. 그러나 경선이 끝나고 민주당의 후보가 되고 나서는 기본소득의 논쟁은 사라지고 말았다. 득보다는 실이 크다는 민주당 내의 의견을 반영한 것이겠지만, 기본소득 논쟁의 회피는 오히려 득보다는 실이 많았다.

두 번째는 이낙연을 선대위원장으로 추대한 것이다. 이낙연 지지자들이 속속 윤석열을 지지하면서 해당 행위를 하는 상황에서 이낙연 선대위원장 카드 역시 득보다는 실이 컸다.

그나마 선거 후반에는 잃었던 '이재명다움'을 찾았다. 이낙연의 역할을 최소화하고 다시 싸울 줄 아는 이재명으로 돌아왔다. 선거운동 기간이 하루라도 더 있었다면, 하루라도 더 빨리 이재명다움을 찾았다면 어땠을까 두고두고 아쉬움이 남는다.

### 선거 그 후

선거는 지났고, 어느덧 윤석열 정부가 출범한 지 1년이 지났다. 그리고 나라의 경제는 망가져 가고, 국가안보마저 위태로워졌다. 민주당에서는 지난 대선에서 윤석열을 대놓고 지지한 당원에 대한 징계를 여전히 미루고 있다. 그들은 2024년 총선에서도 민주당 후보들의 낙선운동을 하면서 이재명 대표에게 치명상을 줄 궁리만 하고 있다.

선거에 이기기 위해서는 단일대오로 같이 가는 것이 중요하다. 하지만 대오에서 이탈해 적에게 투항했던 자들은 함께 갈 수 없다. 조중동으로 대표되는 악질 언론보다 우리가 먼저 결별해야 할 자들이 바로 그들이다.

# 권리당원이
# 민주당의 주인이다

정치는 소수의 것이 아니라, 모두가 참여하는 겁니다.

**대선 패배 이후 민주당에 입당한 이들**

지난 2022년 대선이 득표율 0.7%, 247,077표 차이 패배라는 결과를 받아든 이재명 후보를 향한 아쉬움과 미안한 마음으로 이른바 '개딸'로 불리는 2030 여성들이 대거 민주당에 입당했다. 민주당은 그 숫자가 대략 30만에 달한다고 했다.

민주당은 당비를 매월 1천 원씩 6개월 이상 납부한 당원에게 권리당원이라는 자격을 주며, 권리당원에게는 각종 당내 선거에서 선거권을 준다. 대선 이후 입당하고 당비를 낸 당원들에겐 아쉽게도 지난 민주당 당대표 선거에서는 투표권이 없었다. 당원 가입 기간 6개월을 채우지 못했기 때문이다. 이로 인해 권리당원에 대한 과도한 자격 규제라는 비판을 당내에서 받기도 했다.

보통 대선이나 총선 등에서 패배하면 당원들이 가입하기는커 녕 실망감에 기존에 있던 당원들도 탈당하는 경우가 대부분이다. 하지만 지난 대선에서는 패배했음에도 불구하고, 매우 능력 있는 후보가 선택되지 못하고 무능함이 예상되는 형편없는 후보에게 진 결과에 분노한 젊은 유권자들이 당원 가입을 통해서 패배한 이재명 후보를 응원하기 위하여 민주당에 입당했다.

이재명 역시 대선 이후 곧 치러진 지방선거와 국회의원 보궐선 거를 통해서 당원 가입을 독려했다. 당원 가입뿐만 아니라 최소 1천 원을 내서 6개월 뒤에 권리당원 자격을 취득해서 민주당의 변화를 주도해달라고 주문했다.

## 권리당원의 자격

권리당원의 위력은 최근 들어 더욱 강해졌다. 국민의힘에서 이 준석이 당대표까지 될 수 있었던 것도 2030 남성들이 이준석을 지지하기 위하여 대거 입당했기 때문이다. 그 결과 국민의힘에 서는 36세의 젊은 당대표가 탄생할 수 있었다.

민주당의 권리당원에 해당하는 것이 국민의힘은 책임당원인 데, 국민의힘은 지난 대선을 앞두고 20021년 9월 '1년 중 3회 이 상 당비를 납부하고 교육 1회 이상 참여'한 당원에게 주어지던 책 임당원의 요건을 '당비 1회 이상 납부'한 당원들에게까지 확대해 서 신규당원의 입당을 독려했다.

국민의힘에 비해서 민주당은 6회 이상 당비를 납부한 당원들에게만 권리당원의 자격을 줌으로써 대선 및 당대표 선거에서 투표에 참여하고자 하는 당원들의 열기를 떨어뜨리고, 그만큼 충성도가 높고 열정이 높은 당원들의 의사를 배제했다.

대한민국을 대표하는 민주정당인 민주당이 국민의힘만도 못한 방식을 고수한다는 비판을 받았다. 경선에 참가하는 후보들이 새로 유입된 당원들의 정치적 성향으로 인해 유불리를 따지면서 민주적 대의 원칙을 외면했다는 비판을 받았다.

이재명은 가능하면 6개월인 규정을 3개월 이하로 낮춰 민주당의 변화를 갈망하면서 입당한 신입 당원들의 사기를 높였으면 좋겠다고 조심스럽게 의견을 냈지만, 경선에 참여하는 후보로서 이 문제는 당에 일임하고 되도록 언급을 자제할 수밖에 없었다.

당대표 경선을 앞둔 2022년 7월 13일 트위터를 통해 김모 씨가 "뉴스에 나오는 이재명 선생님의 모습을 보며 너무 마음이 아프다. 자그마한 힘이지만 저희 힘이라도 보탬이 됐으면 한다. 방법을 알려주면 미력하나마 선생님을 위해 저의 최선을 다할 것"이라는 의견을 밝혔을 때 이재명 의원은 "민주당의 권리당원으로 입당해 달라"며 "월 1,000원 당비를 내면 민주당의 모든 의사결정에 참여할 수 있다. 민주당 홈페이지에서 아무 때나 가입할 수 있다."라고 독려했다.

이에 트위터에는 당원 가입 인증글이 쏟아졌다. '이제 대학생이 된 대학교 1학년인 만큼 지금 바로 생애 처음으로 입당하겠다', '어제 엄마 꼬셔서 입당시키기 성공, 칭찬해주세요', '오늘 친언니 당원 가입했어요', '당원 가입했어요. 진작 할 걸 후회되네요', '권리당원 2,000원, 추천인 이재명 입당했습니다' 등의 트윗 글이 올라왔다.

이에 이재명은 "감사합니다. 민주당의 힘은 당원에서 나옵니다."라며 권리당원은 지역구 국회의원 등 공직 후보 경선, 당 지도부 선거 등에 막강한 권한이 있다며, 당이 변하라고 요구하는 것도 중요하지만 여러분 같은 당원이 많아지면 당은 자동으로 바뀐다고 밝혔다.

이때 가입한 당원들도 당대표 선거에서 이재명에게 소중한 한 표를 행사하고 싶었을 것이다. 하지만 국민의힘에서는 가능했지만, 민주당에서는 불가능했다. 새로 가입한 당원들에게 투표권을 주지 않자 일부 당원들은 당사 앞에서 시위도 하고, 탈당 협박(?)을 하기도 했지만 받아들여지지 않았다.

탈당을 시사하는 사람들을 향해서 이재명은 민주당을 사랑한다면 탈당해서는 안 된다고 설득했다. 만일 탈당하고 싶을 만큼 당에 실망했다면 탈당보다는 당비를 끊으라고 요령을 알려줬다. 그리고 다시 희망이 보이면 당비를 다시 납부해 달라고 했다. 민주당은 입당할 때나 탈당할 때는 심사를 거의 하지 않지만, 재입당할 때는 최소 1년 이상의 공백기를 가져야 하기 때문이다.

대선 이후 가입한 당비를 납부해 온 당원들은 이제 권리당원이 되었다. 그리고 경선을 앞두고 가입한 당원들도 2023년 초에 권리당원이 되었다. 그리고 이들이 2024년 총선에서 민주당 간판을 들고 출마하고자 하는 후보 경선에서 투표권을 가지게 되었다. 문재인 대표 시절에 마련한 시스템 공천은 2024년 총선에서는 더욱 정교해질 것이 분명하다. 이미 민주당에는 130만이 넘는 권리당원이 존재한다.

## 150만 권리당원의 의미

지금 현재 민주당은 지역구별 평균 3천 명의 권리당원을 확보 중이다. 3천 명의 권리당원의 맘을 얻지 못한다면 차기 총선에서 공천받는 것은 불가능할 것이다. 3천 명의 권리당원이 선택하는 후보가 경선에서 이길 수 있는 것은 당연하다.

민주당은 150만 명의 권리당원 확보를 위해 힘쓰고 있다. 지난 2022년 대선에서 전체 유권자는 4,420만 명이었다. 150만 명의 권리당원이라면 전체 유권자의 3.4%에 해당한다. 3.4%가 뭐 그리 대단하냐고 폄하할 수도 있을 것이다. 하지만 전혀 그렇지가 않다는 것은 바닷물을 보면 알 수 있다. 일반적으로 바닷물 1Kg에는 35g의 염류 물질이 존재한다. 다시 말해 바닷물의 염분 농도는 35‰ 즉 3.5%에 불과하다. 3.5%의 소금이 바다를 바다답게 만들 수 있는 것이다. 전체 유권자의 3.5%라면 소금과 같은 역할을 해서 대한민국을 바꿀 수 있다. 지난 촛불 투쟁 속에서도 150만 명 이상이 거리에 뛰쳐 나와서 박근혜 탄핵이라는 위대한 여정을 완성할 수 있었다.

민주당의 150만 권리당원은 민주당의 집권뿐만 아니라, 분단된 조국의 통일이라는 염원을 함께 하고 있다. 대한민국에서의 민주주의를 완성하고 새로운 변화에 슬기롭게 대처해서 더욱 부강한 복지국가를 완성하게 될 것이다.

2022년 총선을 거쳐서 차기 대통령 선거 전에는 150만 권리당원의 확보를 위하여 민주당은 더욱 민주적으로 변화해야 할 것이다. 민주당에서 민주주의가 실현되지 않으면 권리당원은 떠나게 되고 집권도 대한민국의 민주주의도, 대한민국의 통일도 그만큼 멀어지게 된다.

# 대구는 조선의
# 모스크바였다

같은 법도 강자에게는 성공의 기회이고 약자에게는 족쇄입니다. '정치' 때문에 대한민국은 세계에서 가장 불평등한 나라가 되었습니다.

### 고담 도시 대구

2022년 지방선거에서 대구시장에 출마한 홍준표는 "고담 도시 대구의 비약적 발전을 이끌겠다."라고 자신의 유튜브 채널 'TV 홍카콜라'에서 밝힐 만큼 지금 대구는 '고담 도시'라는 비아냥을 받고 있지만, 한때 대구는 '조선의 모스크바'라고 불릴 정도로 대한민국 진보 운동의 메카였다.

'고담 시티'는 〈배트맨〉에 등장하는 도시로, 범죄가 들끓고 있지만, 경찰 등 수사기관의 영향력이 무력한 도시이다. 홍준표 대구시장마저 대구를 '고담 대구'라고 할 정도이니, 온라인 커뮤니티 상에서 대구를 고담 대구라고 비아냥하는 것을 막을 방법이 없어 보인다. 고담 시티란 말은 '소돔과 고모라'의 앞뒤 글자에서

따온 말로, 배트맨도 지키지 못하는 도시라는 뜻인데, 여기에 꼰대의 도시, 올드 보이 등 부정적인 단어로 형성되어 회자하고 있다. 특히 국민의힘을 향한 압도적인 표심이 확인될 때마다 '고담 대구'라는 말이 자주 등장한다.

### 일제 강점기의 항일운동

지금은 이렇게 '고담 대구'라는 부정적인 이미지가 강하지만, 한때 대구는 '조선의 모스크바'라고 불릴 정도로 조선의 사회주의 운동을 견인하는 대표적인 도시였다.

1910년 한일합방이 되기 전인 1907년 대한제국의 77만여 원의 외채 상환이 불가능해지지 이를 갚기 위한 모금 운동이 대구에서 시작해서 전국으로 퍼졌는데 이를 국채보상운동이라고 한다. 일본의 방해 공작에 의해 성공하지 못하였지만, 그 정신만은 뚜렷하게 남아 있다. 대구 중구 동인동에는 국채보상운동기념관이 있다.

1919년 3·1운동대한민국 독립선언일 이후 파리강화회의에 독립을 청원하는 전국 유림대표 137명을 파견했는데 이때 대구에서도 13명이 참여했다.

특히 1920년대에 펼쳐진 항일 의열투쟁에서는 대한광복회의 이종암, 서상한의 도쿄 폭탄 거사 추진, 1927년 장진홍의 폭탄 의거 감행 등이 있었으며, 만주 독립군 무장투쟁을 지원하기 위한 군자금 모금 운동을 전개하는 것은 물론이고, 조선의용대와 한국광복군에도 적극적으로 참가하였다.

특히 대구의 학생들은 3·1운동 이후 일제 식민지배에 맞서 민족차별 철폐와 민족교육을 부르짖는 동맹휴학투쟁과 적우동맹 등 비밀결사 투쟁을 전개했다. 일제 말기에는 다혁당, 태극단 등 다양한 비밀결사 운동을 펼쳤으며, 일제의 침략전쟁에 강제 동원되는 것을 반대하는 학병거부투쟁을 벌이는 등 근대 민족운동의 발전에 크게 기여했다.

특히 민족시인 이육사본명 이원록는 경북 안동에서 출생하고 대구의 현 대륜고등학교교남학교를 다녔다. 이육사를 포함하여 3형제원창, 원일, 원조가 의열단에 함께 입단했으며, 1928년 정진홍의 조선은행 대구지점 폭파사건에 연좌되어 3년형을 받고 투옥되었는데 수인번호가 264번이어서 호를 육사陸史라고 했다. 이육사의 시 〈광야〉는 일제하의 절망적 현실과 고난을 극복하고, 새로운 광명의 세계를 염원한 명시로 유명하다.

까마득한 날에
하늘이 처음 열리고
어디 닭 우는 소리 들렸으랴.

모든 산맥들이
바다를 연모해 휘달리 때도

차마 이곳을 범하던 못하였으리라.

끊임없는 광음을
부지런한 계절이 피어선 지고
큰 강물이 비로소 길을 열었다
지금 눈 내리고
매화 향기 홀로 아득하니
내 여기 가난한 노래의 씨를 뿌려라

다시 천고의 뒤에
백마 타고 오는 초인이 있어
이 광야에서 목놓아 부르게 하리라

이육사 〈광야〉 전문

## 대구 10월 사건

해방 이후 1946년 10월 미美 군정 하에서 대구는 '조선의 모스크바'로 불릴 만큼 '반골의 도시'였다. 대구 10월 사건은 제주 4·3 사건, 여순사건으로 이어졌다.

광복 후 우리나라는 식량문제가 최대의 현안이었다. 패망 직전 일본은 우리나라에서 식량을 남김없이 거두어서 갔고 이로 인해 식량 재고는 바닥을 드러냈다. 굶주림으로 시작한 1946년의 '10월 사건'은 광복 후 대구에서 일어난 가장 참혹한 사건이었다. 10

미안해요, 이재명

월 1일 기아데모로 시작한 항쟁은 12월 중순까지 전국으로 퍼졌다. 당시 대구·경북 인구 310여만 명 중 70여만 명이 파업과 시위에 참여했다. 이 사건은 2010년 진실·화해를 위한 과거사정리위원회진화위가 '사건'으로 명명하기 전까지 '폭동'으로 폄훼됐다. 진화위는 10월 사건을 '식량난이 심각한 상태에서 미 군정이 친일관리를 고용하고 토지개혁을 지연하며 식량공출정책을 강압적으로 시행하자 불만을 가진 민간인과 일부 좌익세력이 경찰과 행정당국에 맞서 발생한 사건'이라고 못 박았다.

**4·19혁명을 촉발한 계기도 대구 2·28의거였다.**

1960년 3·15부정선거가 있기 전 조병옥 민주당 대선 후보가 갑작스럽게 사망하게 된다. 이에 부통령 후보였던 장면이 민주화 진영에서 대통령급 위상을 갖게 되었다. 2월 28일일요일 장면 부통령 후보의 연설이 대구 수성구에서 잡혀 있었다.

당시 대구는 반이승만적인 젊은 학생들이 많았고, 자유당의 독재에 대해서 반감이 있었다. 당시 이승만 정부에서는 이들이 장면 유세 현장에 나타나게 된다면 언론의 주목을 받을 것을 우려하여 학생들이 장면 유세장에 나오지 못하도록 공립고등학교에 일요일 등교를 지시했다.

이에 대해 엄청난 반발이 일어나자, 고등학교에서는 갑자기 임시 시험을 친다거나, 단체 영화관람을 한다는 이유를 들면서 강제로 학교에 오게 했다.

자유당의 꼼수를 간파했던 경북고등학교 학생들이 "학원을 정치 도구화하지 말라!"고 외치며 가두 시위를 시작했으며, 대구의 다른 고등학교 학생들도 호응하며 27일 시위를 벌였다.

2월 27일 대구 동인동 이대우 경북고 학생운영위원회학생부 위원장 집에 모인 대구고, 경북고, 경북대학교 사범대학 부설고등학교 학생 8명은 부당한 일요 등교 지시에 항의하기 위해 시위를 조직했고 아래와 같은 결의문도 작성했다.

"백만 학도여! 피가 있거든 우리의 신성한 권리를 위해 서슴지 말고 일어서라! 학도들의 붉은 피가 지금 이 순간에도 뛰놀고 있으며, 정의에 배반하는 불의를 쳐부수기 위해 이 목숨 다할 때까지 투쟁하는 것이 우리의 기백이며, 정의감에 입각한 이성의 호소인 것이다! 경북고 학생부 위원장 이대우"

2월 28일 학교에 모인 학생들은 당국의 지시에 따르지 않고 자유당의 불의와 부정을 규탄하는 집회를 일으키며 궐기하게 된다. 오후 1시 학생 800여 명이 반월당, 중앙로를 거쳐 경상북도청으로 가는 과정에서 다른 학생들이 합류했고 장면 박사를 만났을 때는 만세를 불렀다.

이에 대해 오림근 경상북도지사와 이강학 치안국장은 "학생들이 북한에 이용당하고 있다"며 종북몰이를 시전했지만, 대다수

시민은 오히려 구타당하는 학생들을 보고 경찰에게 달려들어 뜯어말리는 등 학생들을 지지했다.

결과적으로 이 시위엔 8개 학교 총 1,200명의 학생이 참여했고 120명이 체포되었다. 체포된 학생들도 계속된 시민들의 요구에 곧바로 석방되었다. 이 의거는 언론에 보도되어 전국에서 학생들의 시위가 퍼져나가기 시작했다. 2·28 대구 민주학생의거는 대한민국 헌정 이래 최초의 민주화운동이었으며 이후 대전의 3·8 의거, 마산의 3·15 의거에 영향을 주었으며, 마침내 이승만의 자유당 독재정권을 무너뜨리는 4·19 혁명의 시원始原이 되었다.

### 김광석

대한민국의 민주화운동 과정에서 가장 빛나는 발자국을 남긴 가수 중 한 명이 가객歌客 김광석이다. 진정성 있고 마음을 울리는 목소리로 수많은 명곡을 남겼다.

김광석은 1964년 대구시 중구 대봉동에서 출생했으며, 1984년 5월 '노래를 찾는 사람들'을 통해 데뷔했다. 김광석의 노래 중 〈광야에서〉, 〈일어나〉, 〈타는 목마름으로〉, 〈그루터기〉, 〈부치지 않은 편지〉, 〈이등병의 편지〉 등 수많은 곡이 민주화운동 현장에서, 또는 기념식에서 불리고 있다. 특히 〈이등병의 편지〉는 군대에서 사고사한 형으로 인해 이등병으로 의가사 제대한 사연이 있는 곡이기도 했다. 이 노래는 영화 '공동경비국역

JSA'에 〈부치지 않은 편지〉와 함께 삽입되기도 했다. 1994년에는 'MBC 대학가요제' 2부 축하 공연에 초청되어 〈타는 목마름으로〉를 부르기도 했다.

김광석이 태어난 곳이 방천시장 근처인데, 지금 그 인근에는 '김광석 거리'가 있다. 정식 명칭은 '김광석 다시 그리기'이다. 1996년 1월 6일 스스로 세상을 등진 김광석을 추모하고, 그가 남긴 음악적 성취를 느껴볼 수 있는 곳이다. 대한민국에서 가수 한 명을 기리는 거리를 만들어 문화상품으로 개발한 유일한 경우라고 할 수 있다. 길거리에는 김광석의 노래가 울려 퍼지고 있고, 김광석과 연관된 벽화들을 감상하면서 산책을 할 수 있다. 벽화들과 함께 거리 주변의 카페도 김광석 관련 기림과 소품들로 가득 차 있다.

### 대구에서 고생하는 민주당 당원들에게

지금 대구는 과거 민주화운동의 산실이었던 역사를 뒤로하고 국민의힘의 집권전략에 적극적으로 호응하는 투표 성향을 보이고 있다. 대구가 다시 민주주의 정신을 회복하고 대한민국의 민주주의 발전에 기여하는 도시로 다시 태어나길 기원한다. '고담 대구'라는 절망적인 현실 속에서도 여전히 민주당의 밭을 갈고 있는 민주당 당원들과 민주당 지지자들에게 뜨거운 연대의 박수를 보낸다.

# 10·26의 도화선이 된 부마항쟁

썩어 빠진 공직자들이 나랏돈 훔치고 국민을 지배하는 나라. 언젠가 한 번은 꼭 대청소를 해야 합니다.

### 유신헌법

1969년 9월 14일 새벽 2시 여당인 민주공화당은 국회 본회의장에서 점거 농성을 하던 야당을 피해서 국회 제3별관에서 '3선 개헌' 안을 몰래 통과시켰다. 원래 이 규정은 "대통령은 1차에 한하여 중임할 수 있다"였으나, "계속 재임은 3기에 한한다."라고 바뀌었으며, 이 개헌안은 그해 10월 17일 국민투표를 거쳐서 확정되었다. 그리고 2년 뒤 1971년 4월 27일 제7대 대통령 선거에서 민주공화당의 박정희와 신민당의 김대중 후보가 맞붙어 박정희가 당선되었다.

이 선거에서 처음으로 지역대결 투표가 나타났다. 박정희는 경상도 지역에서 김대중보다 3배나 되는 표를 얻었으며, 김대중은 전라도에서 박정희에 비해 2배 많은 표를 얻었다. 또한, 농촌은 박정희에게 도시는 김대중을 지지하는 이른바 '여촌야도' 현상도 나타났다. 이때 김대중은 박정희가 집권하면 영구집권을 하려고 할 것이라면서 표심을 파고들었다.

김대중의 예언대로 재집권에 성공한 박정희는 1972년 10월 17일 오후 7시 비상계엄령을 선포하고, 4개 항의 '특별선언'을 발표했다. 첫째, 국회해산 및 정치 활동을 중지하고, 일부 헌법의 효력을 중지한다. 둘째, 정지된 헌법의 기능은 비상국무회의<sub>당시의 국무회의</sub>가 대신한다. 셋째, 평화통일 지향의 개정헌법을 1개월 내에 국민투표로 확정한다. 넷째, 개정헌법이 확정되면 연말까지 헌정질서를 정상화한다.

비상국무회의는 27일 헌법 개정안을 공고하고, 11월 21일 국민투표를 통해 91.9%의 투표율과 91.5%의 찬성으로 유신헌법維新憲法이 확정되었다. 이어 12월 15일 2,359명의 대의원이 선출되어 '통일주체국민회의'를 구성하고, 23일 여기에서 간접선거를 통해 박정희가 제8대 대통령으로 당선되어 27일 정식 취임하여 제4공화국이 출발하였다.

유신헌법의 채택으로 ① 통일주체국민회의가 대통령 선거 및 최고 의결기관이 되었으며, ② 직선제이던 대통령 선거가 통일주체국민회의 대의원들에 의한 간선제로 바뀌었으며, ③ 대통령 임기가 4년에서 6년으로 연장되었고, ④ 국회의원 정수定數의 1/3

을 대통령의 추천으로 통일주체국민회의에서 일괄 선출하고, ⑤ 국회의원의 임기를 6년과 3년의 이원제二元制로 하여 통일주체국민회의에서 선출된 의원은 3년으로 하였으며, ⑥ 국회의 연간 개회일수를 150일 이내로 제한하고, ⑦ 국회의 국정감사권을 없앴으며, ⑧ 지방의회를 폐지하고, ⑨ 대통령이 제안한 헌법 개정안은 국민투표로 확정되고, 국회의원의 발의로 된 헌법 개정안은 국회의 의결을 거쳐 통일주체국민회의에서 다시 의결함으로써 확정되도록 이원화하였다. 그 밖에도 1972년 10월 17일의 비상조치와 그에 따른 대통령의 특별선언을 제소하거나 이의를 제기할 수 없도록 헌법에 못박았다.

이를 통하여 박정희 종신집권의 토대를 마련했으며, 유신체제를 비판하거나 비난하는 자는 '국민 상호 감시제'를 통해 색출하여 엄단하는 초유의 독재체제를 실행하였다.

유신헌법만 본다면 어디가 북한이고, 어디가 남한인지 분간이 안 갈 정도였다. 이렇게 해서 북한에는 김일성이, 남한에는 박정희라는 희대의 독재자가 지배하는 시대가 되었다.


### 반유신 투쟁

박정희 독재정권에 대항하여 수많은 사람이 투쟁하였다. 1973년 유신헌법 개정 100만인 서명운동, 1975년 민주회복 국민회의 결성, 1976년 민주구국선언 등 유신 독재에 대한 투쟁이 계속되었다.

특히 1979년 5월 3일 신민당 전당대회에서 '민주회복'의 기치를 든 김영삼이 총재로 당선된 후 정국은 여야격돌로 더욱 경색되었다.

이어 8월 11일 YH 사건, 9월 8일 김영삼에 대한 총재직 정지 가처분 결정, 10월 4일 김영삼의 의원직 박탈 등 일련의 사건이 발생함으로써 유신체제에 대해 야당과 국민의 불만이 크게 고조되었다. 10월 13일에는 신민당 의원 66명 전원이 사퇴서를 제출하였으나 공화당과 유정회 합동조정회의에서 사퇴서를 선별 수리하려고 시도하였다.

1979년 10월 15일에는 부산대학교에서 민주선언문이 배포되고, 16일 5,000여 명의 학생들이 시위를 주도, 시민들이 합세하여 대규모 반정부시위가 전개되었다. 시위대는 16일과 17일 이틀 동안 정치탄압 중단과 유신정권 타도 등을 외치며 파출소·경찰서·도청·세무서·방송국 등을 파괴하였고, 18일과 19일에는 마산 및 창원 지역으로 시위가 확산되었다.

박정희는 18일 0시 부산 지역에 비상계엄령을 선포하고 1,058명을 연행, 66명을 군사재판에 회부했으며, 20일 정오 마산 및 창원 일원에 위수령衛戍令을 발동하고 군을 출동시켜 505명을 연행하고 59명을 군사재판에 회부하였다.

## 김재규 의사의 의거

중앙정보부장 김재규는 부산 지역에 계엄령이 선포된 10월 18일 이른 새벽에 부산계엄사령부에 도착했다. 김재규가 박정희를 제거하려고 결심한 날이 이날이었다. 김재규는 '항소이유보충서'를 통해 다음과 같이 부마항쟁을 묘사하고 있다.

"부마사태는…굉장한 것이었습니다. 순수한 일반 시민에 의한 민중 봉기로서 시민이 데모대원에게 음료수와 맥주를 날라다 주고 피신처를 제공하는 등 데모하는 사람과 시민이 의기투합하여 한 덩어리가 되어있었고, 수십 대 경찰차와 수십 개소 파출소를 파괴하였을 정도로 심각한 것이었습니다. …서울로 올라와 바로 대통령에게 보고를 드렸지만, 질책만 들었습니다. …김계원 비서실장, 차지철 경호실장이 동석하여 저녁 식사를 막 끝낸 식당에서였습니다. 부산 사태는 체제 저항과 정책 불신 및 물가고에 대한 반발에 조세저항까지 겹친 민란이라는 것과 전국 5대 도시로 확산될 것이라는 것, 따라서 정부로서는 근본적인 대책을 강구하지 않으면 안 되겠더라는 것 등 본인이 직접 시찰하고 판단한 대로 솔직하게 보고를 드렸음은 물론입니다. 그랬더니 박 대통령은 버럭 화를 내시더니 '앞으로 부산 같은 사태가 생기면 이제는 내가 직접 발포 명령을 내리겠다. 자유당 (4·19) 때는 최인

규나 곽영주가 발포 명령을 해 사형을 당했지만 내가 직접 명령을 하면 대통령인 나를 누가 사형하겠느냐'고 역정을 내셨습니다. 같은 자리에 있던 차 실장은 이 말끝에 '캄보디아에서는 300만 명을 죽이고도 까딱없었는데 우리도 데모대원 100만~200만 명 정도 죽인다고 까딱 있겠습니까. 같은 무시무시한 말들을 함부로 하는 것이었습니다."

'항소이유보충서'에서 김재규는 왜 자신이 박정희를 죽일 수밖에 없었는지 밝히고 있다.

"박 대통령에 대해서는 누구보다도 본인이 잘 압니다. 그는 절대로 말에만 그치는 사람이 아닙니다."라고 했다. 부산 마산지역에서의 엄청난 희생이 예상되는 상황에서 대한민국의 민주주의를 지키기 위해서 박정희를 죽일 수밖에 없었다고 했다.

부마행쟁은 김재규가 박정희를 저격하는 데 결정적인 역할을 했다. 10월 26일 "야수의 심정으로 유신의 심장을 쏘았다."는 거사가 일어났다. 이렇게 해서 영구집권을 계획했던 유신체제가 붕괴되었다.

하지만 유신체제를 종식시킨 김재규는 이듬해 5월 24일, 광주에서 대대적인 민주화운동이 진행되던 중에, 전두환의 신군부에 의해 사형이 집행되었다. 김재규는 5월 23일 사형을 앞둔 전날 가족과의 마지막 면회에서 유언을 다음과 같이 남겼다.

"…나는 아무 누구의 염려 없이 아주 유쾌하고 또 명예스럽고 또 이런 자유민주주의를 회복했다는 그 자부와 내가 이렇게 감으로써 자유민주주의는 확실히 보장되었다는 이러한 또 확신과 이걸 가지고 나는 즐겁게 갑니다. 아무쪼록 대한민국의 무궁한 발전과 대한민국 민주주의의 영원한 그러한 발전과 10·26 민주회복 혁명, 이 정신이 영원히 빛날 것을 저는 믿고 또 빌면서 갑니다. 국민 여러분, 자유민주주의를 마음껏 만끽하십시오. 저는 먼저 갑니다."

부마 민주항쟁은 4·19혁명, 5·18 민주화운동, 6·10민주항쟁과 함께 한국 현대사에서 민주이념을 계승한 민주항쟁의 하나로 평가받으며, 2019년 9월 17일 부마 민주항쟁 발생일인 10월 16일이 국가기념일로 지정되었다.

김재규 의사의 10·26의거는 부마항쟁 일부로 평가되어야 할 것이다. 부마항쟁은 유신체제를 종식시키는 결정적인 역할을 한 승리한 투쟁이었으며, 김재규 의사의 의거는 부마항쟁을 민중의 승리로 만든 위대한 사건이었다. 이듬해 1980년 광주민주화운동이 전개되는 와중에 김재규를 형장의 이슬로 사라지게 한 것은 많은 아쉬움으로 남는다. 전두환 신군부의 국가장악 계획에서 김재규를 살려 둘 수는 없었을 것이다.

어떤 권력도 국민과 진실을 이기지 못합니다. 이승만 정권의 조봉암 사법 살인, 박정희 정권의 김영삼 의원 제명, 전두환 정권의 김대중 내란음모 조작사건까지 독재 권력은 진실을 조작하고 정적을 탄압했지만 결국 독재자는 단죄되었고 역사는 전진했습니다.

### 2장

# 이재명을 흔드는
# 검사독재 정권

# 불체포특권은
# 이럴 때 쓰라고
# 있는 것이다

나는 밟힐수록 커지는 돌멩이다.

### 국회의원 불체포특권

2023년 2월 16일 이재명 대표에 대한 구속영장이 청구된 이후로 국회의원의 '불체포특권'에 대한 얘기가 많이 나오고 있다. 실제로 지난 대선에서 이재명 대표는 불체포특권 폐지를 공약하기도 했다. 대한민국의 국회의원들이 워낙 국민으로부터 불신을 받기도 하지만, 국회의원의 불체포특권 폐지에 대한 여론의 지지는 무시하지 못할 만큼 압도적이다.

불체포특권Privilege of Parliament Act, 不逮捕特權이란 "국회의원이 현행범인이 아닌 한 회의 중 국회의 동의 없이 체포 또는 구금되지 않으며 회기 전에 체포 또는 구금된 경우라도 국회의 요구가 있으면 석방될 수 있는 권리."를 말한다.

불체포특권은 1603년 영국에서 처음 법제화되었으며, 그 뒤 미국의 연방헌법에 의해 성문화됨으로써 헌법상의 제도로 발전하고, 각국의 헌법에 수용되었다. 불체포특권은 국회의원의 신체의 자유를 보장함으로써 국회의 기능을 강화하고, 국회의원의 대의 활동을 보장할 수 있는 중요한 역할을 하고 있다.

대한민국은 헌법 제44조 "① 국회의원은 현행범인인 경우를 제외하고는 회기 중 국회의 동의 없이 체포 또는 구금되지 아니한다. ② 국회의원이 회기 전에 체포 또는 구금된 때에는 현행범인이 아닌 한 국회의 요구가 있으면 회기 중 석방된다"고 정했다. 우리 헌법에 국회의원 불체포특권이 도입된 것은 1947년 제헌헌법 제49조부터다.

대한민국은 민주주의 국가체로 입법, 행정, 사법으로 3부가 독립되어 서로 견제하면서 권력의 균형을 잡는다. 하지만 대통령중심제인 대한민국에서는 대통령행정부은 국방, 안보, 조세, 경찰 등 대부분의 권력을 장악하고 있다. 대통령에게는 임기 중 내란內亂 및 외환外患의 범죄를 짓지 않는 한 형사소추가 면제되는 권리가 있으며, 법률안 거부권이 존재한다. 여기에 대응하는 입법부의 권리로 불체포특권과 국회 내에서 발언한 내용에 대해서는 형사책임을 면해주는 면책특권이 있다.

하지만 국회의원에게 불체포특권이 있다고 해서, 영원히 민·형사상 책임을 면해주는 특권이 아니다. 단순히 회기 중에 체포를 유예하는 조치일 뿐이다. 불체포특권이 있다고 해도 검찰은 국회의원을 기소해서 불구속 상태에서 재판을 받게 할 수 있다.

### 불체포특권은 국회의원에게만 있는 것이 아니다

불체포특권은 대통령과 국회의원에게만 있는 것도 아니다. 각급선거관리위원회 위원도 선거인명부작성기준일 또는 국민투표안공고일로부터 개표 종료까지 불체포특권이 인정되고, 교원 역시 현행범인 경우를 제외하고는 소속 학교장의 동의 없이 학원 안에서 체포되지 않는다. 공직선거 후보자 역시 후보자 등록 후 개표 종료까지는 불체포특권이 있으며, 국내에 들어와 있는 외교관과 그의 가족도 불체포특권이 있다.

대부분 현행범인 경우 불체포특권의 적용이 안 된다. 오직 대통령만이 현행범이라 할 지라고 불체포특권을 갖고 있다. 불체포특권은 대통령의 절대적인 권력에 대응하는 최소한의 권리이다. 대한민국은 법원의 확정이 판결되기 전에는 '무죄추정의 원칙'이 적용되고 있다. 하치만 구속수사는 법원의 판결이 있기도 전에 유죄추정으로 인신을 구속하는 것으로 헌법정신에 어긋난다. 그러므로 현행범인 경우를 제외하고는 구속수사를 하지 않는 것이 바람직하며, 최근 법원의 추세도 불구속된 상태에서 재판을 이어가고 있다. 징역형의 유죄를 받게 되더라도 불구속 상태에서 상급심 재판을 받을 수 있도록 법정구속을 안 하는 경우도 있다.

## 대통령의 절대적인 권력에 대한 국회의 수단

1987년 6월항쟁을 통해 쟁취해낸 민주헌법도 국회의원의 불체포특권을 명문화하여 대통령의 절대적인 권력에 국회가 대응할 수 있도록 해 놓았다.

지금 검찰은 헌정 사상 처음으로 제1야당의 대표를 구속 수사하겠다고 구속영장을 청구했다. 300번이 넘는 압수수색을 해서 이미 그들이 갖고 싶어 하는 증거들은 확보했을 것이다.

국회의원의 불체포특권은 행정부검찰의 지극히 정치적인 수사에 대응하라고 있는 것이다. 이재명 대표는 헌법이 국회에 보장하고 있는 불체포특권을 행사하고 있을 뿐이다. 이재명 대표의 유무죄는 앞으로 있을 검사의 기소와 함께 법원에서 판명될 것이다.

헌법에서 정하는 사람들에 대한 불체포특권을 넘어서 일반인들에게도 폭넓게 불구속 상태 속에서 재판을 받을 수 있도록 해서 피의자가 방어권을 최대한 발휘할 수 있도록 법원이 구속영장 발부를 최소화해야 할 것이다. 특히 윤석열 정권이 들어선 이후 구속영장 발부가 남발되고 있는 것은 매우 우려스럽다.

# 구속영장 청구에 대한
# 이재명 대표의 입장문

독재 권력은 진실을 조작하고 정적을 탄
압했지만 결국 독재자는 단죄되었고 역
사는 전진했습니다.

오늘은 윤석열 검사독재 정권이 검찰권 사유화를 선포한 날입
니다. 사사로운 정적제거 욕망에 법치주의가 무너져 내린 날입
니다.

제가 한 일은 성남시장에게 주어진 권한으로 법 절차에 따라 지
역을 개발하고, 주민 숙원사업을 해결하고 민간에게 넘어갈 과
도한 개발이익의 일부를 성남시민들에게 되돌려 드린 것입니다.
단 한 점의 부정행위를 한 바가 없고 부정한 돈 한 푼 취한 바가
없습니다.

수년간 검찰 경찰 감사원이 먼지 털듯 털어댔지만, 검찰에 포
획된 궁박한 처지의 관련자들의 바뀐 진술, 번복된 진술 외에 어
떤 범죄증거도 발견할 수 없었습니다. 범죄사실이 없었기 때문

미안해요, 이재명

입니다.

물가 폭탄, 이자 폭탄으로 국민의 삶이 무너지는데 국정 절반을 책임져야 하는 제1야당 대표가 국민 곁을 떠나겠습니까? 일거수일투족이 생중계되는 제가 가족을 버리고 도주하겠습니까?

사상 최대 규모의 수사진에 의한 수년간의 수사, 백번도 넘는 압수수색에 수백 명의 관련자 조사를 다 마쳤는데 인멸할 수 있는 증거가 남아 있기나 합니까?

가족들과 거주하는 주거가 분명합니다. 수치스럽기는 했지만 오라면 오라는 대로 검찰의 소환요구에 응해서 조사에도 성실하게 임했습니다.

조금의 법 상식만 있어도 구속요건이 전무하다는 것을 쉽게 알 수 있습니다.

이번 구속영장 청구는 희대의 사건으로 역사에 기록될 것입니다.

어떤 권력도 국민과 진실을 이기지 못합니다. 이승만 정권의 조봉암 사법 살인, 박정희 정권의 김영삼 의원 제명, 전두환 정권의 김대중 내란음모 조작사건까지 독재 권력은 진실을 조작하고 정적을 탄압했지만 결국 독재자는 단죄되었고 역사는 전진했습니다.

국민의 고통을 외면하고 국가권력을 정적제거에 악용하는 검사 독재정권은 국민과 역사의 심판을 받을 것이다, 이 점은 분명한 역사적인 진실입니다.

검사독재 정권의 헌정질서 파괴에 의연하게 맞서겠습니다.


2023년 2월 16일

이재명

# 성남FC의
# 광고비

국민이 낸 세금 열심히 아껴서 다시 돌려주는 게 왜 공짜입니까?

### 성남 일화

성남FC는 2022년 1부 리그K리그 클래식에서 탈락해 2023년에는 2부 리그한국 내셔널 리그에 소속되어 있지만, 오랜 기간 대한민국을 대표하는 프로축구 구단이었다.

성남FC의 모태는 1989년 3월 18일 창단된 동대문운동장을 홈경기장으로 사용했던 통일교 산하 기업인 일화를 모기업으로 하는 일화 천마였다. 초대감독은 1983년 멕시코에서 열린 세계청소년축구선수권대회에서 대한민국 축구 역사상 최초로 FIFA 주관대회에서 4강에 올려놓은 명감독 박종환이었다. 성남 일화는 소련 리그에서 올해의 선수로 선정되기도 했던 사리체프 골기퍼를 비롯하여, 신태용과 고정운, 이상윤이 활약하면서 1993년부터 1995년까지 리그 최초 3연패라는 위업을 달성하기도 했다.

1996년 한국프로축구연맹의 '서울 연고 공동화 정책'에 따라 잠시 천안으로 연고로 옮겼다가 2000년엔 다시 성남으로 연고를 이전했으며, 홈 경기장은 성남종합운동장을 사용하고 있다. 2001년부터 2003년까지 또다시 리그 3연패를 달성했다. 특히 2003년엔 역대 최다 득점인 28득점을 기록한 김도훈이 활약하기도 했다.

2004년 AFC 챔피언스 리그 준우승을 차지하기도 했다. 2006년엔 K리그 최초의 7번째 우승을 했으며, 레전드 신태용이 감독을 맡았던 2010년에는 AFC 챔피언스 리그에서 두 번째 우승했으며, 2011년에는 두 번째 FA컵을 우승하기도 했다.

### 시민구단 성남FC

2012년 9월 통일교 교주 문선명이 사망하면서 성남 일화는 해체될 위기에 몰렸다. 성남 일화의 팬들은 물론이고, K 리그 팬들은 성남 일화를 시민구단으로 재창단할 것을 요구했다. 이에 2013년 10월 이재명 성남시장은 성남 일화 천마를 인수해서 시민구단으로 전환한다고 발표했다.

시민구단은 광고를 유치하거나 시의 재정을 투입해서 팀을 운영해야 한다. 그렇기에 모기업이 있는 구단보다 선수영입에 있어 어려움을 겪을 수밖에 없다. 성남FC도 우여곡절 끝에 시민구단으로 출발을 했지만, 운영에 많은 어려움을 겪을 수밖에 없었다.

이재명 시장이 구단주로 있던 2015년부터 2017년까지 성남 FC는 두산건설42억 원, 네이버40억 원, 농협40억 원, 분당차병원33억 원 등 6개 기업으로부터 후원금, 광고비 등으로 160억 원을 지원받았다.

이를 통하여 성남FC는 2015년 김학범 감독이 이끌었으며, 현 국가대표 스트라이커인 황의조, 국가대표 출신의 리그 최대의 미드필더 김두현이 뛸 수 있었다.

2018년 이 금액이 뇌물이라며 당시 바른미래당의 고발한 사건이 있었는데 2021년 9월 증거불충분으로 분당경찰서가 불송치 결정을 내렸다. 하지만, 고발인들의 이의 신청을 받아들여 2022년 9월 기소 의견으로 다시 검찰에 송치하였다.

경찰은 성남시가 2015년 두산그룹이 소유한 분당구 정자동의 병원부지 3천여 평을 상업용지로 용도 변경해서, 기부채납 받기로 한 면적을 14,5%에서 10%로 축소해주는 대가로 두산이 성남FC에 53억 원의 후원금을 냈다며 이를 제3자 뇌물공여로 본 것이다.

성남시는 해당 병원부지가 10년 넘게 방치되어 2014년 9월 21억여 원의 이행강제금을 부과했다. SBS 보도에 따르면 두산건설은 2014년 10월 성남시에 '두산 신사옥을 건립할 수 있도록 해당 병원부지를 업무용 부지로 바꿔달라'는 내용의 공문으로 보

냈다. 이것이 이행될 경우 성남FC 후원 등을 검토하겠다는 내용
도 있다고 한다.

2015년 7월 성남시는 용도변경을 통한 두산그룹 신사옥 신축
과 계열사 이전 계획을 발표했고, 그해 10월 성남FC와 두산건설
은 53억 원 규모의 광고 협약을 맺었다.

두산이 1991년 72억 원에 샀던 이 부지에 들어선 지상 27층,
지하 7층 규모의 건물에는 현재 ㈜두산 등 두산그룹 계열사들이
입주해 있다. 현재 이 땅의 평가가치는 1조 원 이상인 것으로 알
려져 있다.

### 광고비가 뇌물이라는 검찰의 주장

경찰은 지난 박근혜 정권하에서 최순실이 설립한 미르재단에
삼성 등이 후원한 금액을 제3자 뇌물공여로 유죄를 받은 것처럼,
이재명 시장이 제3자인 성남FC를 통해 두산건설로부터 뇌물을
받고 두산건설에 특혜를 줬다고 밝혔다.

제3자 뇌물죄는 직무에 관해 부정한 청탁을 받은 공무원이 청
탁을 들어주는 대가로 제3자에게 뇌물을 제공하도록 했을 때 성
립할 수 있는 범죄다.

성남시와 두산건설은 "성남FC 광고 후원금과 용도변경 사이에
는 아무런 연관이 없다"며 대가성을 부인했다. 이 대표도 지난해
8월 자신의 페이스북에 "성남시 소유인 성남FC가 용도변경 조건

으로 광고비를 받았다고 가정해도 시민의 이익이 된다"며 "개인적 이득을 취한 적이 없다"고 주장했다. 하지만 경찰은 성남FC는 별도의 주식회사여서 후원금을 성남시의 이익으로 볼 수 없다는 입장이다.

경찰은 기소 의견으로 검찰에 송치했음에도 불구하고 이재명 시장 측으로 광고비의 일부가 흘러 들어간 정황은 없다고 밝혔다. 적어도 경찰은 이재명 시장이 성남FC가 유치한 광고비 등 후원금을 사적으로 유용했다는 혐의를 발견하지 못한 것이다. 이재명 대표를 공격하는 측에서 현금을 수수하는 불법적 이득은 없었지만, 이재명 시장이 치적을 알릴 수 있는 정치적 이득이 적지 않다면서 기소의 정당성을 주장하고 있다.

### 성남FC와 미르재단은 어떻게 다른가?

미르재단은 국정농단의 주인공이 박근혜의 비선 실세인 최순실 개인의 소유였으며, 성남FC는 성남시가 운영비의 책임을 지는 성남시 출자의 시민구단으로 주인은 성남시민이다. 삼성 등은 미르재단으로부터 어떠한 직접적인 이득을 얻을 수 없음에도 비밀리에 수백억 원의 돈을 냈으나, 두산건설은 광고비로 공개적으로 지급을 했다. 미르재단에 후원된 돈은 최순실이 개인적으로 착복했으나, 성남FC는 광고비의 유치로 인해 53억 원의 예산을 절감했다. 미르재단에 후원한 기업들은 박근혜 측으로부터 압력을 받아서 참여했다고 증언했으나, 두산건설은 성남FC 광고 후원금과 부지 용도 변경 사이에는 아무런 연관이 없다고 주장했다. 두산은 프로야구단을 운영하고 있듯이 스포츠 후원사의 이미지를 이미 가진 기업이다. 두산의 프로축구 구단에 대한 후원이 특별한 일이라고 보기도 어렵다.

| 미르재단 | VS | 성남FC |
|---|---|---|
| 박근혜 비선 최순실 | 소유자 | 성남시 출자 성남시민 |
| 공짜 후원 기부 | 돈성격 | 광고계약에 의한 광고비 |
| 면세점 허가 국민연금 동원 | 특혜 | 용도변경(경찰 주장) |
| 비밀리 지급 | 공개 | 협약에 따라 투명하게 |
| 개인 착복 | 용도 | 공익(성남FC 예산 절감) |
| 기업 대표들 압력을 받음 | 압력 | 어떠한 압력도 없었음 |

이재명 대표가 유죄를 받으려면, 성남FC와 이재명이 경제공동체라는 것을 입증해야 한다. 성남FC가 잘 나가면 이재명 성남시장이 정치적 후광효과를 얻을 수 있으므로 경제공동체라는 주장은 각종 기업의 후원을 유치하기 위해 세금 감면, 부지 선정 등 각종 유인책을 쓰는 지자체장들은 모두 살아남을 수가 없게 된다. 이재명 시장을 처벌하기 위해서는 성남FC는 시민구단이 아니라 이재명 개인회사임을 입증해야 할 것이다.

두산이 성남시에 보냈다는 공문이 그나마 논란거리가 될 것이다. 두산건설은 2014년 10월 '종합병원 부지에 신사옥을 지을 수 있게 용도변경을 해주면 성남FC에 후원을 하겠다'는 취지의 공문을 성남시에 보냈다. 당시 공문엔 '사옥 신축 시, 1층 일부를 성남시민에게 공공시설로 제공하고, 성남FC 후원 등 공공 기여 방안을 성남시와 협의하겠다'는 내용이 담겼다. 경찰은 이걸 뇌물죄의 증거라고 제시하고 있다.

제3자 뇌물죄 판례들을 살펴보면 '부정한 청탁'이라는 게 입증돼야 처벌할 수 있다. 청탁했다고 해서 바로 뇌물죄로 연결되는 게 아니다. 이번 건은 대놓고 두산이 공문으로 성남시에 요청한 것이다. 앞으로 검찰은 '묵시적인 부정청탁'으로 봐야 한다고 주장할 것이다. 하지만 두산건설 입주를 위한 용도변경이 두산건설만의 일방적인 이득이라고 보기 어렵다. 성남시는 두산건설이 입주함으로써 매년 막대한 법인세를 징수할 수 있게 되었다.

경찰은 기부채납 면접이 전체의 15%였다가 줄어드는 과정에서 5%에 해당하는 50억 원 상당의 금액을 성남FC에 광고 후원금 명목으로 받은 것이고, 이 금액이 바로 뇌물이라 주장이다. 하지만 이 주장은 오히려 반대이다. 성남시는 15% 기부채납을 받으려 했으나 두산은 원래 5%만 기부채납을 하겠다는 입장이었는데 협상 과정에서 10%로 올려 받은 것이다.


### 악의적인 기소

성남FC에 대한 광고비에 대한 제3자 뇌물죄는 매우 악의적인 기소가 될 것이다. 공소 유지가 과연 될까 하는 의심이 들 정도이다. 물론 재판에 간다면 결과는 뻔하다. 무죄다.

두산건설이 해당 부지에 병원을 짓지 못하고 방치했던 데에는 이미 성남에는 분당서울대병원, 차의과대학교 분당차병원이 있었으며, 이재명 시장의 숙원사업이었던 성남의료원의 개원을 앞두고 있었기 때문이다. 성남시 입장에서는 이미 있는 대형병원보다는 두산건설 본사를 유치해서 성남시의 경제를 살리는 것이 더 중요했을 것이다. 고용도 늘리고, 4천여 명의 직원이 상주하게 됨으로써 법인세 및 근로소득세를 안정적으로 징수하게 되어 성남시의 재정에 보탬이 되게 됨으로써 성남시의 발전에 이바지할 수 있게 하는 적극 행정의 모범이었다고 할 수 있다.

지금도 세계 각국에서는 글로벌 기업들을 유치하기 위하여, 각종 세금을 깎아주고, 부지를 무상으로 제공하고 있다. 하다못해 미국도 삼성이나 현대자동차, LG 등을 유치하기 위하여 이런 정책을 쓰고 있다. 그리고 이들 기업은 해당 국가나 도시에 연고를 둔 스포츠 기업에 광고 후원금을 내고 있다.

이재명에 대한 성남FC 제3자 뇌물죄 기소 같은 어처구니없는 기소는 즉각 멈춰야 한다. 이는 정상적인 기업활동을 막게 될 것이며, 앞으로 어느 기업이 스포츠 기업에 후원하게 될 것이겠는가? 또한, 어느 지자체가 기업유치를 위해서 발 벗고 나서겠는가.

## 검찰의 기소

검찰은 2023년 2월 16일 검찰은 '위례 신도시·대장동 개발 특혜·성남FC 후원금 의혹 등과 관련해서 이재명 대표에게 배임과 뇌물, 범죄수익 은닉 등의 혐의'로 헌정사 최초로 제1야당의 대표에 대해 구속영장을 청구했다.

앞에서 이미 경찰이 기소 의견으로 검찰에 보낸 내용은 살펴보았다. 여기서는 검찰의 구속영장을 토대로 다루고자 한다. 구속영장에 적시된 내용이 앞으로 기소장에도 그대로 쓰일 가능성이 높기 때문이다.

검찰은 성남FC 후원금 의혹에 대해서 제3자 뇌물죄를 적용했다. 이재명 대표가 2014년 10월부터 2016년 9월까지 성남FC 구단주로 있으면서 두산건설, 네이버, 차병원 등 4개 기업의 후원금 133억5천만 원을 유치하는 대가로 이들 기업에 건축 인허가나 토지 용도 변경 등 편의를 제공했다는 것이다. 또 뇌물을 공여받은 것임에도 기부를 받은 것처럼 기부단체를 끼워 넣고 기업들이 이 단체를 통해 성남FC에 돈을 지급하게 한 혐의도 있다고 한다.

이재명의 낙마를 바라는 많은 사람은 성남FC 후원금이야말로 이재명을 잡아넣을 수 있는 검찰의 묘수라고 생각하고 있다. 솔직히 기업 입장에서 손해되는 일을 하지 않을 텐데 왜 성남FC에 후원하냐는 초보적인 질문을 한다. 그래서 대기업들이 성남FC에 후원한 것은 자신들의 민원을 해결하기 위해서 했을 것이라는 의심이다.

## 후원금이 아니라 광고이다

여기서 주목해야 할 것은 두산건설, 네이버 차병원 등 4개 기업이 성남FC에 낸 돈은 후원금이 아니라 광고비였다. 후원금이라 함은 개인이나 단체의 활동, 사업 따위를 돕기 위한 기부금을 말한다. 이들 기업이 성남FC에 낸 돈은 이런 기부금이 아니었다. 성남 홈구장에 광고판을 걸고, 유니폼에 로고를 새겨서 광고하는 비용으로 낸 것이다. 용어부터 검찰은 억지를 부리고 있다. 엄연한 광고비를 후원금이라고 돈의 성격을 이미지 세탁하고 있다. 수많은 언론도 검찰의 의도대로 후원금 의혹이라면서 사건을 호도하고 있다.

삼성, LG 등은 유럽 축구 리그에 광고하고 있다. 국내 축구 리그에도 많은 기업이 광고하고 있다. 광고하는 기업들이 없으면 프로리그는 존재할 수도 없다. 올림픽, 월드컵 등도 여지없이 기업들의 광고가 있기에 열릴 수 있다. 참가하는 모든 선수의 유니폼에도 광고가 붙는다. 유명 팀, 유명 선수일수록 광고비는 비싸다.


## 광고비후원금 유치는 성남시장의 의무

통일교 산하 기업인 일화가 철수하면서 성남FC는 모기업이 없는 시민구단으로 출발했다. 성남FC 응원단과 프로리그 팬들의 요구 때문에 어쩔 수 없이 시민구단을 출범시켜야 했다. 시민구단을 출범시키면서 성남시의회는 시장에게 다음과 같은 의무 조항을 조례로 만들었다. 당시 성남시의회는 새누리당[현 국민의힘]이 다수를 차지하고 있었다.

2013년 12월 9일부터 시행된 『성남시 시민프로축구단 지원 조례』 제3조(시민축구단 육성) ①항에는 "성남시장(이하 '시장'이라 한다)은 성남시민프로축구단이 안정적으로 운영될 수 있도록 각급 기관·단체·기업 등에게 지원을 권장하는 등 노력한다."고 되어 있다. 또한 ②항에는 "시장은 성남시민프로축구단의 발전을 위한 다음 각 호의 어느 하나에 해당하는 사업을 수행하는데 필요한 예산의 일부를 지원할 수 있다."고 되어 있다. 만일 광고 등을 적극적으로 유치하지 못하게 된다면 성남시의 예산으로 구단의 운영자금을 충당해야만 하는 것이다.

결국 기업들의 광고비를 유치해서 시예산을 절약했다고 봐야 한다. 하지만 검찰은 기업들이 광고비가 아니라 불법 후원금을 내서 현안을 해결했다고 주장하고 있다.

### 기업의 유치와 광고는 전혀 별 개의 사건이다

성남시에 들어오고 싶어하는 두산건설이나, 이미 들어와 있는 네이버, 차병원에는 풀고 싶은 현안이 있었을 것이다. 대통령은 외국 기업을 유치하기 위하여 각종 세금혜택을 주고 있다. 지자체 역시 기업들을 유치하면서 각종 혜택을 준다. 그런 혜택을 줘도 결과적으로 세수 확보와 지역 일자리 창출 등으로 이득을 보기 때문이다.

두산건설의 병원부지는 기초공사 상태로 20년 가까이 방치된 흉물이었다. 용도변경을 해주되 이익 일부를 환수하고 기업유치를 하면 성남시의 세수 및 재정에 도움이 되는 것은 물론이고 지역사회의 일자리가 늘어나고, 상권이 활성화된다.

성남시는 용도변경 및 용적률 상향 대신, 301평의 부지를 기부채납 받고, 3~4천 명의 직원이 상주하게 되는 두산 계열사 7개를 유치하는 성과를 냈다. 용적률 상향이 결코 두산건설만의 이득이라고 할 수 없는 것이다.

새누리당 소속 전임 시장이 이대업일 때 성남시는 차병원에 분당보건소 매각과 용도변경 및 용적률 상향을 협약했다. 이재명은 취임한 이후 보건소 매매대금 증액, 보건소 신축비 추가 부담. 줄기세포클러스터 유치로 협약을 변경 추가했다. 도시계획 변경 대신 첨단사업 유치와 성남시 재정이익 268억을 추가로 확보했다.

네이버 역시 전임 시장 시절에 시유지를 수의계약으로 매입하여 사옥을 지어 입주했는데, 사세 확장으로 제2사옥이 필요했다. 이에 2013년 잔여 시유지를 경쟁입찰을 통해 네이버에 팔고 법에 따라 허가하여 관련 기업이 입주했다.

광고 계약은 성남시 행정과 아무 관계가 없는 구단 임직원들의 영업활동이었다.

이렇게 해서 성남FC가 수주한 광고비는 50~60억 정도였다. 당시 성남시 예산이 2조2천억 원이었으므로 성남시로서는 얼마든지 감당할 수 있었다.

경찰 조사 및 검찰 조사를 보더라도 이재명이 그 광고비 중 일부를 개인적으로 착복한 정황이 없었다. 자신의 이해관계와 아무 상관이 없는 광고영업을 위하여 형사처벌의 위험을 무릅쓰고 행정력을 동원해 무리한 광고영업을 했다는 것은 납득하기 어렵다.

광고비는 구단 운영비로 투명하게 사용되었으며 광고비만큼 성남시의 지원 부담도 줄게 되었다.


### 성남FC의 광고로 인하여 다른 종목이 피해를 봤다는데

구속영장에서 실소를 금할 수 없는 것은 "이 범행으로 축구를 제외한 나머지 대부분의 스포츠 분야는 심각한 타격을 입어 규모와 활동이 위축됐고 비슷한 현안을 지닌 다른 기업들은 불공정한 조치에 분노하며 경쟁력 훼손을 감내해야 했다."고 밝혔다. 도대체 성남FC가 기업들로부터 광고를 유치해서 다른 종목이 피해를 받았다는 것이 말이 되는가? 두산은 누구나 알다시피 프로야구단을 직접 운영하고 있다.


### 뇌물공여를 했는데 횡령은 없었다는 엉터리 기소

검찰은 2023년 3월 22일 성남FC 광고비 협찬과 관련하여 제

3자 뇌물 및 범죄수익은닉규제법 위반의 혐의로 이재명 대표를 불구속 기소했다.

검찰이 법원에 제출한 공사장에 의하면 "성남FC에 네이버, 두산건설, 차병원, 푸른위례 등의 기업으로 하여금 총 135억 5천만 원의 뇌물을 주게 하고 그 대가로 인허가권을 위한 편의를 제공했다는 제3자 뇌물죄와 '희망살림'을 경유해 네이버로부터 공여받은 뇌물 40억 원을 기부로 가장했다는 범죄수익은닉 규제법 위반이다."

앞에서 이미 살펴본 바와 같이 기소 내용은 터무니없다. 기소 내용이 터무니없을뿐더러 뇌물을 공여했다는 대기업에겐 사실상 솜방망이 기소를 했다.

네이버, 두산건설 등의 기업이 집행한 광고비를 뇌물로 둔갑시켰으면서 정작 뇌물을 지급한 기업들이 회삿돈으로 뇌물을 줄 때 반드시 따라오게 되는 횡령 혐의를 적용하지 않았다.

박근혜 대통령에게 미르재단을 통해 제3자 뇌물을 지급한 삼성전자 이재용 부회장을 뇌물공여뿐 아니라 뇌물을 준 돈에 대해 횡령 혐의를 적용해 기소했고, 결국 법원에서 유죄판결을 받았다. 그런데 성남FC에 광고비를 가장해서 뇌물을 주었는데, 그 돈은 횡령이 아니라 정상적인 집행이었다며 횡령에 대해서는 무혐의 처리하고, 뇌물공여로만 기소했다.

뇌물공여는 뇌물수수와 달리 액수와 무관하게 "5년 이하의 징역 또는 2천만 원 이하의 벌금"이라는 비교적 가볍게 다룬다. 하지만 횡령은 액수가 5억 원을 넘어가면 벌금형 없이 "3년 이상의 징역"이 되고, 50억 원을 넘어가면 "무기 또는 5년 이상의 징역"이라는 무시무시한 형으로 처벌된다. 공소시효 역시 뇌물공여는 7년이지만 50억 횡령은 15년이나 된다.

검찰이 기업들을 특정경제범죄가중처벌등에관한법률위반횡령은 빼줄 테니 이재명 대표에게 불리한 진술을 해 달라고 제안을 한 것은 아닌지 의심이 갈 만하다. 뇌물을 회삿돈으로 지급했다면, 기업인들은 회삿돈을 횡령한 것이 명백한데도 왜 횡령 혐의로 기소하지 않았는지 설명하기 어렵다. 기업인들을 횡령 혐의로 기소하게 된다면 해당 기업들은 대형 로펌을 써서 횡령에 대해 적극적으로 방어하게 될 것이다. 이렇게 되어 검찰의 엉터리 기소가 무죄로 판결이 된다면 이재명 대표 또한 자연스럽게 무죄가 나는 것이 두려웠을 수도 있다.

뇌물공여는 상대적으로 형이 약해서 기업으로서는 윤석열의 정치검찰과 싸우느니 차라리 혐의를 인정하는 것이 낫다고 판단할 수 있을 것이다.

검찰이 기업인들에게 횡령 혐의를 적용하지 않았다는 것은 검찰이 재판 결과에 대해서 매우 회의적이라는 반증이라고 할 수 있다. 검찰의 앞뒤 안 맞는 엉터리 기소는 결국 법정에서 단죄될 것이다.

# 성남FC에 대한
# 이재명 대표 입장문

검찰은 그동안 정권의 시녀 노릇을 하다가 이제 권력 정권 그 자체가 됐습니다.

 

지금 이 자리를 지켜보고 계시는 국민 여러분. 그리고 이 자리에 함께 해주신 여러분 지금 우리는 대한민국 헌정사 초유의 현장, 그 자리에 서 있습니다. 오늘 이 자리는 역사에 기록될 것입니다. 무리한 정권의 역주행을 이겨내고, 역사는 전진한다는 명백한 진리를 증명한 역사의 변곡점으로 기록되기를 바랍니다.

국민 여러분. 잘난 사람만 누리는 세상이 아니라 모두가 행복한 세상을 꿈꿨습니다. 누구나 기여한 만큼의 몫이 보장되는 공정한 세상을 꿈꿔왔습니다. 그 꿈을 실현하기 위해 맡겨진 권한이 크든 작든 최대한 역량 쏟아부었습니다.

권력의 진정한 주인은 국민이라는 것을, 정치가 시민을 위해 존재할 수 있다는 것을 행정으로 증명하려 무던히 애썼습니다. 불가침의 성벽을 쌓고, 달콤한 기득권을 누리는 이들에게 아마도 이재명은 언제나 반란이자, 그리고 불손 그 자체였을 것입니다. 그들이 저를 욕하는 것은 상관없습니다. 그러나 저와, 성남시 공직자들의 주권자를 위한 그 성실한 노력을 범죄로 조작하려는 것은 용납할 수 없습니다.

오직 이재명 제거에만 혈안이 돼서 프로축구가 고사해도, 지방자치가 망가져도 적극 행정이 무너져도 상관없다는 그들의 태도에 분노합니다. 국민 여러분, 소환조사는 정치검찰이 파놓은 함정이라는 거 잘 알고 있습니다. 특권을 바란 바도 없고 잘못한 것도 없고, 피할 이유도 없으니 당당하게 맞서겠습니다.

국민 여러분, 저는 기득권과 싸워오면서 스스로를 언제나 어항 속 금붕어라고 여겼고 그렇게 말해왔습니다. 공직자들에게는 이렇게 경고하고 또 경고했습니다.

숨기려 하지 말고 숨길 일을 하지 말라. 숨기려 하는 사람은 개인에 불과하지만, 아마추어에 불과하지만 숨긴 걸 찾아내는 수사기관은 프로 전문가고 집단이고 권력과 예산 조직과 노하우를 가진 거대한 집단이다. 결코, 속일 수 없다. 이렇게 말해왔습니다. '숨기는 건 불가능하다' 우리 성남시 공직자들은 귀에 못이 박이도록 저에게 말을 들어왔습니다.

오늘의 검찰 소환이 유례없는 탄압인 이유는 헌정사상 최초의 야당 책임자 소환이어서가 아닙니다. 이미 수년간 수사를 해서 무혐의로 처분된 사건을, 다시 끄집어내서 없는 사건을 만드는, 없는 죄를 조작하는 사법 쿠데타이기 때문입니다.

여러분께서 판단해보십시오. 이재명이 성남시장으로서 성남시에 기업들을 유치해서 세수를 확보하고 일자리를 만든 일이, 성남 시민구단 직원들이 광고를 유치해서 성남 시민의 세금을 아낀 일이, 과연 비난받을 일입니까?

이렇게 검찰이 공권력을 마구 휘두르면 어느 지자체장이 기업유치를 하고 적극 행정을 해서 시민의 삶을 개선하고 도시를 발전시키겠습니까. 전국에 시민구단 직원들은 과연 관내 기업들을 상대로 광고 유치를 하고 시민들, 국민들 예산을 아끼는 일을 해나가겠습니까? 성남시의 소유이고 성남시의 세금으로 운영되는 성남FC를 어떻게 미르재단처럼 사유화할 수 있다고 생각하는 겁니까?

성남FC 직원들이 광고 유치하면 세금을 절감해서 성남시 시민들 이익이 될 뿐이지 개인 주머니로 착복할 수 있는 구조가 전혀 아닙니다. 이걸 모를 리가 있겠습니까? 그런데도 검찰의 왜곡과 조작이 상상을 초월하고 있습니다. 적법한 광고 계약을 하고 광고를 해주고 받은 광고비를 굳이 무상의 후원금이라고 우깁니다.

성남시의 적법한 행정과 성남FC 임직원들의 정당한 광고 계약을 관계도 없는 서로 엮어서 부정한 행위처럼 만들고 있습니다. 성남FC 운영비가 부족하면 예산을 추가 편성해서 지원하면 그만인데, 성남시 예산 아끼려고 중범죄 저지르려고 했다는 것이 상상이 되십니까? 아무런 개인적 이익도 없는데 왜 그런 불법을 감행했다고 생각하는 겁니까?

검찰의 이런 이상한 논리는 정적제거를 위한 조작 수사, 표적 수사 외에는 설명할 길이 없습니다. 국민 여러분. 역사는 늘 반복되면서도 언제나 전진했습니다. 오늘 이 순간도 그러한 한 역사의 순간이라 생각합니다. 김대중 대통령께서는 내란세력들로부터 내란음모죄라고 하는 없는 죄를 뒤집어썼습니다. 노무현 대통령께서는 논두렁 시계 등등의 모략으로 고통당했습니다. 이분들이 당한 일이 사법 리스크였습니까? 그렇습니다. 그것은 사법 리스크가 아니라 검찰 리스크였고 검찰 쿠데타였습니다.

조봉암 사법 살인사건, 유우성 간첩조작사건, 강기원 유서대필 사건 등등 셀 수 없이 많은 검찰에 의한 사건 조작이 있었습니다. 검찰은 그동안 정권의 시녀 노릇을 하다가 이제 권력 정권 그 자체가 됐습니다.

정적제거를 위한 조작 수사로 영장을 남발하고 수사 기소권을 남용하고 있습니다. 검찰 공화국의 이 횡포를 이겨내고 얼어붙은 정치의 겨울을 뚫어내겠습니다. 당당하게 정치검찰에 맞서서 이기겠습니다. 감사합니다.

2023년 1월 10일
이재명

# 검사 독재정권에
# 결연히 맞서겠습니다

윤석열 정부가 손 놓고 있는 민생을 챙기고, 퇴행하는 민주주의를 지키고, 전쟁의 위험에서 평화를 지키겠습니다.

민주공화국 대한민국에서 모든 권력은 국민으로부터 나오고, 권력은 오직 국민만을 위해 사용돼야 합니다.

국민의 고통을 해소하는 것이 바로 국가의 사명입니다.

무역수지는 IMF 이후 처음 11개월 연속 적자입니다. 경상수지는 1년 만에 3분의 1토막 나고 11년 만에 최저치를 경신했습니다. 국제경제기구들은 대한민국 경제성장률을 계속 하향 조정하고 있습니다.

우리 경제가 바닥을 알 수 없는 침체의 늪으로 빠져들고 있습니다. 그런데 지금 정부는 대체 무엇을 하고 있습니까? 경기 악화 직격탄을 국민에게 돌리고 각자도생을 강요하고 있습니다. 물가부터 금리, 기름값까지 월급 빼고 다 오릅니다. 전기, 수도, 난

방비 폭탄 때문에 목욕탕 주인은 폐업을 고민하고, 이용객은 집에서 빨래를 가져와서 목욕탕에서 몰래 빨래를 한다고 합니다.

이런 기막힌 일이 2023년 대한민국에서 벌어지고 있습니다. 참으로 비참하고 참담합니다. '이게 나라냐'라는 의문이 들고 있습니다.

민생에는 무심한 정권이 정치검찰을 총동원해서 정적 죽이기 전 정권 지우기 칼춤을 추는 동안에 곳곳에서 국민의 곡소리가 늘어나고 있습니다.

며칠 전 만난 전세 사기 피해자들 얼굴이 떠오릅니다. 어렵게 집을 구한 지 한 달 만에 전세 사기를 당한 사회초년생, 보증금을 전부 날리게 생겼는데 임대인까지 사망해 발을 동동 구르는 신혼부부, 보증금을 지키겠다고 임대인 세금을 대신 내러 다니는 피해자들까지.

치솟는 대출이자 걱정에 제2, 제3의 빌라 왕을 만나지 않을까, 밤잠 설치는 국민이 전국에서 곳곳에서 고통을 호소합니다.

국민의 불안과 고통 앞에 공정한 수사로 질서를 유지해야 할 공권력은 대체 뭘 하는 중입니까?

'유검무죄 무검유죄'입니다.

곽상도 전 검사의 50억 뇌물 의혹이 무죄라는데 어떤 국민이 납득하겠습니까? 이재명을 잡아보겠다고 쏟아붓는 수사력의 십분의 일만이라도 50억 클럽 수사에 쏟아 넣었다면 이런 결과, 결코 없었을 것입니다.

어떤 청년은 주 150시간을 노예처럼 일해도 먹고 살기조차 팍팍한데, 고관대작의 아들 사회초년생은 퇴직금으로 50억을 챙깁니다. 이게 윤석열 정권이 말하는 공정입니까? 평범한 청년들의 억장 무너지는 소리가 들리지 않습니까?

이재명 죽이자고 없는 죄 만들 시간에 전세사기범부터 잡으십시오. 벼랑 끝에 내몰린 민생을 구하는 데 힘을 쏟으십시오.

벌써 세 번째입니다. 첫 번째 소환으로 세상을 떠들썩하게 했던 성남FC 사건, 아직까지 뚜렷한 물증 하나 제시하지 못하고 있습니다. 지연조사에 추가조사 논란까지 벌어진 두 번째 소환 이후에도 검찰에 조종되는 궁박窮迫한 처지에 빠진 이들의 번복된 진술 말고 대체 증거 하나 찾아낸 게 있습니까? 김성태 전 회장만 송환되면 이재명은 끝장날 것이라면서 변호사비 대납 의혹은 마구 부풀리더니 김 전 회장이 구속되었는데도 변호사비 대납 의혹은 흔적도 없이 사라졌습니다.

공평무사해야 할 수사권을 악용해 온갖 억지 의혹을 조작하더니 이제는 해묵은 북풍 몰이 조작을 시도하고 있습니다. 사실 많이 억울하고 많이 힘들고 많이 괴롭습니다. 지금처럼 포토라인 플래시가 작렬하는 공개소환, 회술레* 같은 수치입니다. 그렇지

---

* 회술레 : 예전에, 목을 벨 죄인을 처형하기 전에 얼굴에 회칠한 후 사람들 앞에 내돌리던 일.

만 제 부족함 때문에 권력의 하수인이던 검찰이 이제 권력 그 자체가 되었습니다.

승자가 발길질하고 짓밟으니 패자로서 감수할 수밖에 없습니다. 모두 제 업보로 알고 감수하겠습니다. 국민의 삶이 하루하루 망가져 가는데, 이 정도는 아무것도 아니다, 이렇게 생각하겠습니다.

권력이 없다고 없는 죄를 만들고 권력이 있다고 있는 죄도 덮는 '유권무죄 무권유죄'의 검사 독재정권에 결연히 맞서겠습니다. 거짓의 화살을 피하지 않고 진실만의 방패를 굳건하게 믿겠습니다.

윤석열 정부가 손 놓고 있는 민생을 챙기고, 퇴행하는 민주주의를 지키고, 전쟁의 위험에서 평화를 지키겠습니다. 주어진 소명과 역할에 한치의 소홀함도 없이 일각 일 초도 허비하지 않고 혼신의 힘을 다하겠습니다.

밤을 지나지 않고 새벽에 이를 수 없습니다. 유난히 깊고 긴 밤을 지나는 지금 이 순간, 동트는 새벽이 반드시 올 것으로 믿겠습니다.

고맙습니다.


2023년 2월 10일
이재명

# 선거법
# 위반

용기 있는 자는 두려움이 없는 게 아니
라 두려움을 이겨내는 사람입니다.

**대선 패자를 선거법으로 재판에 세운 경우는 없었다**

1948년 대한민국 정부 수립 이후 대통령 선거가 끝난 이래 선
거법 위반으로 승자이건 패자이건 기소를 해서 재판에 이어진 경
우는 단 한 번도 없었다. 1971년 7대 대통령 선거의 승자인 박정
희도 경쟁자인 김대중을 선거법으로 옭아매지 않았다. 박정희뿐
만 아니라 1987년 민주헌법에 따라 실시된 제13대 대통령 선거
의 승자인 노태우는 경쟁자인 김영삼이나 김대중을 선거법으로
기소하지 않았다. 이후 김영삼, 김대중, 노무현, 이명박, 박근혜,
문재인 대통령 시절에도 패자이건 승자이건 경쟁 후보를 선거법
으로 기소한 적이 없다.

보통 대통령 선거 기간 중에는 상대 후보에 대해서 선거법 위

반혐의로 치열한 고소전을 하지만, 선거가 끝나고 승자와 패자가 결정되면, 국민화합 차원에서 승자가 먼저 패자를 상대로 한 고소를 취하하고, 패자 역시 결과에 승복하는 차원에서 당선자에 대한 선거법 위반혐의에 대한 고소를 취하해왔다.

대통령 당선인에 대해서는 대통령 임기 중에는 내란과 외환의 죄가 아니라면 형사소추를 받지 않는다는 헌법 조항이 있는 만큼 당선자가 심각한 선거법을 위반했다 할지라도 마땅히 책임을 물을 방법이 없는데, 패자는 무한책임을 져야 하는 불공정이 존재하기 때문이다. 그래서 대통령 선거에서의 승자는 패자에 대해서 선제적으로 고소를 취하해 주고, 그에 대한 응답으로 패자 역시 승자에 대해서 고소를 취하해왔다. 선거법에 대한 공소시효는 6개월인데 당선자는 대통령 선거가 끝나고 불과 60일 이후에 대통령에 취임하기 때문에 당선자에 대한 선거법 위반에 대해서 책임을 물을 방법이 사실상 존재하지 않는다. 사실상 패자에게만 적용되는 조항일 수밖에 없는 것이다.

그런데 2022년 3월의 제20대 대통령 선거만큼은 승자인 윤석열 측에서 패자에 대한 고소를 취하하지 않고, 선거법 위반으로 경쟁자였던 이재명 후보를 기소하기 이르렀으며, 패자 역시 승자인 윤석열 후보를 상대로 맞고소하기에 이르렀다.

대한민국의 사법부가 대통령의 의중을 고려하지 않고 양심과 법률에 따라서 공정한 재판을 한다는 믿음이 있다면 심각한 선거법 위반에 대해서는 고소를 취하하지 않고 책임을 지는 것이 타당할 것이다. 하지만, 대법원의 판사나 헌법재판소 판사의 상당수는 대통령이 직접 임명하는 현실을 고려한다면 공정한 재판이 진행되기는커녕 패자를 상대로 한 정적제거의 수단으로 악용될 소지가 많다.


### 헌정사상 최초의 대선 패배자에 대한 선거법 위반 재판

경기남부경찰청 반부패·경제 범죄 수사대는 2022년 8월 26일 공직선거법상 허위사실 유포혐의로 이재명 대표를 수원지검 성남지청에 송치했다. 이후 검찰은 공소시효를 하루 앞둔 9월 8일 이재명 대표를 기소했다.

혐의는 두 가지다. 하나는 대선 시기였던 2021년 12월 22일 방송 인터뷰에서 대장동 사업 관련자인 고故 김문기 성남도시개발공사 개발1처장에 대해 "하위 직원이라 시장 재직 때는 잘 몰랐다"는 발언이다. 서울중앙지검이 조사하던 사안이다. 또 하나는 이른바 '백현동 특혜 의혹' 관련 "국토부 용도변경 요청협박에 따른 것이었고 성남시는 응할 수밖에 없다"는 2021년 10월 국정감사 당시 답변이다. 이 역시 허위사실 공표라는 것이다. 수원지검 성남지청 형사3부가 수사하던 사건이다. 검찰은 이날 두 사건을 일괄 기소해 서울중앙지법에 넘겼다.

허위사실의 요점을 정리하면 전자는 그 사람을 알면서 왜 '모른다'라고 거짓말을 했느냐이고, 후자는 요청이 어떻게 '협박'이냐는 것이다.

이재명 대표가 성남시장을 했던 시기는 2010년 7월 1일부터 2018년 3월 15일까지였다. 수사당국의 입장은 성남시장이 되기 전에 고 김문기는 자신의 회사에 이재명이 명절선물을 요청했던 적이 있다는 거와, 2015년 12월 이재명 시장이 고 김문기에게 '대장동 공로'로 성남시장상을 수여했다는 거와, 2016년부터 2017년 사이 고 김문기가 이재명 시장에게 대장동 관련 대면보고를 수차례 했다는 것이며, 넷째는 2015년 1월 호주와 뉴질랜드에 유동규, 김문기 등 11명이 함께 출장을 가서 사진을 찍은 것이 있다는 것이다.

하지만 이 기소가 무리한 것은 아무리 사진을 함께 찍고 대면보고를 받아도 중요한 인물이라고 당시 인식하지 못했다면 제대로 기억할 수 없다는 것이다. 기억이 희미해져서 모를 수도 있는 것이고, 인연을 맺었던 시기를 잘못 기억하고 있을 수도 있는 것이다. 필자 역시 이재명 대표와 사진을 찍고, 책도 주고, 말도 몇 마디 나누었지만, 이재명 대표는 필자를 기억할 수 없을지 모른다. 이재명 대표 관련 책도 썼는데 어떻게 필자를 모르겠냐 할 수 있지만, 이재명 대표는 필자를 정말 모를 수도 있다. 하지만 필자는 이재명 대표를 잘 안다. 솔직히 누구보다 잘 안다. 필자는 잘 알지만, 이재명 대표는 필자를 잘 모를 수 있다. 필자는 이재명 대표를 처음 만난 순간을 정확히 기억한다. 그때 우리가 무슨 말을 나누었는지도 또렷하게 기억한다. 하지만 이재명 대표가 그것을 기억하고 있다면 필자 처지에서는 그저 고마울 뿐이다. 모른다고 해도 전혀 섭섭하지 않다. 하루에도 몇십 명과 인사를 할 텐데 그것을 어찌 다 기억하겠는가? 그 사람을 알면서 왜 모르느냐 하는 것은 이재명 대표의 뇌를 검증하겠다는 것과 같다. 기억나지 않을 수도 있고, 긴가민가할 수도 있고, 전혀 기억 안 날 수도 있고, 언제 처음 만났는지 잘못 기억할 수도 있다. 이것은 사법적 처리가 가능한 영역이라고 할 수가 없다. 억지 기소라고 할 수 있다.

### 백현동 관련 국토부의 협박이 있었다는 발언

두 번째 허위사실이라고 기소한 것은 백현동 관련 국토부의 협박이 있었다는 발언이다.

이재명 대표가 2021년 10월 국회 국정감사에서 '백현동 부지 용도변경 특혜 의혹'과 관련해 발언한 내용도 허위라고 했다. 당시 이재명 대표는 "국토부가 도시관리계획 변경을 요구하면 지자체장은 반영해야 한다는 의무 조항을 만들어놓고, (백현동 용도변경을) 안 해주면 직무유기로 문제 삼겠다고 협박했다"며 "국토부의 요구에 따라 어쩔 수 없이 한 것"이라고 했다.

공소장에 따르면, 국토부는 2014년 1월 성남시 등 지자체 28곳에 '지방 이전 공공기관 부지가 적기에 매각될 수 있도록 협조를 요청한다'는 취지의 공문을 보냈다. 그러나 국토부는 성남시가 '국토부 협조 요청이 혁신도시법에 따른 의무인가?'를 묻는 공문을 보내자 '혁신도시법에 따른 요구가 아니며, 백현동 용도변경은 성남시가 적의適宜 판단하라'고 답했다.

검찰은 "이 대표는 물론 백현동 부지 용도변경 업무를 담당하던 성남시 공무원들이 국토부로부터 용도변경을 해주지 않을 경우 직무유기를 문제 삼겠다는 협박을 당하거나 그와 관련한 압박을 받은 적이 없다"며 "이 대표가 먼저 자체적으로 4단계 용도변경을 검토해 이를 내부 방침으로 정한 후 그에 따라 용도변경을 한 것"이라고 했다.

최종 결제권은 물론 이재명 시장에게 있다. 하지만 국토부와 식품연구원이 용도변경을 해주라고 24번이나 공문을 보낸 것은 사실이다. 당시 업무를 담당하던 공무원들이 용도변경을 해주지 않을 경우 직무유기로 문제 삼겠다는 말을 국토부로부터 들었다고 진술했으며, 이에 대한 신문 기자의 진술서도 존재한다.

## 느낌, 감정의 영역

국토부는 공문에서는 시장이 알아서 판단해 달라고 요청했지만, 구두로는 압박이 있을 수 있었을 것이다. 그 압박을 협박으로 느꼈다는 것은 순전히 감정의 영역이다.

협조 요청 공문 자체가 협박으로 느꼈을 수도 있는 것이다. 상대는 협박을 안 했다고 하고, 당사자는 협박을 당했다고 말할 수 있다.

예를 들어 요즘 문제 되고 있는 스토킹 범죄를 보면 알 수 있다. 원하지 않는 사람이 매일 자신의 집 앞이나 직장 앞에서 기다리다가 만나서 사귀자고 아무리 공손하게 얘기해도, 그것을 24번이나 한다면 당사자는 그 행위가 설령 '사랑한다'는 말을 한다 해도 협박으로 느낄 수 있다. 하지만 그 행위를 협박으로 보지 않는 수사당국에 의하여 끔찍한 살인사건으로 이어진 경우가 2022년 9월 14일 신당역에서 있었다.

우리는 일상생활에서 말도 안 되는 요구를 집요하게 반복하면, '지금 협박하는 거냐?'라고 응수하는 경우를 많이 본다. 그만큼 협박당했다는 말은 매우 주관적인 감정의 영역인 것이다. 감정의 영역을 진실이냐 아니냐로 사법적으로 판단하겠다는 것은 무리가 아닐 수 없다.

이 두 사건처럼 감정의 영역을 선거법으로 기소한 것은 법리적으로도 문제가 있다. 공소 유지 자체도 어려울 수 있다.

공직선거법 250조에 규정된 허위사실공표죄를 보면 첫째 당선 목적의 허위사실과 둘째 당선되게 못 할 목적의 허위사실로 나뉠 수 있다. 이재명 대표에게 적용된 것은 당선될 목적의 허위사실공표이다. 관련 법 조항을 보면 다음과 같이 나와 있다.

"당선되거나 되게 할 목적으로 연설·방송·신문·통신·잡지·벽보·선전문서 기타의 방법으로 후보자(후보자가 되고자 하는 자를 포함한다. 이하 이 조에서 같다)에게 유리하도록 후보자, 후보자의 배우자 또는 직계존비속이나 형제자매의 출생지·가족관계·신분·직업·경력 등·재산·행위·소속단체, 특정인 또는 특정 단체로부터의지지 여부 등에 관하여 허위의 사실[학력을 게재하는 경우 제64조 제1항의 규정에 의한 방법으로 게재하지 아니한 경우를 포함한다]을 공표하거나 공표하게 한 자와 허위의 사실을 게재한 선전문서를 배포할 목적으로 소지한 자는 5년 이하의 징역 또는 3천만 원 이하의 벌금에 처한다. 〈개정 1995.12.30, 1997.1.13, 1997.11.14, 1998.4.30, 2000.2.16, 2004.3·12, 2010.1.25., 2015.12.24. 〉"

중요한 것은 사법적 판단을 받아야 하는 허위사실에 대해서 "후보자, 후보자의 배우자 또는 직계존비속이나 형제자매의 출생지·가족관계·신분·직업·경력 등·재산·행위·소속단체, 특정인 또는 특정 단체로부터의 지지 여부 등에 관하여 허위의 사실"이라고 구체적으로 적시하고 있다는 것이다. 이재명 대표를 기소한 누구를 모른다는 '거짓말'과 협박을 받았다는 '거짓말'의 영역은 이 조항에 해당하지 않는다. 검찰은 '등'이라는 글자를 두고 정당하다고 주장하는데, '등'이라는 글자를 이렇게 포괄적으로 적용하는 것은 '죄형법정주의'라는 헌법정신에도 어긋난다. '등'이라는 글자를 이렇게 확대해석한다면 법을 만들 필요가 뭐가 있겠는가.

헌정 사상 단 한 번도 없었던 대선 패배자에 대한 기소를 감행한 검찰은 무죄가 나올 것을 뻔히 알면서도 이재명 대표가 '거짓말쟁이'라는 프레임을 씌워서 다른 재판을 유리하게 끌고 가려는 저의가 숨어있다고밖에 볼 수 없다.

# 대장동으로 가는 디딤돌 부산저축은행

제가 하는 모든 일은 우리 서민들의 삶과 이재명의 참혹한 삶이 투영되어 있습니다.

## 특검을 거부하는 자

지난 20대 대통령 선거 TV토론에서 윤석열 후보와 이재명 후보 간에 설전이 있었는데, 부산저축은행 사건을 포함해서 대장동 사건에 대해서 누가 대통령에 당선되던지 특검을 추진하자는 이재명 후보의 공세에 윤석열 후보는 반대한다는 듯 즉답을 피했다. 그렇다면 부산저축은행 사건이 무엇이기에 윤석열 후보는 피해가려고 했을까.

2011년 2월 17일 금융위원회에 의해 영업정지를 받고 이듬해 8월 16일 부산지방법원으로부터 파산 선고를 받기까지는 국내 최대 상호저축은행이었다.

부산저축은행은 임원들이 주도하여 120여 개의 특수목적법인

SPC을 설립하고 4조5천억 원이 넘는 대출을 해주었다. 또한, 특수목적법인의 사장에는 임원과 임원 친인척들을 앉혀 높은 월급을 타 먹었다. 이로 인하여 부산시민을 중심으로 3만8천여 명이 피해를 입었다. 이렇게 자신들의 친인척들에게 7,300억 원을 대출해주고 무려 6,400억 원이 회수 불가능했다.

## 조우형과 부산저축은행

이 사건에서 주목해야 할 인물은 대장동 사건과 관련하여 화천대유 자회사인 천화동인 6호의 실제 소유주로서 대장동 수입금 중 282억 원의 배당금을 받은 조우형이다.

조우형은 부산저축으로부터 1,115억 원의 대출금을 끌어와서 대장동 사업의 종잣돈이 될 수 있도록 한 인물이다. 2015년에는 대장동 사업에 300억 원의 투자를 유치해 와서 엎어질 뻔한 대장동 사업에 산소호흡기를 달아주기도 했다.

김만배, 남욱, 정영학 등 대장동 일당이 현재 법정에 서 있는 것과는 달리 아직까지 피의자로 입건된 사실이 없다.

부산저축은행 부실대출 사건의 대검 주임검사는 윤석열 중수2과장이었다.

2021년 9월 15일 김만배가 신학림 전 언론노조 위원장과 나눈 육성 파일에는 다음과 같은 내용이 있다.

김만배가 말하기를 "(조우형이 말하기를) 형님, 제가 이렇게 수

사받고 있는데 다른 기자분들이 해결 못 해 주는데 형님이 좀 해결해 주세요. 그래서 (내가 윤석열한테) 석열이 형, (주우형이) 내 동생이야! 이렇게 어떻게 하냐? 그 당시에 윤석열이 (대검찰청 중앙수사부) 과장. OOO 검사, OOO 남편이 주임검사야. 그래서 박영수를 소개해줘. 내가."신학림 전 언론노조 위원장이 " 조우형한데?"

김만배가 "응. 박영수 변호사를. 통할 만한 사람을 소개한 거지. (윤석열이가) 니가 조우형이야? 이러면서. OOO 검사가 커피, 뭐 하면서, 몇 가지를 하더니 보내주더래. 그래서 사건이 없어졌어."

신학림이 "이게 박영수가 그러면 윤석열이하고 통했던 거야?"

김만배가 말하기를 "윤석열이 (박영수가) 데리고 있던 애지. 통했지. 그냥 봐줬지. 그러고서 부산저축은행 회장만 골인구속시키고 김양 부회장도 골인시키고 이랬지.

김만배의 말에 따르면 윤석열 검사가 봐준 덕분에 부산저축은행 경영진이 줄줄이 구속되고 실형을 살았지만, 조우형은 대검 중수부에 입건조차 되지 않고 사건은 흐지부지되었다. 이후 조우형의 변호사 박영수 전 특검은 대장동 사건에 깊숙이 개입이 되어 50억 클럽에 회자 되고 그의 딸도 화천대유에 근무하며 아파트 분양권을 포함하여 거액을 받았다. 안 팔리고 있던 윤석열의 부친 집은 김만배 누나가 사 주었다.

**대장동 수사 라인에는 박영수 키즈들이**

현재 대장동 수사를 지휘하고 있는 라인의 고형곤 차장, 강백신, 호승진 부장 검사들은 이른바 '전 박영수 특검의 키즈들'이라고 볼 수 있다.

조우형은 대출 브로커로 부산저축은행 부실대출 알선의 대가로 20억 원의 수수료를 챙겼다. 그의 부실대출 알선으로 확보된 1,100억 원을 포함하여 부산저축은행 계열사까지 합하면 1,800억 원의 자금이 대장동 사업이 시행되기 전에 이미 알박기로 대장동 일대 땅에 들어와 있었다.

사실 마땅히 부실대출된 1800억 원은 회수되어서 부산저축은행 피해자들에게 돌려줬어야 했으나, 무슨 이유에서인지 윤석열 검사는 이 돈을 회수하지 않는다.

대장동 일당들이 왜 박영수, 윤석열 같은 검사들에게 뇌물을 줄

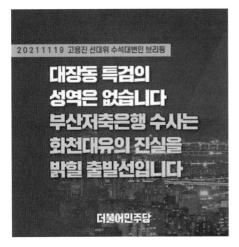

수밖에 없었는지 유추해 볼 수 있는 대목이다. 윤석열 검사가 덮어줘서 대장동 사업의 종잣돈이 된 1,100억 원의 지분에는 박영수와 윤석열이 포함되어 있다는 의심을 해 볼 수 있다.

어쩌면 대장동 비리는 계획적으로 회수하지 않은 1,100억 원에 대한 전직 법조인들의 장물 파티인지도 모른다. 50억 클럽에 이름을 올리고 있는 자들에 유독 전직 법조인들이 많이 나오는 이유도 이와 무관하지 않을까 하는 합리적인 의심이 든다. 정영학 녹취록에 나오는 50억 클럽에는 권순일 전 대법관, 박영수 전 특검, 김수남 전 검찰총장, 최재경 전 검사장, 홍석근 머니투데이 그룹 회장이 이름을 올리고 있다.

윤석열은 대장동 사건의 관계자이다. 그러니 윤석열과 그의 친구들이 수사하는 대장동 사건이 제대로 수사될 리가 없다. 대장동 사건은 마땅히 부산저축은행의 부실대출부터 봐주기 수사까지 포함하는 특검만이 해법이라고 할 수 있다.

# 민간개발로 하려던
# 대장동

부자들이 의료보험료를 더 많이 내고,
서민들이 더 많은 혜택을 받는 것은 공
정하지 않습니다. 그렇지만 정의롭습니
다.

### 대장동의 입지조건

　부산저축은행의 부실대출을 통해 확
보된 1,100억 원은 2009년부터 이미 대
장동의 땅을 사들였다. 사건의 배경이
되는 대장동은 판교 신도시 남쪽 끝의
노른자 땅이다. 과거부터 지속해서 개발
하려고 하였으나 이런저런 이유로 번번
이 좌초되었다.

　2009년 성남시 본시가지 중심에 있는 제1공단 지역은 1970년
대 초반 공업용지로 조성되었다가, 환경과 공해문제로 1998년
주거 및 상업용지로 전환되었다가, 다른 곳으로 대체공업용지

가 지정된 후 2009년 성남 신흥도시개발구역으로 지정되었다.

1공단 지역에 대한 개발 방향과 관련해서 오랫동안 두 가지 의견이 팽팽히 맞섰다. 이재명을 포함하여 대부분 시민은 공원을 만들어 시민들에게 휴식 문화공간으로 돌려주자는 것이고, 다른 하나는 아파트와 주상복합건물을 만들어 분양하자는 것이었다.

1공단 옆에 있는 대장동 지역은 2011년부터 도시개발구역으로 지정되어 있었으나 경기침체 등으로 개발사업이 지체되고 있었다. 이런 상황에서 미래지향적인 도시개발사업에 대한 새로운 접근이 시작되었다. 두 지역을 결합하자는 것이다. 마침 결합도시개발이라는 제도적 장치가 도시개발법의 개정으로 활용이 가능해졌다.

이재명의 저서 『오직, 민주주의, 꼬리를 잡아 몸통을 흔들다』에는 이재명이 이끄는 성남시가 1공단과 대장동을 묶어 어떻게 개발했는지 잘 나타나 있다. 그 내용을 소개하면 다음과 같다.

> 사업의 큰 틀을 요약하면, 27만 평에 달하는 대장동 지역과 2만 평 제1공단 지역을 결합하여 대규모 도시개발 사업을 연계한다는 것이다. 대장동 지역에 5,800 세대의 신주거지를 형성하고 여기서 개발을 통해 얻어지는 2,200억 규모의 이익금은 구도심인 제1공단 지역에 재투자되어 성남시민의 휴양·문화공간인 공원을 조성하는 데 사용한다. 이것이 기본 골자이다.
>
> 이 제1공단 지역에는 단대동에 있는 오래되고 비좁은 법조단지를

함께 이전하여 구도심의 균형발전을 도모하고, 대장동에는 서민 주거 안정을 위해 중소형 주택을 저렴한 분양가로 공급하겠다는 것이다.

다시 제1공단 공원화 사업의 관련 쟁점으로 돌아가면, 공원화를 주장하는 의견은 도시개발의 방향과 철학, 시민복지에 대한 새로운 접근이었다. 반면에 아파트 건립 분양은 철저히 자본의 논리에 입각한 주장이었다.

공원을 만들자는 주장은 충분한 명분과 함께 도시개발사업에 대한 새로운 비전을 담고 있다. 본시가지는 열악한 주거환경에 평지공원이 하나도 없는 그야말로 숨 막히는 공간이다. 아이들 손 잡고 도시락 먹으면서 인라인스케이트도 타고, 문화공연도 즐기고, 산보도 할 수 있는 평지공원 하나 만들자는 것이다.

반면에 아파트 지어 분양하자, 주상복합 만들어서 경제 활성화하자는 주장은 과거형 개발정책에서 한 발짝도 나아가지 못한 주장이었다. 건물 많이 지어 분양하고, 경제 활성화를 이끌자는 가설도 이제는 설득력이 없는 주장이다. 아파트 지어 분양해 도시경제를 활성화한다는 것은 이미 실패가 예견된 부양책이기 때문이다. 건물 짓고 분양할 시기엔 일시적으로 활성화되겠지만 그 이후에는 과밀지역이 되어 더이상의 발전은 기대하기 어렵게 된다.

공원화 사업의 가장 큰 난관은 돈이 많이 든다는 것이었다. 시장으로 일하기 전에 '제1공단 녹지문화공간만들기 운동본부' 공동대표도 했고, 선거에서 핵심공약으로 내건 이 사업은 시민들의 숙원사업이기도 했지만, 또한 나의 염원이기도 했다.

본시가지 지역과 분당 지역의 삶의 질과 수준에서 많은 격차가 나고 지역통합에도 장애가 되는 현실에서 나는 분당 중앙공원을 예로

들며 많이 싸웠다. 중앙공원은 13만 평으로 성남시민들의 삶의 질을 높이는 결정적 공공자산으로 기능하고 있다. 만약 돈이 목적이고 아파트 짓는 것이 최우선이라면, 이 공원에도 아파트를 지어야 한다. 하지만 도시는 아파트만으로 살 수 없지 않은가? 삶은 넓은 아파트와 TV만으로 충족될 수 없는 것이다.

실제로 제1공단 지역은 중앙공원 면적에 비교가 안 된다. 이를 예산 낭비라고 말하는 것은 형평성 측면에서도 납득하기 어렵다. 본 시가지 주민 50만 명의 여가활동 공간으로 확보하는 데 2,000억 정도가 든다면, 영구적으로 쓸 공원을 만드는 데는 전혀 아깝지 않은 돈이다. 이것은 돈의 문제가 아니라 철학의 문제다.

시민 세금이 아니라 대장동 지역의 개발이익을 통해 조성하는 것이 예산 낭비라는 말도 거두어야 하건만, 아직도 불만을 제기하는 사람들도 일부 있다는 것은 정치적 요구 아니면, 아마도 이권 때문일 것이다.


## 이명박과 대장동

대장동 개발과 관련해서 부동산 개발업자인 '씨세븐'과 'LH'가 경쟁을 하고 있을 때 이명박 대통령이 LH는 수익이 확실한 사업은 민간이랑 경쟁하지 말라는 지침에 따라 LH는 대장동 공공개발을 포기했다.

이후 이재명이 5대 성남시장으로 당선되면서 이를 다시 공공개발로 방향을 바꿨다. 이 과정에서 씨세븐은 지역구 새누리당 18대 국회의원의 동생 신동수에게 1억 5천만 원, 새누리당 최윤

길 시의원에게 1억 원의 불법 로비를 벌였으며, 이들은 이후 뇌물 혐의로 구속되었다.

이재명은 과감하게 대장동 개발사업을 민간개발에서 성남시 공영개발로 추진했다. 그뿐만 아니라 이재명 시장은 개발 이익금 5,503억 원을 고스란히 시민의 몫으로 환수했다.

### 개발이익 환수는 이재명 정책의 핵심

나중에 경기도 지사 선거 때 5,503억 원을 시민의 몫으로 환수했다는 말이 허위사실 유포라면서 당선 이후 소송에 시달리기도 했지만, 법원의 판결은 1심, 2심, 그리고 대법원까지 모두 무죄였다. 이후 부동산 상승에 따라서 이재명 시장은 인허가권을 이용하여 대장동 일당들에게서 1,800억 원을 추가 환수했다.

이재명은 경기도 도지사 선거 유세 중에 다음과 같은 얘기를 했다.

"수천억 원이 남을 대장지구 사업. 민간이 개발하게 해 줄 수 없다. 성남시가 공영개발한다. 라고 공영개발에 체크 표기를 하고 제가 사인을 해버렸습니다. 그랬더니 엄청난 저항이 있었습니다. 압력, 청탁, 온갖 짓이 다 벌어졌는데, 제가 꿋꿋하게 버텨서, 의회도 반대하고, 다 반대하고, 언론은 까고. 저보고 미쳤다고 그러고. 그럼에도 불구하고 끝까지 버틴 결과 자그마치 얼마를 번지 아십니까? 5,503억 원을 한 푼도 안 들이고 성남시 수입으로 만들었습니다. 그리고 나서도 1,800억 원이 남았습니다. 그 1,800억을 어디다 쓸까 고민하다가 우리 시민들한테 시장 잘 뽑으면, 시장 감시 잘해서 일 잘하게 하면 자다가도 떡이 나온다. 이런 걸 알려드리려고 마음먹었습니다. 그래서 시민들한테 남은 1,800억, 시민 배당으로 나눠드리려고 계획했는데 1인당 20만 원입니다. 제가 그만 임기가 끝나는 바람에 못 했어요. 만약에 저들이 시장이 됐더라면, 그 사람들이 시장이 됐더라면 그 사람들이 홀랑 먹었을 거 아닙니까? 반대로 얘기하면, 이재명이 당선되는 바람에, 이재명이 8년 동안 시장하는 바람에 그 사람들은 7천억 먹을 돈을 빼앗긴 것입니다."

개발이익 환수는 이재명 정책의 핵심이다. 최대한 공공개발을 하고 개발해서 얻은 이익은 사회 구성원 모두가 골고루 혜택을 보게 하는 것이다. 이재명의 기본소득 구상의 일부는 개발이익의 환수이다. 이때 성남시민 전체에 20만 원씩 지급하겠다는 아이디어는 일부에서 포플리즘이라는 비판도 받았지만, 대다수 사람은 이 실험이 성공하기를 바랐다.

하지만, 단군 이래 최대 공익환수 사업이었던 '대장동 개발'은 2023년 2월 16일 윤석열의 검찰에 의해서 역사상 최대의 배임혐의로 이재명에게 구속영장을 청구했다.

그 어느 개발사업에서도 이루지 못한 공익환수 사업이 이재명의 배임범죄로 둔갑하고 말았다.

# 대장동 개발이 이재명의 배임이라는 검찰

누가 주장했든, 필요한 일은 함께하면 되는 것이죠. 정책에는 저작권이 없습니다. 좋은 정책은 다 같이하면 되는 것이죠.

### 하나은행 컨소시엄

2009년 10월 이명박 대통령의 지시에 따라 LH는 대장동 사업을 포기했으며, 2009년 12월에는 남욱, 새누리당 신영수 국회의원의 동생 신동수의 로비로 인해 민간이익을 극대화하는 법안들이 국회를 통과했다. 이로 인해 100% 민간이 개발해서 수익의 100%를 민간이 가져갈 위기에 처했다.

하지만, 공영개발을 하겠다는 공약으로 당선된 이재명 성남시장은 민관 공동개발이라는 아이디어를 만들었으며, 대장동 일당들의 지속적인 로비와 압력에도 굴복하지 않았다.

2015년 2월 13일 시작된 대장동 개발사업의 공모는 2015년 3월 26일 오후 6시에 마감되었으며, 하루 뒤 27일 오후 6시 23분

성남도시개발공사에서 '하나은행 컨소시엄'을 우선협상 대상자로 선정했다.

입찰 당시 컨소시엄 업체들이 제시한 사업제안서에 따르면 신흥동 1공단 공원 조성비 전액 부담은 당연히 전원 동의했으며, 임대주택부지 사업 배당금으로 화천대유가 포함된 하나은행 컨소시엄은 1,822억 원, 메리츠종금 컨소시엄은 1,502억 원, 산업은행 컨소시엄은 1,316억 원을 제시했다. 이에 성남시에 배당금을 가장 많이 주겠다고 한 하나은행 컨소시엄이 선정된 것이다.

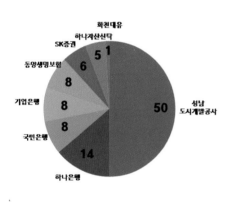

성남의뜰 지분 구조

이후 성남시 산하 공기업인 성남도시공사와 민간사업자인 하나은행 컨소시엄이 각각 지분 '50%+1주'와 '50%-1주'를 소유한 프로젝트금융투자회사PFV '성남의뜰'을 만들었으며 성남도시공사는 확정이익 5,503억 원을 환수하는 사업구조를 설계했다. 이는 민간에게 특혜를 준 것이 아니라 오히려 개발로 인한 위험은 민간이 부담하고, 수익은 공공이 우선이라는 획기적인 방법이었다.

### 총수익 중 57.66% 환수

하나은행 컨소시엄이 대장동 사업에 투자한 금액은 1조 3천억 원에 달하는 것으로 알려져 있다. 이 금액에는 부산저축은행 부실대출로 마련된 1,115억 원의 종잣돈이 포함된 것이다. 정영학, 남욱 일당은 이 종잣돈을 근거로 김만배를 끌어들인 것으로 의심된다.

2015년 공모 당시 하나은행 컨소시엄이 예측한 대장동 사업의 예상수익은 6,144억 원이었다. 이 중에 상남시는 배당이익 1,822억 원과 1공단 조성비용 2,561억 원을 포함하여 4383억 원이었으며, 민간화천대유의 이익은 최초 예상이익 3,583억에서 우선주 배당 1,822억을 제하고 1,761억 원이었으나, 이후 개발계획 변경 및 실시계획 인가를 통해 민간이익에서 1,120억을 추가부담시켜서 2016년 11월 1일 기준으로 성남시의 이익은 5,503억 원, 민간의 이익은 2,041억 원으로 조정되었다. 이를 기준으로 하면 공모 당시 성남시가 전체 이익 중 공공이익 비율은 71.33%였으며, 2016년에는 오히려 72.94%로 증가했다. 민간이 추가로

| ■ 대장동 택지분양사업에 따른 공공 및 민간 이익 비교 | | | | |
|---|---|---|---|---|
| 시점 | 공공(성남시) 이익 | 민간(화천대유) 이익 | 전체 이익 중 공공 이익 비율 | 비고 |
| 공모당시 (2015년) | 4383억 (1공단 조성비용 2561억 + 우선주 배당 1822억) | 1761억 (최초 예상이익 3583억 - 우선주 배당 1822억) | 71.33% | |
| 개발계획 변경 및 실시계획 인가를 통한 추가부담 당시 (2016.11.1) | 5503억 (사전확정이익 4383억 + 추가부담 1120억) | 2041억 (17.3.31기준 예상이익 3863억 - 우선주 배당 1822억) | 72.94% | <추가부담 상세내역> -1공단 지하주차장 200억 -북측 터널공사 600억 -남축진입로 확장 260억 -배수지 신설 60억 |
| 현재 | 5503억 | 4040억 | 57.66% | 민간이익 출처 : 22.11.11일자 조선일보 기사 (https://www.chosun.com/opinion/column/2022/11/11/7LOKSY4V4VDXBDTQSG4OPJKZDM/) |

부담해야 했던 비용은 1공단 지하주차장 200억, 북측 터널 공사 600억, 남측 진입로 확장 260억, 배수지 시설 60억이었다. 대장동 일당들이 이재명 성남시장을 공산주의자로 법정에서 공격한 것도 공모 당시 없었던 1,120억 원을 추가로 부담시켰기 때문이다. 만일 유동규 남욱의 주장대로 천화동인 1호가 이재명의 몫이라면, 굳이 하지 않아도 될 추가비용을 왜 요구했는지 이해가 안 되는 대목이다.

하지만 2016년 이후 2021년까지 대장동 일대의 부동산 가격이 폭등했다. 부동산 가치 폭등에 따라 화천대유 민간의 이익도 폭등하게 되었다. 성남시의 이익은 5,503억으로 변화가 없는 반면, 민간의 이익은 4,040억 원으로 폭등했다. 2022년 11월 현재 9,543억 원의 순이익 중, 성남시는 57.66%의 수익을 환수했다. 부동산 가격이 폭등해서 민간의 수익이 올랐음에도 불구하고 지분 50% 이상의 이익을 환수한 모범 사례라고 할 수 있다.

2021년 10월 5일 더불어민주당 김윤덕 의원이 제시한 자료 '사업조정을 위한 부서 의견 제출'에 의하면 당초 LH는 대장동 사업의 가치는 459억 원으로 예상했다. 이를 근거로 볼 때 성남시의 5,503억 원의 환수는 이재명 대표의 주장대로 단군 이래 최대의 환수 사업이었다. 대한민국에서는 그동안 단 한 번도 1천억 이상을 부동산 개발로 인한 이익을 환수해 본 적이 없다. 그 일을 성남시장 이재명이 최초로 해내었다. 그리고 그 치적으로 인해 지금 이재명 대표는 검찰로부터 조리돌림을 당하고 있다.

## 돌고 돌아 배임

대장동 개발사업에 대한 검찰의 이재명 수사의 시작은 배임으로 출발했지만, 검찰은 이재명을 뇌물로 여론몰이를 했다. 하지만 뇌물로 엮기에는 어려움이 있었는지 2023년 2월 16일 청구된 구속영장에는 다시 배임으로 돌아갔다. 돌고 돌아 다시 배임으로 돌아간 것이다.

배임이란 뜻은 주어진 임무를 저버린다는 것을 의미한다. 회사원이나 공무원이 자기에게 주어진 임무를 다하지 아니하고 자기의 이득을 위해 회사나 국가에 손해를 입혔을 경우 배임죄에 해당한다.

여기서 중요한 것은 의사결정자가 내린 의사결정이 회사나 국가에 손해를 입혔다고 해서 모두 다 배임죄에 해당하지 않는다는 것이다. 회사의 CEO의 잘못된 결정으로 인해 회사가 부도에 이르는 결과에 초래했다거나, 지자체 단체장이나 대통령의 잘못된 판단으로 재정이 고갈되었다고 해서 무조건 배임죄로 처벌할 수 없다는 것이다. 이명박 대통령이 4대강 사업을 해서 엄청난 국가적 재정적 손실을 냈다는 것만으로 배임죄를 물을 수 없는 것이다. 배임죄가 성립되려면 회사나 국가에 손해가 갈 것을 뻔히 알면서도 자신의 이득을 위해 의사결정을 했을 때 해당하는 것이다. 전국의 지자체에서는 무수히 많은 지역축제를 한다. 성공한 지역축제도 있지만, 사실 대부분의 축제는 낭비성 축제로 지자체의 재정에 위협을 주고 있다. 그렇다고 해서 낭비성 축제로 비판을 받는다고 해서 배임죄로 형사처벌된 경우는 없다.

대장동 개발사업에서 이재명의 배임죄가 성립하려면 무엇보다 먼저 이재명의 개인적 이득이 무엇이었는지가 증명되어야만 한다. 그래서 '천화동인 1호가 이재명 것'이라는 유동규와 남욱의 진술에 검찰이 집착하는 것이다. 이재명이 천화동인 1호의 실질적인 소유자이기 때문에 성남도시공사의 몫을 일부러 줄였다는 스토리를 완성하고 싶었던 것이다.


**배임이 되려면 천화동인 1호의 주인은 이재명이어야 한다**

검찰이 이재명의 배임죄를 증명하려면 반드시 필요한 것이 천화동인 1호가 이재명 것이라는 것을 밝혀야만 한다.

성남도시공사 사장이었던 유동규는 2022년 10월 20일 구속 기간 만료로 석방된 뒤, 그동안 천화동인 1호가 자신의 것이라는 주장을 뒤엎고 천화동인 1호의 주인은 자신과 이재명 측의 공동 소유라고 주장하며 자신은 지분은 그 중 1/3이며, 나머지 2/3는 이재명 측 다시 말해 이재명 것이라고 김만배가 말했다고 했다. 함께 구속 기간 만료로 석방된 남욱 역시 그렇게 들었다고 거들었다. 하지만 이들이 그렇게 말했다고 하는 김만배는 이 말을 부인하면서 천화동인 1호는 자기 것이라고 말했다. 김만배 역시 유동규 것이라는 지난 진술을 뒤엎고 자기 것이라고 주장하고 있는 것이다.

천화동인 1호의 배당이익은 세후 428억 원에 이른다. 유동규의 진술이 맞다면 이중 2/3 즉, 285억 원이 이재명의 것이 되어야 한다. 428억 원은 아직 은행에 묶여 있다. 배당이 이루어지지 않고 있다는 것이다. 검찰은 285억 원을 이재명에게 어떤 방식으로 넘겨줄지에 대한 확실한 물증을 제시해야 한다. 약정서가 있다든지, 이재명과 대장동 일당이 구두로 약속한 녹음파일이 있어야 한다. 설사 김만배가 그렇게 진술한다고 해도 증거로서 효력이 없다.

천화동인 1호가 이재명의 것이라는 확실한 증거가 나오기 전에는 김만배 일당이 천문학적인 이득을 얻었다고 해서 배임죄가 성립될 수 없는 것이다. 천화동인 1호의 실소유자가 이재명이라는 것을 증명하기 전에는 왜 그들이 천문학적인 이득을 갖게 했느냐 논쟁은 사실 의미가 없다고 봐야 할 것이다. 그럼에도 불구하고 검찰 측이 구속영장 속에서 주장하고 있는 것들을 한번 살펴보고자 한다.

서울중앙지검이 청구한 구속영장을 토대로 검찰 측의 주장은 "(이재명 대표는) 민간업자가 결정해 제안한 확정 이익만 받고 그 외 택지 분양 및 공동주택 분양이익을 민간업자에게 몰아주면서 적정한 배당권 확보를 포기했다"는 것이다. "이재명 대표가 공공기관이 20%를 출자해 개발이익의 60%를 배당받은 하남풍산지식산업센터 사업 등 사례를 보고받고 적정 배당 확보의 필요성을 사업 초기부터 인식하고도 의도적으로 포기해 성남도시개발공사에 4,895억 원의 손해를 입혔다."고 판단했다.

## 토지분양 이득과 아파트 분양 이득

대장동 개발이익은 크게 두 가지로 나눠볼 수 있다. 첫 번째는 택지를 개발해서 토지분양으로 얻게 되는 이득이며, 두 번째는 아파트 분양으로 얻게 되는 이득이다. 성남도시개발공사는 첫 번째인 토지분양에만 참여할 수 있다. 아파트 분양은 개발업자들의 몫이기 때문이다. 하지만 검찰은 아파트 분양이익도 회수했어야 한다고 주장하고 있다.

검찰은 대장동 사업의 총이익이 택지개발 이익과 화천대유 아파트 분양수익을 모두 포함해 9,600억 원 상당이라고 봤으며, 성남시가 회수했어야 할 이익금은 이 금액의 70%인 6,752억 원이라고 봤다. 하지만 성남시가 확정 이익 형식으로 가져간 임대아파트 부지 배당금 1,830억 원이 전부라고 봤다. 적정이익 6,752억 원에서 실제 이익 1,830억 원만 받아 4,895억 원의 손해를 봤다고 했다.

검찰은 성남도시개발공사는 분양사업에 관여할 수 없었음에도, 아파트 분양사업의 수익도 회수했어야 한다고 주장하고 있다. 보통 택지개발을 통해 민간 유명 브랜드 아파트를 분양하게 택지를 개발해서 얻게 된 수익만 나눠 갖고 분양을 통해 얻은 수익은 민간이 갖고 가게 된다. 성남시는 시의 돈으로 아파트를 지을 돈도 없어서 분양사업은 손을 댈 수도 없었다.

대장동 개발이 처음 시작되었을 때 택지개발을 통해 얻을 수 있는 예상이익은 6,300억 원이었다. 여기서 성남시는 현금으로 1,800억 원을 회수했으며, 제1공단 공원 조성을 위하여 2,600억 원을 개발업자들이 부담하게 하고, 민간이익은 1,800억 원을 배정해서 모두 4,400억 원을 환수할 예정이었다. 하지만 부동산 가격이 폭등하면서 대장동 택지개발을 통한 이익은 9,500억 원이 되었다. 이에 성남시는 터널 공사를 위하여 920억 원을 추가로 부담시켰다. 이렇게 되어 최종적으로는 성남시는 5,503억 원을 환수했으며, 화천대유는 4,000억 원의 수익을 올리게 되었다. 땅값이 폭등했음에도 불구하고 여전히 민간이 올린 수익 4,000억 원보다 1,500억 원이 더 많은 5,503억 원의 수익을 환수했다. 그런데 검찰은 5,503억 원의 수익을 환수했다는 이재명 성남시장의 주장을 부인하고 있다. 제1공단 조성비용과 터널 공사 비용은 회수한 것이 아니라 사업을 위한 비용에 불과했다는 것이다. 하지만 이는 검찰의 억지에 불과하다.

## 5,503억 원을 회수했다는 것은 대법원 판례

지난 대통령 선거를 위한 민주당 당내 경선에서 경쟁자였던 이낙연 측이 이재명 후보 선거 공고물에 '대장동 개발을 통해서 5,503억 원을 회수했다'는 내용에 대해서 허위사실 유포혐의로 이재명 후보를 선거법 위반으로 고발했다. 재판 결과 1심, 2심 모두 무죄로 판단했으며, 대법원에서 무죄가 확정되었다. 결국, 대법원도 대장동 개발을 통해 성남시가 회수한 금액 5,503억 원이라는 이재명의 주장이 맞는다고 판시한 것이다. 그런데도 검찰은 대법원의 판단도 무시한 채 성남시가 환수한 금액이 1,800억 원뿐이라고 주장하고 있다. 5,503억 원을 회수했다고 하면 배임이라는 자신의 주장이 설득력이 떨어지기 때문에 대법원의 판단도 무시하고 있다는 의심을 충분히 살 만하다.

대법원의 판단이 이미 있었기 때문에 1,800억 원만 회수했다는 검찰의 주장을 재판부가 받아줄 가능성은 거의 없다. 또한, 여기에 아파트 분양수익까지 엮으려 한 것은 사건을 조작한 수준에 가깝다.

검찰은 확정 이익 환수라는 소신을 지키려다가 결국 성남시가 손해를 보게 되었다는 논리를 펼치고 있다. 하지만 대장동 개발을 공공이 해야 한다는 이재명의 주장에 반대하며 100% 민간 개발을 해야 한다고 주장한 것은 새누리당이 장악하고 있던 성남시의회였다. 여기에 이명박 대통령이 수익이 나는 사업에서 LH

는 빠지라고 했다. 대장동의 입주 예정 주민들 역시 민간이 개발해서 유명 브랜드 아파트가 들어오게 해 달라고 하고 있었다. 이재명 성남시장 빼고는 모두 민간 개발을 하자는 거였다. 그들의 주장대로 100% 민간 개발을 했다면 5,503억 원의 수익도 모두 민간에게 돌아갔을 것이다. 이재명은 민간이 갖고 가려고 했던 5,503억 원을 외롭게 싸워서 얻어낸 것이다. 그동안 수많은 택지 개발이 있었지만 5,503억 원은커녕 1,800억 원도 회수해 본 적이 없는 대한민국이었다. 검찰이 주장하는 이재명이 회수한 겨우 1,800억 원도 다른 모든 지자체에서 회수한 금액보다 많다.

다시 보고 또다시 봐도 오직 이재명만이 해낸 엄청난 성과이다. 그런데 지금 대장동 일당들에게서 50억 클럽으로 회자되고 있는 검사 집단이 이재명을 배임죄로 엮어 조사하고 있으며, 대장동 일당들에게서 촌지로 몇억씩 받아먹고 그들을 위해 기사를 쓰던 기레기들이 검찰발 가짜 뉴스를 뿌리면서 이재명을 죽이려고 하고 있다.

대장동 사건의 실체를 알려면 50억 클럽 등 돈을 좇아가며 수사를 해야 한다. 그들에게서 촌지를 받고 가짜 뉴스를 써대던 기자들을 수사해야 한다. 그런데도 이들은 오직 이재명만을 잡기 위한 조작 수사를 하고 있다.

# 하늘에서 뚝 떨어진
## '428억 약정설'

언제나 역사는 민중의 것이었고, 변방에서 시작되었고, 피 흘리고 싸우는 민중들의 것이었습니다.

### 핵심증거 '정영학 녹취록'

대장동 관련 언론의 보도내용만 보면 이재명은 대장동 일당과 한패임이 틀림없어 보인다. 그래서 많은 사람은 이재명이 대장동 일당에게 특혜를 주고 뇌물을 받았을 것으로 생각하고 있다. 특히 성남도시공사 사장이었던 유동규가 2022년 10월 20일 구속 기간 만료로 석방된 뒤, 그동안 천화동인 1호가 자신의 것이라는 주장을 뒤엎고 천화동인 1호의 주인은 자신과 이재명 측의 공동소유라고 주장하면서 언론들은 유동규의 발언을 대서특필하고 있다.

검찰의 구속영장에는 김용·정진상·유동규 세 사람이 천화동인 1호 배당금 700억 원세후 428억 원을 나눠 갖기로 했다는 내용이 등장한다. 하지만, 정작 이재명 대표에 대한 기소장에는 428억 약정에 관한 내용은 빠졌다. 검찰은 아직 조사가 끝나지 않았기 때문이라면서 보강 수사 중이라고 변명하고 있다.

사실 유동규가 주장하고, 남욱이 맞장구치는 428억 약정설은 검찰이 그동안 대장동 사건의 핵심증거로 삼았던 '정영학 녹취록'과 정면 배치된다.

2022년 11월 11일 뉴스타파가 공개한 '2020년 10월 30일 정영학 노래방 녹취록' 전문에 따르면, 유동규, 정영학, 김만배는 유동규에게 700억 배당금을 어떻게 줄지 법적 절차까지 의논했다.

녹취록에는 남욱이 소송하면 김만배가 조정합의금 명목으로 700억세후 428억을 남욱에게 지급하고, 남욱이 유동규에게 이 돈을 전달하기로 입을 맞추는 내용이 나온다. 김만배는 이 과정에서 남욱이 중간에서 가로채지 않을지 걱정까지 한다.

검찰은 이 사실을 토대로 유동규를 700억 원 소유자로 인정해 2021년 10월 21일 부정처사후수뢰 혐의로 구속기소했으며 60차례 이상 재판을 진행했다.

그런데 윤석열 정부 들어 수사 검사들이 바뀌자 '정영학 녹취록' 내용과 전혀 다른 방향으로 수사가 진행되기 시작했다. 특히 한동훈 법무부 장관의 인사로 대장동 수사팀이 박영수 특검단 출신 검사들로 재편되면서 이런 양상이 두드려졌다.

서울중앙지검 4차장검사 고형곤, 반부패수사3부 강백신 부장

검사, 호승진 부부장검사 등이 그들이다.

게다가 한명숙·라임 사태 수사에서 조사실로 증인을 불러 증언 연습을 시킨 혐의로 위증교사와 향응접대 의혹 감찰 대상자이던 반부패수사1부 엄희준 부장검사를 대장동 수사의 부장검사로 임명했다.

이렇게 수사 검사들이 교체된 후 검찰은 뒤바뀐 유동규의 진술만을 근거로 '천화동인 1호'가 정진상·김용·유동규 3인방의 소유라고 주장하고 있다.

검찰은 핵심증거로 삼았던 '정영학 녹취록'의 내용을 스스로 뒤집고 자신들이 작성한 공소장마저 부정한 만큼, 뒤바뀐 주장에 필적하는 객관적인 물증을 반드시 제시해야 할 것이다.

하지만 증거는커녕 관련자들의 진술조차 맞춰내지 못하고 있다. 2022년 10월 28일 열린 재판에서 대장동 일당의 한 명인 정영학마저 천화동인 1호가 이재명 측<sub>정진상·김용</sub> 지분 아니냐는 물음에 "기억이 없다"고 증언했다. 검찰의 주장이 얼마나 무리한지 여실히 드러내는 대목이다.

유동규는 성남도시개발공사 사장이라는 공직자로서 대장동 일당에게서 뇌물을 받았다. 이미 받은 돈만 10억 원에 이른다. 검찰의 초기 수사도 유동규가 대장동 일당에게서 뇌물을 받은 것에서 시작했다. 그런데 느닷없이 유동규가 받은 돈은 뇌물이 아닌 이재명에게 전달되어야 할 정치자금으로 둔갑했다. 그리고 그중에 일부를 김용과 정진상에게 전달했다고 주장하고 있다. 유동규가 쓴 일부의 돈은 '배달 사고'로 둔갑시켰다.

## 김만배의 폭로

2023년 4월 20일 김만배는 김용 전 민주연구원 재판서울중앙지법 형사합의23부·조병구 재판장에 출석해 남욱 변호사에게 들은 이야기를 폭로했다.

남욱 변호사가 김만배에게 "'이재명에게 돈 줬다'는 취지로 말 좀 해달라. 나랑 유동규는 그렇게 검찰에 진술 다 했다. (만배) 형님도 제발 우리처럼 진술해달라. 검찰이 위례 수사 건으로 세게 들어온다. 동생들 다 죽게 생겼다."고 말했는데, 김만배는 그러나 "사실만을 말하겠다."며 남욱의 제안을 거절했다고 증언했다.

재판이 시작되기 전에 검찰발 이재명에게 불리한 뉴스는 귀가 따갑도록 보도되었는데, 막상 재판이 시작되고 이재명에게 유리한 증언이 나올 때는 하나같이 침묵하고 있다.

이재명 민주당 대표의 각종 수사를 진두지휘하고 있는 엄희준서울중앙지검 반부패수사1부장 검사는 한명숙 사건 재판 때도 무려 11명 이상의 구치소 등 재소자들에게 접근해 허위자백을 유도하려다가 좌절된 적이 있는데, 이런 정황들을 문재인 정부 때 대검 감찰팀에서 확인해 엄 검사는 수사받기 직전까지 갔다가 윤석열 당시 검찰총장이 무마시켜줘서 어떤 처벌도 받지 않았던 전력이 있다.

엄희준 검사가 이재명 대표에 대한 수사를 책임지면서 유동규와 남욱의 진술이 바뀌었다. 많은 사람은 그의 과거 행적에 비추어 또다시 조작 수사를 하는 것이 아닌지 의심하고 있다.

## 428억의 주인은 누구인가?

정영학의 녹취록에 의하면 천화동인 1호의 주인은 유동규로 보는 것이 타당하다. 하지만, 김만배는 천화동인 1호의 주인은 자신이라고 말하고 있다. 유동규가 자꾸 뇌물을 달라고 하니 천호동인 1호가 네 것이라는 거짓말로 달랜 것이라고 한다.

천화동인 1호의 주인은 김만배와 실소유주만 알고 있을 것이다. 428억의 주인은 유동규의 것이 아닌 것은 확실하다. 유동규 자신도 부인하고 있다. 그렇다고 김만배의 100% 소유라고 볼 수도 없다. 오히려 50억 클럽이니 하면서 등장하는 법조계 부패 인물들의 소유로 보는 것이 타당하다. 하지만 검찰은 자신들의 조직 일부인 그들에 대한 수사를 진행하고 있지 않다.

박영수를 비롯한 검찰조직에 대한 수사가 진행되지 않는다면 천화동인 1호의 실소유주에 대한 수사도 진척되기 어려울 것이다. 윤석열 정권의 검찰은 절대 밝혀내지 못할 것이다. 특검으로 밝힐 수밖에 없다. 윤석열의 후보 시절 말처럼 "특검을 거부하는 자가 바로 범인이다."

# 체포동의안 부결과
# 38명의 내부 반란

이재명을 뽑는다고요? 이재명은 심는 겁니다.

2023년 2월 27일 오후 2시 30분. 임시국회 본회에 '대장동 배임 및 성남FC 제3자 뇌물죄'로 인한 구속영장 청구에 따른 국회 체포동의안 가부 투표가 진행되었다. 한동훈 법무부 장관의 범죄행위 설명은 그동안 언론으로부터 나온 거 외에 새로운 증거사실은 없었다. 이재명 대표의 입장 발표 역시 예상을 크게 벗어나지 않았다.

### 민주당의 반란표 최소 32표

2022년 뇌물수수 및 정치자금법 위반혐의를 받는 노웅래 더불어민주당 의원에 대한 체포동의안이 2022년 12월 28일 국회 본회의에서 출석 271명 중 찬성 101표, 반대 161표 기권 9표로 부결되었다. 이를 바탕으로 이재명 대표에 대한 체포동의안은 최소 161표는 나올 것으로 예상했다. 하지만 이재명 대표에 대한 체포동의안 표결은 예상을 완전히 빗나갔다.

국민의힘은 국무위원들까지 총동원해서 표결에 참석했다. 총 투표 297표 중 찬성 139표, 반대 138표, 기권 9표, 무효 11표로 부결되었다. 만일 법률안이었다면 통과된 거나 마찬가지로 충격적이었다. 체포동의안은 제적 의원 과반수 이상 표결로 과반수 이상의 찬성으로 동의절차가 마무리된다. 가결에 필요한 표결 수는 149표였다. 가결표 10표가 모자라서 부결된 것이다.

현재 국회의 의석수는 국민의힘 115명, 민주당 169명, 정의당 6명, 기본소득당 1명, 시대전환 1명, 무소속 7명이다. 민주당 169에 기본소득당 1명, 무소속 5명 등 175명으로 반대표 175표 정도 나올 것으로 기대했다. 이렇게 본다면 38표가 이탈했으며, 이중 11표는 심지어 기권과 무효도 아닌 찬성으로 넘어간 것이다. 민주당 의원 중 10여 명이 정치검찰의 아가리에 당대표의 머리를 밀어 넣은 것이다. 당연히 체포동의안은 부결되었지만, 그 후폭풍은 매우 컸다.

### 부결될 거 알면서도 체포동의안 보낸 검찰

법원이 검찰의 주장을 받아들여 구속수사를 허가할 경우 다음과 같은 것을 충족시켜야 한다.

피의자가 죄를 범하였다고 의심할 만한 상당한 이유가 있고, 일정한 주거가 없거나 증거인멸의 염려나, 도망 또는 도망의 염려가 있는 경우이다.

이재명 대표에 대한 혐의는 유무죄에 대한 논쟁이 치열하며, 주거 역시 일정하고, 제1당의 당대표로서 도주의 우려도 없으며, 관련 피의자들이 모두 구속되어 있어서 증거를 조작할 수도 없으며, 300회가 넘는 압수수색으로 인해 검찰이 필요로 하는 관련 증거들도 이미 확보하고 있는 상태이다. 이재명 대표가 국회의원이 아니라면 영장심사에서 구속영장이 기각될 가능성이 매우 크다. 만일 법원에서 구속영장이 기각된다면 검찰로서는 기소를 유지하는 것조차 버거울 수 있는 것이다. 검찰은 분명 이 정도의 구속영장으로는 발부되지 않을 거라는 것을 알고 있었을 것이다. 그런데도 검찰은 엉터리 구속영장을 청구해서 국회의 동의를 물었다. 검찰은 자신들의 만들어낸 구속영장이 엉터리였다는 것을 알고 있었지만, 어차피 국회에서 기각될 것이 자명했기에 구속영장 청구 쇼를 펼쳤다고 의심된다. 앞으로도 몇 번의 청구 쇼를 펼칠 것으로 보인다.

체포동의안 처리 결과에서 가장 충격을 받은 쪽은 민주당이겠지만, 검찰 역시 마냥 즐거운 결과는 아닐 것이다. 계속해서 쪼개기 영장을 청구하다가 이재명의 낙마를 바라는 민주당 일부 국회의원들의 반란으로 덜컥 통과된다면 검찰 쪽에 날벼락이 될 수 있는 것이다. 국회에서 통과된 엉터리 구속영장이 판사에게서 기각되는 것은 검찰 입장에서 보면 최악의 결과이기 때문이다. 그래서 다음 체포동의안을 국회에 보내는 것에 대해 검찰 쪽에서도 부담을 가질 수밖에 없을 것이다. 이렇게 많은 반란으로 부결되는 것은 검찰 쪽에서도 예상하지 못한 결과이다.

## 무기명이라는 방탄

체포동의안이 본회에서 표결되기 전에 더불어민주당은 의원총회를 열어서 정치검찰의 행태를 비판하고 압도적인 표 차이로 부결시킬 것을 결의했다. 다만 당론으로 결정하지는 않고 자유투표로 임하기로 했다. 특히 설훈, 이상민 등 반이재명 노선에 선두에 섰던 의원들도 당연히 부결시켜야 한다고 목소리를 높였다.

언론 인터뷰를 통해 조응천 의원은 이번에는 부결시킬 것이다. 그러면 당대표가 무엇인가 결심을 하지 않을까 기대한다고 했다. 무엇을 기대한다는 것일까? 이들이 가장 바라는 것은 당대표 사퇴일 것이다. 당대표 사퇴가 아니더라도 다음 공천에서 무엇인가 양보해 주길 바랐을 것이다.

충격적인 반란표의 숫자에 놀라서 민주당 당원들은 국회의원들에게 일일이 전화해서 어떻게 투표했는지 물어보았다. 물론 가결에 표를 던졌다고 하는 의원은 단 한 명도 없었다. 적어도 38명이 반란에 참여했지만 무기명 투표라는 그늘 속에 적어도 38명이

들어와서 자신의 투표행위를 부정하고 있다.

체포동의안에 반대하지 않고 찬성 또는 기권이나 무효표를 던진 의원들은 이재명 대표에게 경고를 보낸 것이다. 기권표는 아무 표시도 않고 백지를 넣은 경우이다. 무효표는 투표지에 가부가 아닌 낙서를 한 경우이다. 무효표와 기권표는 소극적인 반대로 해석하는 게 합당할 것이다. 물론 소극전인 찬성으로 볼 수도 있을 것이다.

국회의 모든 표결은 기명식 전자투표로 하고 있다. 하지만 인사에 대한 표결은 무기명으로 하도록 했다. 하지만 국회에 보낸 유권자들은 자신이 뽑아준 국회의원이 어떤 표결을 했는지 물어볼 수 있으며, 마땅히 그 물음에 답을 해야 한다. 이재명 대표 보고 방탄 국회에 숨지 말고 당당히 수사받으라고 체포동의안에 찬성해 놓고는, 자신의 투표행위에 대해서 숨기려 하는 것 역시 무기명 투표라는 방탄에 스스로 숨어버린 것이다.

38명이 처음부터 작정하고 찬성, 기권, 무효표를 배분했다는 의심을 받기도 하지만, 이심전심으로 뜻을 모았을 수도 있다. 175명의 20%면 35명이다. 이재명 당대표의 당대표 득표율이 77.77%였다. 반명 또는 비명이 22% 정도 되는데 이번 이탈표로 다시 한번 확인하였다. 38표의 이탈이 충격적일 수는 있겠으나, 적극적으로 해석하면 70% 이상인 138명의 확실한 우군이 있다는 것이다. 38명은 이번 기회에 자신들의 존재감을 이재명 대표에게 확실하게 시위했으나, 이후 체포동의안에서는 이들이 지금과 같은 선택을 할 수 있을지 모르겠다.

지금 당원들은 38명 안에 포함된 것으로 의심되는 의원들에게 어떤 투표를 했는지 답할 것을 요구하고 있다. 지금은 무기명 투표라는 방탄 뒤에 숨어서 자신은 반대표 던졌다고 항변할 수 있겠으나, 다음 체포동의안에서는 통하지 않을 수 있다. 자신은 반대표 던졌다는 것을 증명하기 위하여 핸드폰으로 자신의 투표 결과에 대해서 사진을 찍어 남겨서라도 누명을 벗고자 할 것이기 때문이다. 또다시 이런 분란을 만든다면 오히려 자신들의 입지가 더 흔들릴 것이기에 이탈할 수밖에 없다고 본다.

체포동의안이 부결되고 나서 김민석 의원은 페이스북에 다음과 같은 글을 남기며 이들을 비판했다. 그 글의 일부를 보면 다음과 같다.

> 이번 표결에 찬성표나 기권표를 던지는 방식으로 단일대오에서 이탈한 정치행태는 실망을 넘어 비판을 피할 수 없습니다. 찬성이나 기권은 자유지만, 그간의 당내 토론과정에서 한 번도 공개적으로 주장하거나 토론하지 않고 은밀하게 투표한 방식은 아무리 생각해도 옳지 않습니다. 차라리 "찬성 투표하고 영장심사를 받는 게 낫다"고 주장했던 일부 의견이 정직합니다. 이번 찬반투표는 사실상 검찰수사와 영장청구의 정당성 여부에 대한 정치적 의사표명이기 때문에 형식이 비공개투표일뿐 본질적으로는 국민 앞에 자신의 입

장을 명료히 드러내는 것이 옳은 사안입니다. 주장하지 못하는 소신은 소신이 아니며 만일 집단적 의논을 거쳤다면 당당하지 못한 사술입니다. 앞으로는 이 사안에 대해 당당히 스스로의 의견을 밝히기 바랍니다. 정치는 주장하고 평가받는 것입니다.

이재명 대표에게 책임정치를 요구한다면 본인들도 책임정치를 해야 합니다.

민주주의에서 침묵이나 익명, 기권도 분명히 존중받아야 할 권리이지만, 적어도 국회의원이라면 이 정도 사안에서 당 일반의 흐름과 다른 자신의 의견에 대해서는 공개적으로 천명하고 행동하는 것이 바람직합니다. 앞으로 그리해주시는 것이 정당민주주의에 기여할 것이라 믿습니다.


## 투표 보이콧은 정답이 아니다

검찰 측에서도 부담이 되겠지만, 최소 한번은 구속영장을 더 청구할 것이다. 백현동과 쌍방울 건으로 칠 것이 분명하다. 백현동은 대장동과 비교하면 임팩트가 부족하겠지만, 쌍방울 대북송금 건은 조금 다를 수 있다. 조작하기에 매우 유리한 북한 문제이기 때문이다. 검찰이 이재명 대표를 정말로 구속할 자신이 있었다면 체포동의안에 모든 혐의를 다 묶어서 한 번에 쳤을 것이다. 하지만 검찰은 쪼개기 방식으로 처리하고 있다. 한 번에 묶어서 하는 게 검찰에 유리하지만, 수사권을 이용해서 정치한다는 비판을 감수하더라도 쪼개기 구속영장을 청구하는 것은 이재명 대표에 대한 혐의 입증이 자신 없기 때문이다. 오히려 국회에서 부결시켜 줄 것을 바라면서 정치쇼를 하는 것이다.

다음에 청구될 체포동의안에 대해서 보이콧을 하자는 의견도 있다. 체포동의안 표결이 시작되면 모두 퇴장해서 과반 출석을 저지하면 된다는 것이다. 그렇다고 해서 반대투표를 하기 위해 입장하겠다는 민주당 의원들을 막아낼 방법이 없다. 설사 정족수가 부족해서 투표가 이루어지지 않는다고 해서 끝나는 것도 아니다. 정족수가 이루어지지 않으면 체포동의안이 소멸되는 것이 아니라 다음 본회의에 자동 상정되기 때문이다. 오히려 비민주적인 정당으로 비칠 수 있다. 그렇기에 투표 자체를 막을 방법은 없다.

다음 체포동의안이 국회에 넘어오게 된다면 전 당원 투표를 통해서 결정하고, 전 당원 투표를 통해 결정된 결과를 민주당 중앙위에서 다시 한번 확인하고 당론으로 부결을 결정하는 것이 좋다. 하지만 비명계에서는 전 당원 투표를 거부할 것이다. 결과가 뻔하다는 것이다. 다시 한번 묻고 싶다. 결과가 뻔할 만큼 민주당 당원들의 생각은 이재명 당대표에 대한 체포동의안은 부결이다. 당원들의 생각을 중심으로 의회에서 활동해달라고 뽑아준 이들이 바로 민주당의 국회의원들인데, 민주당의 국회의원들이 당원들의 뜻을 거스르면서 투표한다는 것은 해당 행위 그 자체라고 할 수 있다.

민주당의 당론으로 체포동의안을 부결시킨다고 해도, 실제로 이루어질 투표는 무기명 자유투표이다. 이들이 당원들의 뜻을 따라서 부결표를 던질 수 있도록 당원들은 더 강력하게 요구해야한다. 무기명이라는 방탄 뒤에 숨지 말고 반대표를 던졌다는 증거를 갖고 오라고 요구해야 한다. 찬성표를 던지려면 무기명이라는 방탄 뒤에 숨지 말고 당당하게 밝혀야 한다.

어떤 증거면 되냐고? 사진을 찍어오면 믿는다. 38명의 반란 의심을 받는 의원들에게 말하고 싶다. 이번엔 반대표 던졌다는 그 거짓말을 믿어준다. 그런데 솔직히 의심을 거둘 수는 없다. 다음에는 반대표를 던졌다는 확실한 증거를 갖고 와라. 그러면 이번에 한 거짓말도 믿어준다.

다음에 또 체포동의안을 보내온다면 민주당은 쫄지 말고 당당하게 자유투표를 통해서 부결시켜야 할 것이다. 그러니 검찰도 가결되어서 판사가 기각시킬 것이라는 걱정을 하지 말고 당당하게 또 한 번 보내봐라. 이번엔 민주당이 이긴다.


**이재명 대표의 불체포특권 사용하지 않겠다는 선언**

이 글은 2023년 2월 말경에 썼다. 그리고 시간이 지나서 무더운 여름이 되었다. 2023년 6월 19일 국회에서는 이재명 대표의 교섭단체 대표 연설이 있었다. 이날 이재명 대표는 자신을 향한 검찰의 체포동의안에 대해서 다음과 같이 밝혔다.

"저를 겨냥해서 300번도 넘게 압색 해온 검찰이 성남시와 경기도에 전현직 공직자들을 투망식으로 전수조사 하고 강도 높은 추가 압색을 계속하고 있습니다. 이재명을 다시 포토 라인에 세우고, 체포동의안으로 민주당의 갈등과 균열을 노리는 것인가 그렇게 생각합니다.

이제 그 빌미마저 주지 않겠습니다. 저를 향한 저들의 시도를 용인하지 않겠습니다. 저에 대한 정치 수사에 대해서 '불체포 권리'를 포기하겠습니다.

지금까지 그랬던 것처럼 소환한다면 열 번 아니라 백 번이라도 응하겠습니다. 구속영장을 청구하면 제 발로 출석해서 영장실질심사를 받고 검찰의 무도함을 밝히겠습니다. 압수수색, 구속기소, 정쟁만 일삼는 무도한 압구정 정권의 그 실상을 국민들께 드러내겠습니다."

이재명 대표의 불체포 권리를 사용하지 않겠다는 선언으로 인해, 더 이상 이재명 대표에 대한 사법 리스크 운운은 명분이 없어졌다고 할 수 있다. 필자의 개인적인 생각으로는 불체포특권을 포기하는 것에 대해서 반대이다. 하지만, 이재명 대표는 다시 청구되는 검찰의 엉터리 체포영장으로 인해 당내에서 분란이 이는 것을 차단하고 싶었을 것이다.

검찰이 이재명 대표에 대한 체포동의안을 국회에 보낸다면, 국회의 표결 없이 이재명 대표가 영장심사를 받을 수 있는지는 논란의 여지가 있다. 아마도 민주당 국회의원들이 당론으로 찬성표를 던지는 방식을 쓸 것으로 보인다.

이재명 대표가 스스로 체포동의안을 포기한 이상 앞으로 있을 대부분의 체포동의안은 가결될 것으로 보인다. 오히려 이렇게 되면 비명계 민주당 의원들이 매우 곤란한 처지에 몰릴 가능성이 있다.

검찰도 이제 엉터리 체포동의안을 국회에 보내기 어려울 것이다. 이재명 대표에 대한 체포동의안이 국회에서 당연히 부결될 것으로 예상하고 보냈는데, 이제 체포동의안을 보내면 판사가 구속 여부를 결정해야 한다. 만일 영장심사에서 기각이 된다면 이재명 대표에게 날개를 달아주는 꼴이 되고 말 것이다. 그렇기 때문에 2024년 총선 이전에 이재명 대표에 대한 체포동의안을 제출하지 못할 것으로 보인다. 그러잖아도 이재명 대표 관련한 김용, 정진상의 재판은 검사의 의도와는 다르게 흘러가고 있다. 그렇기 때문인지 검찰은 총선 전에 재판 결과가 나오지 않도록 재판을 지연하고 있다. 심지어 재판장까지 바꾸려 하고 있다.

당내에서 이재명 대표를 흔들고 있는 세력들은 이재명 대표의 불체포특권 포기로 인해 가장 충격을 받았을 것으로 보인다. 이재명 대표의 자신감이 민주당 개혁의 밑거름이 될 것으로 보인다. 이재명 대표가 스스로 불체포특권을 포기할 정도 궁지로 몰은 민주당의 일부 세력들이 야속하기도 했지만, 이재명 대표의 거침없는 반격에 오히려 희망을 본다. 이재명의 민주당이 이긴다.

# 변호사비
# 대납의혹

적폐와 불의를 청산하는 게 '정치보복'
이라면 그런 정치보복은 맨날 해도 됩
니다.

이재명 대표에게 씌운 혐의 중에 가장 조잡한 의혹이 이른바 '변호사비 대납 의혹'이다.

### 사건의 개요

이재명은 제7회 지방선거에서 경기도지사에 당선된 직후인 2018년 10월부터 2020년 9월까지 허위사실 유포로 인한 선거법 위반 등의 혐의를 받고 1·2·3심을 거쳐 파기환송심에 이르기까지 약 2년에 걸쳐 재판을 받았다. 이재명이 공직선거법 위반 등의 혐의로 재판을 받으면서 대규모 변호인단의 변호를 받았는데, 이재명이 지출했다고 공식적으로 알려진 변호사비가 변호인단의 규모에 비해 너무 적은 금액이었다며, 실제로는 변호사비의 대부분을 이재명이 아닌 다른 사람혹은 회사이 대납했을지도 모른다며, 문재인 대통령 지지자들이 모여 만든 정당인 '깨어있는 시민연대당깨시연'이 민주당 제20대 대통령선서 경선 마지막 날10월 10일을 사흘 앞둔 2021년 10월 7일 이재명 후보를 선거법상 허위사실 공표 혐의로 대검찰청에 고발했다. 깨시연은 같은 날 대검찰청 앞에서 기자회견을 열어 "검찰 출신 이태형 변호사가 이 후보의 사건을 맡아 수임료로 현금 3억 원과 주식 20억 원어치를 받았다며 이를 증명해 줄 녹취가 있다."고 주장했다.

이 사건을 처음 제기한 인물은 한국이혼상담협회장, 차별없는 가정을위한시민연합대표 및 ㈜디보성 대표이사로 알려진 이병철이다.

### 이병철 녹취록의 조작 과정

깨시연은 정당 형식을 갖고 있지만, 안티 이재명 그룹의 일부이다. 이재명 지지자들은 이들 그룹을 '똥파리'라고 부르기도 한다. 깨시연은 '여니와 도깨비'라는 단체와 거의 한 몸이라고 보면 된다. 도깨비는 한때 '문꼴오소리' 혹은 '문파'라고 불리었는데 이재명 후보가 민주당 경선에서 승리하고 문재인 대통령이 이재명 후보를 청와대로 초청하자 이에 항의하며 문재인 대통령을 문파에서 제명하고 '여니와 도깨비'로 변신했다. '깨시연'이나 '여니와 도깨비'는 친문성향의 단체라기보다는 친이낙연 단체라고 보

미안해요, 이재명

는 것이 맞다.

그리고 이병철은 박근혜 블랙리스트의 주범인 조윤선을 지지했던 인물이기도 한데 2016년 이후 페이스북 등에 안티 이재명 관련 글을 올리면서 이른바 동파리 집단에서는 이름이 꽤 알리게 되었다.

녹취록에는 이병철과, 이태형 변호사와 이태형과 아는 사이인 최모 씨가 등장한다.

사업가 최씨는 어떤 사건으로 기소될 문제에 직면했던 적이 있는데 이때 이태형 변호사가 경찰 수사단계에서 변호했는데 기소되지 않았다. 이태형 변호사는 당시 수임료로 3명을 변호해주고 1천만 원을 받았다. 최씨는 그게 고마워서 월 50만 원의 법률자문 계약을 맺었다.

이병철이 최씨의 탄원서 작성을 도와주면서 알게 되었는데 어느 날 이병철이 최씨에게 말하기를 "친구 회사에 골치 아픈 법적 문제가… 이태형 좀 소개해줘. 내 친구 재산 빵빵하거든. 너랑 나랑 말 맞춰서 엄청난 스펙의 변호사를 싸게 소개해주는 것처럼 꾸며서 1억만 뜯어내자."며 모의를 하게 되었다.

최씨에게서 이태형 변호사를 소개받은 이병철이 이태형에게 "변호사님 실력 대단하시다 들었다. 이재명 지사 사건도 해결하시고… 그때 20억 받으셨죠?" 이렇게 말하자 이태형은 "아 예, 그게 뭐… 하하~" 거린다. 이태형은 속으로 20억이 뭔 소린가 하면서도 자신을 그렇게 높게 평가해주니 흐뭇해했을 것이다.

이후 이병철은 최씨에게 "친구 사건은 잘 해결됐으니 수임 애기 없던 것으로 하자."고 말했다. 어쩌면 이병철은 이태형에게 접근하기 위한 미끼로 중견기업의 오너 분쟁 애기를 지어냈을 수도 있다.

얼마 후 "이태형, 이재명 사건 수임료 20억 수수"라는 찌라시가 나돌았다. 이에 놀란 이태형이 최씨에게 문의했고, 최씨는 다시 이병철에게 항의했다. 이에 이병철이 최씨에게 "내가 징역갈 순 없잖아. 며칠만 참아줘~"라며 달랬다.

조작된 녹취록은 민주당 경선이 진행되는 과정에서 깨시연을 통해 다시 흘러나왔다. 녹취록이 깨시연에 전달된 과정은 여전히 밝혀지지 않고 있다. 이병철이 직접 깨시연에 전달했을 수도 있고, 이병철이 다른 동파리에게 전달해서 흘러 들어간 것일 수도 있고, 세 번째는 이병철이 이낙연 캠프 관계자에게 전달하고, 이낙연 캠프에서 다시 깨시연에 전달했을 수도 있다.

## 허위사실 제작자 이병철

2021년 11월 26일 국민일보 보도에 따르면 이재명 후보는 "당사자도 아니고 제삼자들이 자기들끼리 녹음한 게 무슨 가치가 있느냐? 조직폭력배에 버금가는 조작사건이라는 게 곧 드러날 것이다."라고 했다.

# 진 술 서(2)

성   명  최
주   소  서울 강남구 대치동
연 락 처

저는 최    라고 합니다.

저는 이재명 지사님의 변호사 비용 20억원 지급 논란 관련하여, 당시 실제 있었던 일들을 다시 한번 사실대로 진술하고자 합니다.

## 다   음

1. 저는 2021. 10. 7. 작성하였던 진술서를 통하여, 저와 이병  이 하였던 예전의 대화들이 자세하게는 기억이 나지 않지만, 이병  과 제가 나누었던 대화들에서, 이태형 변호사님이 이재명 지사님으로부터 받은 선임료가 20억 원이 넘는다는 등의 말은 저와 이병  이 지어낸 말이라는 점을 말씀드렸습니다.

그리고 이병  의 악의적인 허위사실 유포 행위를 바로잡기 위해서 이병 의 제보가 허위라는 점을 확인할 수 있는, 저와 이병  과의 대화 녹음도 현재 가지고 있다는 사실도 말씀드렸습니다.

이 보도가 나간 이후 몇 시간도 안 되어서 파이낸셜뉴스에는 "이재명 변호사비 20억, 지어낸 말"이라는 진술서가 나왔다고 보도했다.

깨시연이 이재명 후보를 대검찰청에 선거법상 허위사실 유포 혐의로 고발한 당일, 최씨는 진술서를 통하여 "이태형 변호사님이 이재명 지사님으로부터 받은 선임료가 20억 원이 넘는다는 등의 말은 저와 이병철이 지어낸 말이라는 점을 말씀드렸습니다."
라고 했다.

검찰은 이미 이 고발이 무고라는 것을 즉시 알 수 있었다. 그런
데 검찰은 이 사실은 은폐했다. 검찰의 은폐를 통해서 끊임없이
'변호사비 대납 의혹'은 민주당 대통령 후보 경선 마지막까지 이
낙연 후보 측에서 써먹었다. 후보가 된 이후에도 이낙연 후보를
밀던 세력들은 계속해서 확대 재생산했으며 상대 당에서도 공격
을 멈추지 않았다.

최씨는 이병철이 계속해서 '변호사비 대납 의혹'을 부풀리고 있
는 것에 대해서 경계를 하며 진술서를 다시 제출했다.

최씨는 두 번째 진술서를 통해 이를 명확히 하고 있다.

"그리고 이병철의 악의적인 허위사실 유포 행위를 바로잡기 위
해서 이병철의 제보가 허위라는 점을 확인할 수 있는 저와 이병
철과 대화 녹음도 현재 가지고 있다는 사실도 말씀드렸습니다."

파이낸셜뉴스에 따르면 최씨는 이병철을 "허위사실을 제보한
사람이며 허위사실 자체를 만들어낸 사람"이라고 말했다. 또한
최씨는 "제가 이병철을 이태형 변호사에게 소개해줬다고 생각했
으나 이제와서 보니 이병철이 저를 이용해 이태형 변호사에게 의
도적으로 접근했다."고 생각한다고 했다.


**허위 제보자 이병철의 죽음**

이후 고발인 신분에서 피고발인 신분으로 검찰 조사를 받아야 했던 이병철은 2022년 1월 11일 오후 8시 35분경 서울 양천구의 한 모텔에서 숨진 채 발견되었다. 유서도, 혈흔도, 외부의 침입 흔적도 나오지 않았다. 이재명을 공격하는 쪽에서 늘 사용하는 이재명 주위에 석연치 않은 죽음 중의 일부이다.

사실상 무고로 마무리되었던 '변호사비 대답 의혹'은 이때부터 다시 재점화되었다. 그 중심에는 친이낙연계 유튜버 백광현이 있다. 평소 이병철과 친분이 있던 백광현은 유족의 동의로 대리인으로 장례를 치렀다. 백광현은 빈소에서 "고인은 생전에 정의롭고 유쾌한 분이었다. 더불어민주당 이재명 대선 후보자의 변호사비 대납 의혹을 공개한 공익제보자로 이 과정에 민주당 이재명 후보 진영에서 다양한 압력을 지속적으로 받아온 가운데 벌어진 일이다."라고 주장했다.

기가 막히는 궤변이 아닐 수 없다. 검찰 조사 과정에서 이미 허위로 판명이 난 사건을 공익제보라고 주장하고 있다. '변호사비 대납 의혹'을 이렇게까지 크게 키운 인물 중에 일등공신이 백광현이었다. 백광현은 이낙연이 가장 아끼는 유튜버로 백광현의 결혼식장에는 이낙연을 비롯한 설훈, 오영환, 홍영표 등 이낙연계 국회의원들의 화환으로 가득했다.

검찰은 2022년 9월 15일 이재명 대표의 변호사 대납 의혹과 관련한 공직선거법 사건을 무혐의 처리했다. 그런 검찰이 쌍방울

이낙연과 이병철

김성태 회장의 소환에 맞춰 다시 들여다보고 있다.

언론들은 2023년 1월 17일 일제히 '이재명 변호사비 대납의혹 수사 속도 낼 듯'이라는 기사를 쏟아냈다. 한겨레는 이날 기사에서 "8개월 동안의 해외 도피 끝에 붙잡힌 김성태 전 쌍방울그룹 회장은 이재명 더불어민주당 대표가 연루된 '변호사비 대납 의혹'을 비롯해 각종 의혹의 중심에 선 '키맨'으로 불리는 인물이다. 김 전 회장이 8개월여 만에 한국으로 돌아오면서 관련 검찰 수사도 급물살을 탈 것으로 예상된다."고 보도했다.

검찰은 언론을 통해서 다시 변호사비 대답 의혹을 수사할 것처럼 흘리더니 정작 김성태 회장의 공소장에는 '변호사비 대납' 관련 내용은 없다. 그리고 느닷없이 '대북송금'이 튀어나왔다.

2022년 9월 이미 무혐의 처리된 사건인데도, 마치 미제 사건처럼 언론은 과장해서 보도하고 검찰은 종결된 사건을 종결되었다고 확인해주지 않는 방식으로 이재명 대표에게 흠집을 내고 있다.

# 이재명과
# 대북송금

전쟁이 나면 죽는 건 청년들이고, 군사
긴장이 높아지면 안 그래도 어려운 경제
는 더 악화한다.

## 김성태가 변호사비를 대답했다는 의혹

2023년 1월 17일 해외 도피를 하던 김성태 전 쌍방울그룹 회장
이 자진 귀국을 해서 경찰에 의해 체포되자 성일종 국민의힘 정
책위의장은 "명백한 허위사실이 대법원에서 뒤집히고 변호사비
대납, 북한과 커넥션 등 정상적 국가 시스템에서는 일어날 수 없
는 사건들이 이 대표 주변에서 떳떳하게 어루어졌다."고 말했다.

마치 김성태 회장이 입을 열면 변호사비를 대납했다는 의혹이
사실로 드러날 것이라는 기대가 섞여 있는 발언이다. 하지만 검
찰은 한 달 뒤 2월 3일 김 전 회장을 '외국환거래법 위반과 정치
자금법 위반 및 뇌물공여, 자본시장법 위반, 횡령·배임, 증거인멸
교사 등 혐의로 구속 기소'했다. 이재명 더불어민주당 대표의 경

기도지사 시절 변호사비를 대납했다는 의혹은 구속영장을 청구하면서 적시하지 못했다. 물론 검찰은 변호사비 대납 의혹에 대해 무혐의 처리하지 않았다. 이재명 대표에 대해서는 의혹 자체가 터무니없는 내용임을 확인했음에도 무혐의 처리하지 않고 계속해서 보강 수사를 하겠다는 태도를 보였다. 그야말로 미련을 버리지 못하고 있다.

김성태가 입국하면 이재명 대표에 대한 변호사비 대납 의혹의 실체가 밝혀질 것처럼 언론은 호들갑을 떨었으나, 느닷없이 변호사비 대납 의혹은 사라지고 이재명 대표의 경기도지사 시절 '방북 비용 대납'이 튀어나왔다.

### 변호사비 대납에서 대북송금으로

검찰이 김성태의 많은 혐의 중에서 이재명 대표와 엮고 있는 것은 2019년 1월부터 12월 사이 대북사업을 추진하면서 약 800만 달러를 해외로 밀반출한 다음 북한 측에 전달했다는 '외국환거래법'을 위반한 혐의다.

검찰은 그중 500만 달러는 이재명 당시 경기지사가 추진한 '북한 스마트팜 개선 사업' 비용을 대납한 것이며, 나머지 300만 달러는 이 대표의 방북訪北 추진과 관련해 북한 측이 요구한 돈을 줬다고 보고 있다.

또한, 김성태는 2018년 7월부터 작년 7월까지 이화영구속 기소

전 경기도 평화부지사에게 뇌물과 불법 정치자금 총 3억3천만 원을 제공한 혐의도 있다. 이재명 대표가 경기지사 재직 당시 임명한 이화영 전 부지사는 2019~2022년 김성태 전 회장 등으로부터 뇌물과 불법 정치자금 약 3억 원을 받았다는 혐의로 기소된 상태다. 이화영 전 부지사는 2011년부터 쌍방울 고문과 사외이사를 지내며 보수를 받기도 했다.

김성태는 검찰 조사 초기에 북한에 보낸 돈은 대북 경제협력 사업권을 위해 준 돈이라고 했지만, 돌연 진술을 바꿔 2019년 11월에 북한에 300만 달러를 더 줬다며 이 돈의 용도를 '이재명 지사의 방북에 필요한 경비'라고 했다. 애초 검찰은 북측에 제공한 800만 달러를 쌍방울이 대북사업을 보낸 돈이기 때문에 남북교류협력법을 위반했다고 봤다. 그런데 돌연 300만 달러는 '이재명 지사의 방북 허가를 위해 북한 고위급 인사에게 전달되었다'면 제3자 뇌물죄를 적용할 수 있는 길을 열어준 것이다.

남북교류협력법은 통일부의 승인 등 절차를 지켰는지 여부에 초점을 두지만, 제3자 뇌물죄의 경우 부정한 청탁과 대가성 유무가 쟁점이기 때문이다.

쌍방울이 수백만 달러를 북한에 송금한 것은 사실로 보인다. 하지만 그 송금은 이재명 당시 지사와는 무관한 쌍방울의 자체적인 대북사업일 뿐이었다.

# 김혜경 여사
# 법인카드 의혹

저의 미천한 출신과 제가 살아오면서 생겨난 상처를 비난하는 것 감수하겠습니다.

지난 대선에서 이재명 후보가 윤석열 후보에게 패배할 수밖에 없었던 결정적인 역할을 한 것은 공무원 신분도 아닌 김혜경 여사가 경기도의 법인카드를 사적으로 유용했다는 보도였다.

2022년 2월 2일 KBS는 이재명 더불어민주당 대선 후보의 아내 김혜경 씨가 경기도 비서실의 법인카드를 사적으로 쓴 정황이 포착되었다고 보도했다.

KBS는 이날 경기도청 비서실 전 직원 A씨를 인용해 "김씨 수행팀이 관련 회계규정을 피하려 개인카드로 선결제를 했다가 이를 취소한 후 법인카드로 재결재하는 편법으로 사용해 왔다."라고 보도했다.

2020년 4월 13일 경기도 총무과 소속 배모5급 씨와 A씨가 텔레그램으로 나눈 대화를 보면, 배씨는 A씨에게 "고깃집에 소고기 안심 4팩을 이야기해 놓았다. 가격표 떼고 랩 씌워서 아이스박스에 넣어달라고 하라"며 이어 "수내로 이동하라"고 했다. A씨는 배씨의 요구로 소고기 안심 4팩을 찍은 사진을 찍어 보내기도 했다. 대화에 나온 '수내'는 경기도 성남시 수내동으로, 이 후보 부부의 자택이 있는 곳이다. A씨는 이런 방식으로 김씨의 찬거리와 식사를 공금으로 산 뒤 집으로 배달해왔고, 이 과정에서 개인카드를 먼저 사용해 결제한 뒤 나중에 법인카드로 재결제해왔다고 주장했다.

실제 텔레그램으로 대화가 이뤄진 날 A씨가 본인 카드로 고깃값 118,000원을 결제했고, 이튿날 점심시간에 다시 식당을 찾아 결제를 취소한 뒤 '경기도 법인카드'를 긁었다고 KBS는 보도했다.

A씨는 또 이 후보가 일정상 경기도를 비웠을 때도 김씨의 식사 심부름을 지시받았다고 주장하기도 했다. 2021년 6월 16일 이 후보가 김경수 당시 경남도지사와 회동을 위해 경남 창원으로 내려가기 하루 전에도 배씨가 김씨를 위한 초밥 심부름을 A씨에게 지시했다는 것이다. 두 사람의 9개월 치 통화 녹음에는 카드를 바꿔 결제하는 내용이 열 차례 넘게 등장하는 것으로 알려졌다.

KBS 보도 이후 모든 언론에서는 후속 보도를 이어갔다. 이재명 후보에게는 치명적인 악재가 되었다.

논란이 커지자 김혜경 씨는 입장문을 통해 "모든 것이 저의 불찰이다. 공과 사를 명료하게 가려야 했는데 배씨와 친분이 있어 도움을 받았다. 그러나 상시 조력을 받은 것은 아니다"라며 "다시 한번 국민 여러분께 심려를 끼쳐드린 데 대해 송구하다는 말씀을 드린다"고 했다.

배씨도 별도로 낸 입장문에서 "이 후보를 오래 알았다는 것이 벼슬이라 착각했고, 이 후보 부부에게 잘 보이고 싶어 상식적인 선을 넘는 요구를 했다"며 "당사자인 A씨와 국민 여러분, 경기도청 공무원 여러분께 사과드린다"고 밝혔다.

이 사건이 터졌을 당시 이재명 후보의 지지자들은 강력하게 대응해야 한다고 주장하기도 했지만, 우선 소나기를 피하고 봐야 한다는 것인지 몰라도, 마치 모든 의혹을 인정하는 것처럼 저자세를 보였다. 특히 선대본부장으로 임명된 이낙연의 결정으로 대국민 사과문을 발표하기에 이르렀다. 이후 대선 과정에서 김혜경 여사는 활동할 수 없게 되었다.

그렇다면 선거판의 판세를 바꿔버린 법인카드 유용 논쟁의 진실은 무엇인가? 김혜경 씨는 공무원 신분도 아니면서 경기도의 법인카드를 사적으로 유용해서 초밥까지 사 먹는 범죄를 저질렀는가?

선거가 끝나고 2022년 8월 23일 경기남부경찰청 반부패·경제범죄수사대는 김혜경 씨에 대한 소환조사를 실시했다.

김혜경 씨는 더불어민주당 대선후보 경선 중이던 2021년 8월 서울의 한 식당에서 민주당 인사 3명과 식사를 했다. 김혜경 씨의 식사비용 26,000원은 이재명 후보 캠프 후원금으로 결제했다. 하지만 다른 3명의 비용 78,000원은 경기도 업무추진비 카드로 처리했다. 경찰은 다른 3명의 78,000원 결제에 대해서 선거법 위반 여부를 조사한 것으로 보인다.

이재명 의원은 당대표 선거에 출마했을 때 "(경선 당시) 아내는 선거 카드로 자기 몫만 냈고, 동석자 3인 몫78,000원을 배씨와 제보자 A씨가 아내와 수행책임자에게까지 숨기며 법인카드로 결제했음을 보여주는 대화녹음도 있다."고 밝혔다.

김혜경 씨에 대한 소환은 2022년 9월 7일 한 번 더 있었다. 현재 김혜경 씨에 대한 기소는 이루어지지 않고 있다. 다만 5급어공 비서관 배소현 씨에 대한 재판이 진행되고 있어서 김혜경 씨에 대한 공소시효는 정지된 상태이다.

## 배소현 씨를 기소한 내용

배소현 씨와 김혜경 씨에 대한 경찰 및 검찰의 수사내용을 보면 제보자 A씨의 폭로로 시작된 법인카드 유용 의혹과 대리처방 의혹과 대선기간 중 국민의힘 측이 고발한 "배소현 씨를 경기도 5급 사무관으로 채용해 놓고 경기도민을 위한 일은 전혀 하지 않고 3년간이나 김혜경 씨 수행 일만 하도록 해 국민 혈세를 낭비해왔다."라는 내용이다.

이 사건을 수사한 경기남부경찰청은 배소현 씨의 채용 절차에 문제가 없었고, 정상적으로 공무원 업무를 했다고 판단해 2022년 12월 불송치 결정을 내렸다. 하지만 검찰은 배소현 씨를 기소하면서 공소장에 "배씨가 김씨의 지시로 각종 사적 업무를 처리해 왔다."며 사실상 수행비서 역할을 했다고 적시했다. 검찰은 경찰의 '불송치 이유서' 공개를 재수사하고 있다는 이유로 거부하고 있다.

경기남부경찰청은 2023년 1월 5일 이재명 더불어민주당 대표와 부인 김혜경 씨가 의사 진료 없이 처방전을 발급받았다는 이른바 '대리처방 의혹'에 대해 무혐의 처분했다.

배소현 씨에 대해 기소가 이루어진 것은 "2021년 8월 2일 제20대 대선과 관련해 김씨가 주재한 오찬 모임 참석자 3명의 식사비 78,000원 등 108,000원수행비서 식사비 포함을 경기도 법인카드로 결제하도록 한 혐의를 포함하여 2,000만 원"이다. 그나마 검찰이 계속해서 강조하고 있는 부분은 78,000원과 108,000원뿐이다.

김혜경 씨를 비난하는 엄청난 보도량에 비해서는 터무니없는 기소 내용이다.

### A씨는 국민의힘 선거운동원

김혜경 씨의 법인카드 유용 의혹을 폭로한 전 경기도청 7급 공무원 A씨는 대선 기간에 김혜경 여사에 대한 폭로를 이어갔다. 하지만 김혜경 씨에 대한 직접적인 폭로는 없었으며, 상관이었던 5급 공무원 배소현 씨의 부당한 지시를 마치 김혜경의 지시로 둔갑시킨 것이었다.

A씨의 폭로와 김혜경 씨의 사과 기자회견이 이어지면서 김혜경 씨는 더이상 남편 이재명 후보를 위한 선거운동을 할 수가 없게 되었다. 0.7%의 근소한 패배에 적지 않은 영향을 주었다.

A씨는 대선이 끝나고 바로 이어진 제8기 지방선거에서 국민의힘 김은혜 경기지사 후보의 선거운동원이 되어서 지원 유세까지 했다. A씨의 폭로가 매우 정치적인 결정이었다는 것을 반증하는 것이다.

일본에는 무한하게 퍼주고 미국에는 알아서 접어주
는 호갱 외교를 자처하면서 안 해도 될 중국과 러시
아를 자극해서 한반도의 안보 위협을 증대시켰다.
지금까지 정부는 친구 아니면 적이라는 이분법적 외
교·안보 정책으로 일관하고 한반도를 진영대결의
한복판으로 몰아넣고 있다.

### 3장

# 대한민국의 리스크
# 윤석열

# RE100에 관심이 없는 윤석열

위기를 기회로 만드는 것이 진짜 실력
입니다.

Renewable Energy 100%

2022년 2월 3일 제20대 대통령 선거 후보 4차 토론에서 이재
명 더불어민주당 후보는 윤석열 국민의힘 후보에게 "RE100에 대
해 어떻게 대응할 생각이냐?"고 물었는데 윤석열 후보는 "RE100
이 무엇이냐?"고 되물었다. 이는 즉각 자질 문제로 이어졌다. 제
조업으로 먹고사는 나라에서 대통령을 하겠다는 사람이 RE100
을 모른다는 것은 용납할 수 없다는 측과 세세한 부분을 몰랐다
고 해서 비난하는 건 과하다는 논란이 일었다.

RE100은 'Renewable Energy 100% 즉, 기업이 사용하는 전력
100%를 재생에너지로 충당하겠다는 캠페인을 말한다. RE100
은 국제 비영리 환경단체인 기후그룹The Climate Group과 함께 환

경 관련 데이터를 분석하는 국제기구 탄소정보공개프로젝트CDP: Carbon Disclosure Project가 함께 개최한 2014년 뉴욕 기후 주간에 처음 출범했다. 이재명 후보가 대선 토론에서 RE100을 제기하는 계기로 많은 사람이 RE100에 대해 학습하는 효과를 거두었다. 그리고 최근 세계 경제는 RE100을 실현하지 않는다면 판로 자체가 막혀가고 있다. RE100은 탄소중립을 실현하여 이상기후의 주범으로 지목받고 있는 이산화탄소CO2의 배출량을 줄여서 지구 온난화를 막아보자는 환경 캠페인으로 시작했으나, 지금은 개발도상국의 제조업 성장을 늦추는 경제 이데올로기가 되었다. 화석연료를 사용하여 만든 제품에 대해서는 북미 유럽에서 생산도 수입도 하지 않겠다는 것이다.

## 탄소중립을 위한 파리협정

이산화탄소에 의한 지구 온난화로 폭염, 폭설, 태풍, 산불 등 이상기후 현상이 세계 곳곳에서 나타나고 있다. 우리나라도 최근 30년 사이에 평균 온도가 1.4℃ 상승하였다.

국제사회는 기후변화 문제를 해결하기 위해 선진국에 의무를 부여하는 '교토의정서' 채택1997년에 이어, 선진국과 개도국이 모두 참여하는 '파리협정'을 2015년 채택했고, 국제사회의 적극적인 노력으로 2016년 11월 4일 협정이 발효됐다. 우리나라는 2016년 11월 3일 파리협정을 비준하였다.

파리협정의 목표는 산업화 이전 대비 지구 평균 온도 상승을 2℃보다 훨씬 아래well below로 유지하고, 나아가 1.5℃로 억제하기 위해 노력해야 한다는 것이다.

지구의 온도 상승을 1.5℃ 이내로 억제하기 위해서는 2050년까지 탄소 순배출량이 0이 되는 탄소중립 사회로의 전환이 필요하다.

인간의 활동에 의한 온실가스 배출을 최대한 줄이고, 남은 온실가스는 흡수산림 등, 제거CCUS* 해서 실질적인 배출량이 0Zero이 되는 개념이다. 즉 배출되는 탄소량과 흡수되는 탄소량을 같게 해 탄소 '순배출이 0'이 되게 하는 것으로, 이를 탄소 중립 또는 '넷-제로Net-Zero'라 부른다.


## 탄소중립으로 가기 위한 그린 에너지

지구에서 인간이 경제활동을 위해서는 에너지가 반드시 필요하다. 에디슨과 테슬라에 의해서 전기가 발명발견된 이래 전기를 생산하기 위한 효과적인 방법이 연구되었다. 전기를 만들기 위해서 가장 많이 사용되는 것은 석탄, 석유, 천연가스, 원자력 등 화석연료와 수력발전 같은 운동에너지를 전기에너지로 변환시키는 방법이 100년 이상 사용되었다. 화석연료를 사용해서 전기

---

* CCUS(Carbon Capture, Utilization and Storage) : 이산화탄소 포집, 저장, 활용 기술

를 생산하게 되면 필연적으로 이산화탄소와 같은 오염물질을 배출하게 된다. 탄소중립으로 가기 위해서는 이런 화석연료를 사용해서 전기를 생산하면 안 된다. 오염물질을 배출하지 않고 생산된 에너지를 그린 에너지라고 한다. 수력, 조력, 풍력, 태양광 등을 이용해서 만들어진 에너지가 이에 속한다. 이런 그린 에너지만으로 제품을 생산하겠다며 'RE100 선언'을 하는 글로벌 기업들이 하루가 다르게 늘고 있다.

## 삼성전자의 RE100 선언

RE100에 참여하려면 몇 가지 조건이 있다. 첫째, 0.1TWh/년 이상의 에너지 소비 기업이어야 한다. 둘째, 전 세계적으로나 해당 국가에서 인지도가 있거나 신뢰받는 브랜드여야 한다. 셋째, 전 세계 보유시설의 전력 사용을 재생에너지 전력으로 구매하거나 자가생산으로 조달해야 한다. 넷째, 매년 진행 상황을 보고해 제3의 단체를 통해 재생에너지 사용을 입증받아야 한다. 현재 애플, 구글, 이케아 등이 참여하고 있다. 한국에서는 SK(주), SK텔레콤, SK 하이닉스, 네이버, LG전자, 한국엡손 등이 참여하고 있으며 최근에는 삼성전자가 RE100을 선언했다. 삼성전자의 RE100 선언은 한국 사회에 작지 않은 파장을 남겼다.

삼성전자 등이 RE100을 선언했지만, 한국에는 삼성전자가 필요로 하는 재생에너지태양광, 풍력, 해양, 바이오의 비율이 2020년 기준 4.6%로 선진국과 비교하면 턱없이 부족하다. RE100을 하고 싶어도 전기가 없다. 한국에서 재생에너지의 획기적인 확보가 없게 된다면 삼성전자는 RE100을 실현할 수 있는 재생에너지가 풍부한 다른 나라로 생산공장을 옮겨야만 한다.

## RE100에 관심이 없는 윤석열 정부

그런데도 윤석열 정부는 RE100에 전혀 관심이 없다. 원자력 발전 중심의 에너지 정책을 펼치고 있으며, 원자력이 친환경 에너지라는 궤변을 펼치고 있다. 그러면서 문재인 정부 동안 펼쳐진 태양광 발전 비리를 캔다면서 국내 태양광 발전 업계를 쑥대밭으로 만들었다. 전 정권이든, 현 정권이든 비리가 있다면 마땅히 처벌을 받아야 한다. 하지만 일부 비리가 있다고 해서 태양광 발전 사업 자체의 정당성을 훼손해서는 안 된다. 한국의 태양광 기술은 세계적인 선두주자에 해당한다. 하지만 최근 원자력 위주의 에너지 정책으로 국가전략이 바뀌면서 위상이 흔들리고 있다.

그렇다면 윤석열 정부가 말하는 것처럼 한국에서 전력생산에 절대적인 비중을 차지하고 있는 원자력은 친환경적인가? 원자력 발전을 하는 동안 외부로 방출되는 오염원은 존재하지 않는다. 하지만 연료로 사용하고 남은 핵폐기물은 발전소 내에 보관하고 있다. 원자력 발전 과정에서 종사자들이 사용한 의료 도구 등 방사능에 오염이 된 저준위 방사능 폐기물을 묻기 위한 장소를 정할 때마다 지역사회는 사활을 건 반대 투쟁을 해 왔다. 하지만 사용하고 남은 핵연료봉은 현재로서는 처리할 방법이 없다. 일본 후쿠시마에서 사고가 난 것도 사용하고 남은 핵연료봉이었다.

윤석열은 2021년 8월 4일 부산일보와의 인터뷰에서 "저는 원전을 일단 경제적인 에너지원이고 또 탄소중립에 부합하는 에너지원인데, 안전 문제만은 그건 아주 과학과 전문성에 의해서 판단하자는 것이다. …우리나라에 들어오는 원전은 안정성 문제없다고 한다. 우리나라에 들어오는 원전이 체르노빌하고 다르다. 일본에서도 후쿠시마 원전이 폭발한 것이 아니다. 지진하고 해일이 있어서 피해가 컸지만, 원전 자체가 붕괴된 것은 아니다. 그러니까 방사능 유출은 기본적으로 안 됐다."

이 인터뷰에서 윤석열은 원자력이 친환경이라는 궤변과 함께 2011년 3월 11일 진도 7, 규모 9.0의 해일로 도쿄전력이 운영하는 후쿠시마 제1 원자력 발전소의 원자로 1-4호기에서 발생한 누출 사고를 부인하고 있다. 현재도 원자로에서 방사능 물질이 공기 중으로 누출되고 있으며, 빗물과 원자로 밑을 흐르는 지하수에 의해 방사능에 오염된 방사능 오염수가 태평양 바다로 흘러들어가고 있다.

엄연히 방사능이 누출되고 있는 후쿠시마 원자력 발전소의 심각성을 부정하면서 문재인 정부의 탈원전 정책을 비판하더니, 이제 다시 원자력 발전의 비중을 높이고 있다.

원자력이 친환경으로 인정받을 수 있는 길이 전혀 없는 것은 아니다. 핵폐기물을 영구히 처리할 수 있는 시설이 있으면 된다. 전세계에서 유일하게 핀란드만이 40년의 세월 동안 부지를 찾은 끝에 처음으로 건설 중이다. 핀란드에는 지질 활동이 전혀 없고, 단일암석으로 되어있으며, 인근에 사람이 살지 않고 있는 놀고 있는 땅이 있어 가능했는데 한국에는 그런 땅 자체가 존재하지 않는다.

한국에서 지속적으로 원자력 발전의 비중을 높인다는 것은 미래 세대들이 알아서 처리하라고 하는 무책임한 짓이다. 아울러 한국에서 원자력으로 만들어진 원자력은 친환경으로 인정받을 수 없게 된다. 당연히 원자력 발전으로 만들어진 전기로 생산한 제품은 RE100 선언에 어긋나는 것이다. 그렇다면 삼성전자는 한국에서 반도체 공장을 유지할 수 있을까? 친환경 전기가 없다면 친환경 전기가 있는 곳으로 공장을 이전해야 한다.

원자력 중심의 전력생산을 포기하지 않는다면 삼성전자, 현대자동차, LG전자 등 국내 대기업을 해외로 몰아내는 역할을 하게 될 것이다.


### 이재명, 재생에너지 중심사회로

이재명 대표는 2022년 9월 30일 오후 전남 신안군 지도읍에 위치한 태양광발전소를 방문했다. 이곳에서 "앞으로 재생에너지 중심사회로 전환해야 한다. 전환하지 않으면 경제가 도태되는 상황이 이른다"고 말했다.

신안군에서는 최초로 태양광발전소에서 생산한 전기를 외부에 판매해서 얻은 수익을 통해 안좌도와 자라도 주민에게 '햇빛연금'을 지급하고 있다. 재생에너지 개발이익공유 사례 중에 최고 모범으로 손꼽히고 있다.

'햇빛연금'은 안좌도와 자라도 주민 2,935명에게 1인당 분기별로 12만 원에서 51만 원까지 지급되었다. 이로 인해 2021년에는 251명이 전입하는 효과를 냈으며, 군은 30살 이하 청년이 전입하면 우대해 주는 등 전입 조건이 까다로워지고 있다. 신안군은 앞으로도 태양광발전 1.8GW와 해상풍력발전 8.2GW 개발을 추진해서 발전이익 중 30%를 햇빛연금과 바람연금으로 제공하겠다고 한다.

이재명 대표는 2023년 6월 5일 최고위원회의에서 다음과 같이 말했다.

"최근에 보수 경제지 한 곳에서 이런 보도를 했다. 대한민국의 재생에너지 부족으로 전 세계적인 RE100에 대응 못 해 국내 기업이 수출 계약을 취소당하고 있다는 보도이다.

재생에너지 부족으로 수출 기업이 수출 못 하게 되면 장기적으로 전부 재생에너지 공급이 가능한 해외로 다 탈출하게 된다. 이건 아주 초보적 경제 지식만 갖춰도 얼마든지 예상할 수 있는 일인데, 재생에너지 목표를 줄이고 전세계 아무도 동의하지 않는, 결코 전세계 표준이 될 수 없는 탄소 프리 100%, 이런 정책으로 세계질서를 재편해보겠다, 이런 실현 불가능한 황당한 정책으로 이 위기 벗어날 수 없다.

신속하게 재생에너지 공급이 가능한 시스템으로 우리가 전환해 가야 하고 이런 불황일수록 대대적인 재생에너지 생산 기반 시설을 구축해야 한다. 불경기엔 인력으로 댐을 만들지 않나. 이런 때야말로 대한민국의 미래 경제를 위해, 경제 활성화를 위해, 대대적인 재생에너지 인프라 구축에 관심을 갖고 노력할 때이다."

태양광 발전에 있어 한국은 풍부한 노하우를 갖고 있다. 일찌감치 원자력 발전을 포기하고 친환경 에너지로 전환한 대만에는 지금 친환경 에너지가 절실한 글러벌 기업들의 투자가 이어지고 있다. 친환경 에너지의 비중을 늘리는 길만이 대한민국 제조업이 사는 길이다.

# 긴급생계비 소액대출의
# 쏩쏠한 흥행

신용등급이 낮다고 마땅히 누려야 할 국
민의 혜택에서 배제되어선 안 됩니다.
움츠러들지 말고 당당하게 요구해주십
시오.

### 이재명의 경기도에서 시행한 소액대출

윤석열 정부에서는 3월 27일부터 금융 취약계층을 위한 긴급
생계비 소액대출을 시행하고 있다. 대상은 만 19세 이상의 성인
으로 신용평점 하위 20% 이하이며 연소득 3,500만 원 이하여야
한다. 제도권 금융 및 기존 정책서민금융상품 이용이 어려운 분
들에게 우선 공급되며 연체자 및 소득 증빙 확인이 어려운 경우
에도 이용할 수 있다고 한다.

어디서 많이 들어본 정책이다. 그렇다, 이재명 대표가 경기도
지사 시절 시행했던 극저신용자 대출이다. 두 정책은 대상과 이
름은 비슷한데 이재명과 윤석열이라는 세계관만큼이나 차이가
난다.

이재명 도지사가 이끌던 경기도는 2018년부터 살인적인 이율을 받는 불법사채업체와 전쟁을 선포했다. 경기도 특사경을 투입하여 불법 전단지에 있는 번호에 전화해서 그들을 검거했다. 이제 경기도에서는 더이상 불법사채업체는 사업하기가 어렵게 되었다. 하지만 불법사채업체만 제거한다고 해서 모든 문제가 해결되는 것이 아니다. 불법사채업체에서 돈을 빌려야 할 만큼 다급한 사정이 있는 서민들이 분명 존재하고 있는 것이 현실이다. 이들에 대한 대책이 제대로 세워지지 않으면 결국 저신용자들을 더욱 궁지에 몰 수도 있는 것이다.

그래서 경기도에서는 급전이 필요한 사람들을 위하여 50에서 300만 원까지 저리 이자로 빌려주는 경기도 극저신용자 대출사업을 시작했다. 대출 이율은 연 1%이며, 5년 만기 일시상환이다.

신용등급 7등급 이하 19세 이상 경기도 거주민에 대하여 50만 원까지는 별도의 심사를 거치지 않고 대출을 해주고, 300만 원 이내에서는 간단한 심사를 통하여 대출사업을 시행하고 있는데 반응이 매우 좋았다. 2020년 4월에 마감된 1차 사업에서는 50만 원 한도 무심사 대출은 35,355명이 신청을 했으며 300만 원 한도 심사대출은 7,312명이 신청을 했다. 극저신용대출을 이용한 경기도민의 만족도는 73%에 이른다.

경기도 극저신용대출은 불법사채업체를 단순히 몰아내는데 그치지 않고 저신용자들에게 불법사채를 쓰지 않더라도 숨을 쉴 수 있는 공간을 마련해준 사업으로 인정받고 있다.

극저신용대출은 이재명의 기본대출 정책의 시금석이라는 평가를 받는다.

2021년 이재명은 자신의 페이스북에 다음과 같은 메시지를 남겼다.

복잡한 물물거래의 과정을 혁신적으로 압축시킨 것이 바로 화폐입니다. 화폐가 성립하는 원리는 '신용', 일종의 약속인 셈입니다. 신용의 근거가 개인의 자산금이던 시대에는 신용등급에 따른 차등이 당연하겠지만 현대 사회는 화폐발행권의 원천이 국가권력에서 나옵니다. 세금을 내는 국민으로부터 비롯되는 '모두의 것'입니다.

그런데 유독 금융 분야는 자금 선순환의 공적 목적은 경시한 채 소수의 은행자본과 특권층이 이익을 독점하는 적자생존의 논리가 관철됩니다.

부자에게는 더 싸게 더 많이 더 오래 빌려주면서 빈자에게는 높은 이자를 치르게 하거나 빌릴 기회조차 주지 않는 배타주의 원칙이 통합니다. 저신용자로 분류되면 성실하게 변제를 해도 다른 저신용자의 채무와 연동되는 야만적인 신용등급제도 시스템이 버젓이 작동합니다.

국가 정책은 억강부약의 원칙이 기본임에도 금융시스템의 철저한 배타성에는 의문을 가지는 이가 드뭅니다. 그러나 민생과 직결된 경제 영역인 만큼 타당하다면 문제제기를 해야 하고 합리적인 방안이 있다면 해결을 주저해서는 안 됩니다.

경기도는 모두의 것이 모두에게 돌아가도록 '기본금융'의 길을 열기 위해 최선의 노력을 기울여 왔습니다. 주어진 법과 권한이 허락하는 범위 내에서 '극저신용대출'을 우선 시행한 것도 그러한 노력의 일환입니다.

2021년에도 '극저신용대출' 신청 접수를 받습니다. 신용등급이 낮다고 마땅히 누려야 할 국민의 혜택에서 배제되어선 안 됩니다. 움츠러들지 말고 당당하게 요구해주십시오.

비록 소액이지만 당장의 위기를 넘기는 데 유용하게 쓰이는 귀한 자금이 되면 좋겠습니다.


## 고리대금업 수준의 금리를 적용하는 윤석열 소액대출

그렇다면 윤석열 정부에서 시행하고 있는 긴급생계비 소액대출은 어떠한가? 대상자는 경기도와 비슷하다. 하지만 50만 원까지는 무서류 심사를 통하여 묻지도 따지지도 않고 시행했던 경기도와는 달리 소득 증빙 등을 요구하고 있으며, 국세미납 등 기록이 있는 자는 제외된다. 경기도는 최대 300만 원까지 심사를 통하여 지원했지만 윤석열 정부는 최대 100만 원으로 처음 이용할 시 50만 원이다. 50만 원에 대한 이자를 성실히 납부할 경우 6개월 뒤에 금리도 깎아주고 50만 원을 추가로 대출받을 수 있다.

대출자의 위급함 정도에 따라 100만 원을 일시에 대출해 줄 수도 있다. 가장 큰 차이점은 이자인데, 경기도는 1%의 이자를 적용하는 반면 윤석열 정부는 15.9%이다. 서민금융진흥원 홈페이지에서 동영상 교육을 이수하면 0.5%의 우대금리를 적용하는데 이를 금액으로 환산하면 2,500원이다.

서민들에게 긴급생계비라는 명목으로 대출을 해주면서도 현재 최고 이율 20%에 육박하는 이율로 대부업계가 내놓는 대출상품과 별반 다르지 않다. 결국, 소액이 급한 서민을 상대로 국가가 고리대금업을 하고 있다는 비난을 피할 수가 없다. 지금 현재 1금융권의 신용대출 이율이 7%를 넘지 않는 것을 고려한다면 2배가 넘는 이율을 적용하고 있는 것이다.

또 다른 하나는 경기도는 주민센터에 방문해서 간단한 서류만 쓰면 바로 지급되었지만, 윤석열 정부는 서민금융진흥원 앱과 홈페이지에서 사전예약을 해서 직접 방문하여 대면상담 후 대출을 진행하고 있다.

이렇게 이자가 높은 대출상품임에도 불구하고 초반부터 수요가 폭발적으로 몰렸다. 그만큼 당장 50만 원 구하기 어려운 취약계층이 많다는 얘기다. 금융위원회에 따르면 실제로 출시 사흘 만에 한 달 치 사전예약이 마감되었다. 전국 46곳에 마련된 서민금융지원센터에서 대출 상담을 받아야 하는데 거주지역 근처 센터 예약에 실패한 대출 상담 신청자들은 한참 떨어진 지점으로 '

대출원정'을 떠나기도 했다.

윤석열 정부가 진정으로 서민을 위한다면 15.9%의 살인적인 금리를 경기도처럼 1%로 내리고 전국에 있는 주민센터의 복지과를 통하여 보다 신속하게 대출이 이루어지도록 해야 할 것이다.

### 벼랑 끝 채무자 보호를 위한 현장 간담회

이재명 대표는 2023년 4월 26일 서울 서초구에서 '벼랑 끝 채무자 보호를 위한 현장 간담회'에 참석하여 정부의 소액 생계비 대출 제도를 지적하면서 정부의 존재 이유가 대체 뭐냐고 비판했다.

"전세계에서 (우리나라는) 가계 부채율이 가장 높은 편에 속하고 급속하게 대출 금리가 오르면서 대출 채무자들의 상황이 매우 나빠지고 있다. 특히 전세계에서 경기 침체가 가장 심한 수준이

라 개선될 기미가 뚜렷하지 않아서 앞으로 가계 부채, 채무자 상황이 매우 악화될 것이다. 대한민국에 개인회생제도가 자리 잡고 있긴 하지만, 한 번 빚쟁이는 영원히 빚쟁이를 벗어나지 못하는 안타까운 상황이다. 한 번 실패하면 재기하기 어려운 게 현실이기 때문에 몇 달 안에 상당 기간 (동안) 악화될 것이란 예측이 있어서 정말 (앞으로가) 걱정된다. 정말 안타까운 게 어려운 채무자를 도와준다는 정부 정책이 1인당 50만 원 지원하면서 연 15.9%라고 하는 상식적으로 납득하기 어려운 이자를 요구하고 있다. 이건 사실 정부 재정으로 절대 손해 보지 않겠다는 생각의 발로이다."라고 비판했다.

# 인조의 길을 가는
# 윤석열

말 한마디에 천 냥 빚도 갚는다. 말 한 마디로 원수도 산다. 대통령의 사기꾼, 양안, 군사지원 세 마디에 3천만 냥 빚을 졌습니다.

## 조선에서 가장 무능했던 군주 인조

임진왜란이 일어나자 인조는 맘에 안 드는 아들 광해에게 조정의 일부를 떼어주고 자신은 명으로 망명할 생각을 했다. 인조가 신의주로 도망간 사이 광해는 의병을 모으는 등 실질적인 왕실의 중심이 되었다. 어쩌면 이순신 장군이 이미 부패할 대로 부패한 왕실을 향하여 쿠데타를 일으키지 않은 것도 총명한 후계자 광해가 있었기 때문일 것이다. 광해는 전쟁이 끝나고 우여곡절 끝에 왕위에 올랐다.

비록 명의 지원군 덕에 7년의 긴 전쟁을 끝낼 수 있었지만, 명은 국운이 다해 가고 있었다. 여진족의 통일에 성공한 누르하치는 청나라를 세우고 중국대륙의 패권을 두고 명나라와 전쟁을 치르게 된다. 이때 명은 광해에게 전투병 파병을 요청한다. 광해는 새로 뜨는 황제의 나라 청과 지고 있는 나라 명과의 사이에서 아슬아슬한 줄타기를 한다.

광해는 조선군을 이끄는 강홍립에게 적당히 싸우는 척하면서 깊이 개입하지 말라고 명한다. 강홍립은 청이 이미 강성함을 알고 청나라에 항복하게 된다. 광해의 계산된 항복이었으며, 강대국 명의 거듭된 파병 요구와 조정 대신들이 명을 위해 파병해야 한다는 명분을 들어주는 것이었지만, 실질적으로는 파병 쇼였다.

광해는 명과 청의 대립 속에서 외교력을 발휘해서 조선이 명의 총알받이가 되는 것을 막았다. 청도 광해의 이런 뜻을 잘 알고 있었다.

청은 조선의 영향력에 있던 여진족이 세운 나라이다. 조선이 왜와 전쟁을 할 때 여진족은 조선과 함께 왜에 맞서 싸우기도 했다. 많은 학자는 여진, 거란, 돌궐족은 고구려, 발해, 고려, 조선 등 우리 민족과 끊임없이 소통한 민족들로 넓게 보면 형제의 민족이라고 얘기하고 있다.

명을 멸망시키고 중원을 통일한 청후금은 동아시아의 최대 강대국이 되었다. 하지만 조선에는 여전히 망해버린 명을 따르는 자들이 많았다. 이들은 명을 위해서 청과 전쟁을 해야 한다고 주장하는 자들까지 있었다. 광해를 몰아내고 인조를 세운 자들이 바로 이들이다.

광해를 쿠데타로 몰아낸 인조는 청의 우호협력 요구를 거절했다. 청은 우리는 형제국이니 조선은 아우국으로서 청의 정책을 따르라고 요구했다. 하지만 인조는 거부했다. 후금은 1627년 광해군의 폐위 문제를 구실로 쳐들어왔는데 이를 정묘호란이라고 한다. 임진왜란과 달리 정묘호란은 의병도 조직되지 못했으며, 관군 역시 힘을 써보지 못했다. 인조는 청과 '형제' 관계를 맺는 등 거짓으로 항복을 하고 청은 잠시 물러갔으나, 인조의 반청 외교가 계속되자 1636년 재차 침입하였는데 이번에도 인조는 제대로 싸워보지도 못하고 도성을 비우고 남한산성으로 피신하였다. 남한산성은 천혜의 요지로 방어에 유리했으나, 청은 서두르지 않았다. 대신 도성 밖에서 약탈과 학살을 자행하면서 인조가 항복하기를 기다렸다. 결국, 인조는 지금의 잠실인 삼전도까지 나와서 굴욕적인 항복 의식을 해야만 했다.

## 냉전의 종식

1991년 12월 26일 소련의 지도자였던 미하일 고르바초프가 대통령직을 사임하고, 소련 최고평의회의 142-H 선언으로 소련연방으로부터 공화국의 독립을 인정하면서 실질적으로 냉전이 종식되었다.

소련이 붕괴되기 직전인 1990년 9월 30일 노태우 정권은 소련과 수교를 맺었다. 이후 1992년 8월 4일에는 중국과 수교를 맺으면서 한국은 대만과 단교를 하고 하나의 중국을 지지한다고 발표했다.

## 중국과 러시아는 핵심적인 교역국

이후 중국은 한국의 가장 큰 교역국이 되었다. 윤석열 정부 이전에는 단 한 번도 무역적자를 낸 적이 없을 만큼 중국은 한국의 발전에 매우 큰 역할을 했다. 또한, 소련 붕괴 이후 러시아에서는 러시아인들이 가장 좋아하는 국가가 한국일 만큼 러시아와의 관계도 좋았으며 매우 비중이 큰 교역 국가가 되었다.

중국은 한국의 가장 큰 교역국으로 한국의 대 중국 수출 비율은 2021년 25.3%, 2022년에는 23.4%로 1위였다. 미국은 2021년 14.9%, 2022년 16.1%였다. 일본은 2021년 4.7%, 2022년 4.5%로 EU 다음으로 4위였다. 러시아는 한국의 10대 수출국에는 들지 못하지만, 천연가스 등 에너지 수입부문에서 중요한 역할을 했다. 특히 러시아는 한국이 자주포와 나로호 우주 발사체 기술을 획득하는데 결정적인 도움을 주었다.

이렇듯 긴밀했던 중국과 러시아가 최근 들어 불편한 관계로 변하고 있다. 노태우 정권 이후 대한민국의 모든 정권은 안보는 미국과의 동맹을 강화하고, 경제는 중국과 러시아와의 협력이라는 전략을 취했다. 하다못해 국민의힘 전신이었던 박근혜, 이명박

정부에서도 이 기조는 유지되었다. 그런데 최근 윤석열 정부는 안보도 미국, 경제도 미국이라는 전략을 취하고 있다.

중국은 등소평 이후 자본주의 경제의 틀을 받아들였다. 미국에서는 인건비 상승으로 감당하지 못하는 제조업 분야에서 눈부신 성장을 해왔다. 중국은 10억이 넘는 인구를 바탕으로 세계의 공장 역할을 해왔다. 중국에서 생산되는 값싼 공산품의 공급은 세계 경제 발전의 활력을 불어넣었다. 처음에는 플라스틱 제품을 중심으로 한 경공업과 섬유 제품으로 세계 시장에 뛰어들었던 중국이 지금은 노트북, 자동차 등 첨단 제품을 생산하고 있으며, 애플, 삼성, LG 등 글러벌 기업들의 제품을 생산하고 있다.

## 미국의 노골적인 보호무역

디자인은 미국에서 하고 생산은 중국에서 하는 상호협력이 지금까지 미국과 중국과의 관계였다. 그러나 바이든의 민주당 정권은 중국에 들어가 있던 공장들을 다시 미국에 지으려고 시도하고 있다. 그래서 미국이 주도해서 만든 WTO 정신이라고 할 수 있는 자유무역을 미국 스스로 부정하면서 보호무역 정책을 쓰고 있다.

이를 노골적으로 드러낸 것이 인플레이션 감축법Inflation Reduction Act, IRA이다. IRA는 명백하게 공정한 경쟁을 저해하는 불공정한 무역전쟁을 야기하는 법안이다. 특히 'By America' 기조와 차별적 각종 세금감면 혜택, 북미산 생산품에 대한 보조금

혜택 요소들은 노골적인 미국의 불공정 행위로써 미국의 핵심동맹국인 유럽, 한국, 일본조차도 불만을 품고 있다.

IRA로 인해서 보조금을 받지 못하게 된 현대자동차와 기아자동차는 당분간2년 동안 미국에서 전기차를 판매하는 것이 불가능해졌다. 한국의 2차 전지 사업 역시 타격을 입었다. 이유는 현대자동차와 기아자동차의 전기차 배터리에 중국산 부품이 포함되어 있다는 것이다. 중국산 부품이 포함되어 있기 때문에 미국에서는 판매할 수 없다는 논리는 신냉전으로 가겠다는 것이다. 이를 통해 중국의 추격을 지연시키겠다는 전략이며, 해당 기업의 공장을 미국에 세워서 미국의 이익을 실현하겠다는 것이다.

특히 보조금을 지렛대로 삼성이 반도체 공장을 미국에 세우는 것도 모자라 삼성의 영업 기밀과 생산 노하우까지 요구하고 있다. 삼성으로서는 도저히 받아들일 수 없는 조건인데 윤석열 정부는 관심이 없다. 삼성이 미국의 조건을 받아들여 미국에 공장을 세운다면 머지않아 삼성은 본사마저 미국으로 옮겨야 할지도 모른다. 그렇게 된다면 대한민국의 경제가 어떻게 무너질지 너무나 자명하다.

필자는 지금까지 대한민국에서 재벌들이 벌이고 있는 독과점과 노동자 탄압, 하청 업체에 가해지는 수탈에 가까운 폭리에 대해 매우 비판적이었다. 그런 내가 태어나서 처음으로 재벌기업 삼성, LG, 현대, 기아를 진심으로 응원하고 있다.

## 미국과 일본을 편들며 중국과 러시아를 때리는 윤석열

윤석열은 대통령에 취임하자 곧바로 2022년 6월 29일부터 30일까지 스페인 마드리드에서 열린 나토NATO, 북대서양조약기구 정상회의에 참여했다.

나토는 구소련의 확장 정책에 대항에서 만든 조직이다. 하지만 최근 나토는 러시아뿐만 아니라 중국까지 포함하여 견제하고 있다. 그 회의에 대한민국의 대통령이 초대된 것이다. 2021년에도 한국을 초대하려 했지만, 문재인 대통령은 이에 응하지 않았다. 나토에 정식회원국이 아니라 초대되어 참여한다는 것 자체만으로도 중국의 반발을 살 것이기 때문이다. 하지만 윤석열 정부는 대한민국 대통령으로서는 처음으로 나토 회의에 참여하게 되었다고 선전하면서 들뜬 마음으로 참여했다.

최상목 대통령실 경제수석은 6월 29일 마드리드에서 "중국 성장이 둔화되고 있고, 내수 중심의 전략으로 전환되고 있습니다. 지난 20년간 우리가 누려 왔던 중국을 통한 수출 호황 시대는 끝나가고 있습니다."라며 탈중국을 선언하고 그 대안으로 제시한 곳이 유럽이었다. 그리고 이번 나토를 비롯한 유럽 순방의 의미를 '원전'과 '방산'에 초점을 둔 세일즈 외교라고 했다. 이러자 지난 사드 사태처럼 중국의 경제 보복을 우려하는 목소리가 나왔지만, 한덕수 국무총리는 "중국이 불만을 가지고 경제적으로 불리한 행동을 한다면 옳은 행동이 아니라고 얘기해야 한다."며 "경제보복 가능성도 없다고 보며 중국과 우리나라의 분업체계는 원숙한 정도"라고 자신감을 보였다.

하지만 오판이었다. 중국은 즉각 반발했다. 그리고 그때부터 중국과 수교 이후 단 한 번도 적자를 낸 적이 없는 무역수지가 적자로 돌아섰고, 지금까지 계속되고 있다.

여기에 그치지 않고 2023년 4월 19일 윤석열 대통령은 직접 "중국의 힘에 의한 대만해협 현상 변경을 반대한다."는 발언을 했다.

이와 관련하여 왕원빈 중국 외교부 대변인은 이튿날 정례 브리핑에서 "세계에는 오직 하나의 중국만 있으며, 대만은 중국 영토의 일부다. 대만 문제는 순전히 중국의 내정이며 중국의 핵심 이익 중 핵심이다. 타인의 말참견을 허용하지 않는다."라고 밝혔다. 더 나아가 친강 중국 국무위원 겸 외무부장은 같은 날 "대만 문제에서 불장난하는 자는 반드시 불에 타 죽을 것."이라고 협박하기에 이르렀다.

윤석열 정부가 이처럼 중국과 갈등을 일으키는 것은 미국의 대중국 전략에 동참하겠다는 것을 의미한다. 최근 중국은 한국에 대하여 별도의 무역보복을 검토 중인 것으로 보인다. 적자로 돌아선 무역수지의 개선은 더욱 힘들어지고, 중국의 원자재에 의존하고 있는 한국 수입 기업도 타격이 불가피해 보인다. 최근 한국은 중국과의 무역수지 악화로 인해 중국을 포함한 전체 무역수지도 적자 행진을 계속하고 있다.

미국과 중국의 무역전쟁 중에 일방적으로 미국의 편을 들면서 엄청난 손실을 감내하고 있다. 미국의 돌격대를 자처하며 탈중국 선언을 한 윤석열 정부이지만, 미국에서는 IRA를 통해 한국 기업을 궁지로 몰아넣고 있다. 윤석열 정부는 중국만 때리는 것이 아니었다. 러시아에 대한 윤석열의 경고는 매우 아슬아슬하다.

윤석열은 2023년 4월 18일 로이터와의 인터뷰에서 "대규모 민간인 공격, 학살, 심각한 전쟁범죄 위반 등 국제사회가 용납할 수 없는 상황이 있다면 인도적 지원이나 재정적 지원만 고집하기는 어려울 것이다."라고 했다. 그동안 우리 정부가 견지해 왔던 전쟁 당사자국에는 '살상무기 지원 불가 원칙'을 폐기하고 우크라이나에 직접 무기를 지원할 수 있다는 말이다. 이후 한국은 폴란드를 통해 155mm 포탄을 우회 지원했다. 폴란드와 미국이 우크라이나에 포탄을 지원하고 그 빈 포탄 재고를 한국이 채워주는 방식이다.

당연히 러시아는 즉각적으로 반발했다. 러시아 대통령궁 대변인은 "무기 공급의 시작은 작은 특정 단계의 전쟁 개입을 뜻한다."고 밝혔으며, 자카로바 러시아 외무부 대변인 4월 20일 "우크라이나에 대한 모든 무기 공급은 노골적으로 적대적인 반러 행동으로 간주하며, 한국을 교전국, 적대국으로 간주할 수 있다."고 밝혔다.

러시아의 대통령 푸틴은 2022년 10월 "한국이 폴란드를 통해 우크라이나에 무기와 탄약을 공급하기로 한 것 같은데. 만일 러시아가 똑같이 북한에 무기 공급을 한다면 기분이 좋겠는가?"라고 경고한 적이 있다.

군사적으로 러시아와 긴장 관계를 유지하게 된다면, 러시아는 북한에 대륙간 탄도미사일의 대기권 재진입 같은 기술을 넘겨줄 수도 있을 것이다. 그렇게 되면 북한의 핵은 더욱 고도화될 것이고, 한반도에서 전쟁 가능성은 더욱 높아지게 될 것이다.

당장 이로 인하여 러시아에서 잘 나가던 현대는 자동차공장을 매각하기에 이르렀다. 핸드폰 시장, 및 가전 시장에서의 LG, 삼성 등의 압도적인 점유율도 한국의 러시아 때리기로 인해 중국 업체에 빼앗기고 있다. 여기에 그치지 않고 러시아에 상주하고 있는 한국 기업인 및 교포의 안전도 장담할 수 없게 되었다.

중국의 대만해협 현상 변경에 대해서는 침묵해야 옳았다. 또한, 국회의 동의도 받지 않은 채 우크라이나에 대한 포탄 우회 지원은 매우 잘못된 선택이다. 이 글의 서두에서 얘기했던 광해의 외교전략이 떠오를 수밖에 없다. 미국은 여전히 세계 최강의 강대국으로 한국의 경제발전에 매우 큰 역할을 해왔다. 하지만 최근 중국의 부상으로 인해 한국은 경제 분야에서 미국보다 중국에 대한 의존도가 더욱 커졌다.

섣부른 탈중국 정책은 세계 1위 경제대국에서 그 지위를 중국

에 내어주고 2위 또는 3위로 밀려나고 있는 미국의 편에 서는 것이다. 마치 인조가 망해가는 명과의 의리를 지키고 청과 대립을 선택해서 백성을 전쟁의 구렁텅이로 몰아넣은 것과 같다고 할 수 있다. 이후 인조는 조선왕조에서 가장 무능했던 임금으로 기록되고 있다. 지금 윤석열이 하는 짓은 인조가 했던 그것과도 같다고 할 수 있다. 윤석열의 일방적인 미국 편들기로 인해 국민의 삶은 더욱 어려워지고 있으며, 전쟁의 공포는 더욱 커지고 있다.

**윤석열이 한반도를 진영대결의 한복판으로 몰아넣고 있다**

민주당 이재명 대표는 2023년 5월 4일 국회에서 열린 당 외교안보통일자문회의 1차 회의에서 윤 대통령을 향해 "일본에는 무한하게 퍼주고 미국에는 알아서 접어주는 호갱 외교를 자처하면서 안 해도 될 중국과 러시아를 자극해서 한반도의 안보 위협을 증대시켰다. 지금까지 정부는 친구 아니면 적이라는 이분법적 외교·안보 정책으로 일관하고 한반도를 진영대결의 한복판으로 몰아넣고 있다."고 지적했다.

이재명 대표는 4월 20일 페이스북에 "말 한마디에 천 냥 빚도 갚는다. 말 한마디로 원수도 산다. 대통령의 사기꾼, 양안, 군사지원 세 마디에 3천만 냥 빚을 졌습니다."라고 지적했으며, 4월 24일에는 페이스북에는 〈가치외교, 멋있게 보일지는 모르지만…〉라는 글을 올리며 윤석열 정부의 잘못된 외교 정책을 꼬집었다.

경쟁하는 강대국에 둘러싸인 나라의 외교는 철저하게 국익 중심 실용외교여야 합니다. 한쪽에 기대고 다른 쪽과 적대하면, 경제는 폭망, 안보는 위기라는 최악상황으로 갈 위험이 큽니다.

변방이 되는 길과 중심이 되는 길이 있습니다. 10대 경제강국, 세계 6위 군사력의 대한민국은 지도자의 의지와 역량에 따라 충분히 후자의 길을 선택할 수 있습니다.

공동체의 운명을 책임지는 길라잡이라면 멋있지만, 위험한 길이 아니라 안전한 풍요의 길로 안내해야 합니다.

멋있어 보이는 강대국의 가치외교는 국익을 훼손하며 가치를 추구하는 것이 아니라, 가치의 강제를 통해 국익추구가 가능하기 때문임을 알아야 합니다.

# 주 69시간 VS
# 주 4.5일

국민은 지배대상이 아니에요. 국민을 지배대상으로 보니까 복지를 공짜라 생각하는 겁니다.

### 윤석열 정부가 쏘아 올린 주 69시간

2022년 12월 12일 노동개혁 과제 발굴을 위한 전문가 논의기구인 '미래노동시장연구회'가 정부에 권고안을 발표하면서, 윤석열 정부가 추진 중인 주 69시간제가 논란을 일으키고 있다.

주 69시간제 논의와 근로시간 관련 정책을 알려면 우선 주 52시간 근무제부터 알아야 한다.

한국의 법정 근무시간은 주5일에 하루 8시간 해서 40시간이다. 여기에 연장근로는 최대 12시간을 할 수 있어서 주 52시간이다. 단 6개월 단위로 3개월 이상 연장 근무를 할 수 없다. 문재인 정부 2년 차인 2018년 7월부터 공공기관, 공기업, 300인 이상 민간 사업장에서 시행되었으며, 2021년 1월부터는 중소기업에서도 시행하고 있다.

윤석열 정부는 지금 시행되고 있는 최대 주 52시간에 적용되는 총 노동시간에는 변화 없이 주 단위의 노동시간을 월 단위, 또는 년 단위로 바꿔서 사용자가 필요로 하는 시기에 집중적으로 노동할 수 있게 하겠다는 것이다.

만일 월 단위로 바꾼다고 가정한다면 주 52시간에서 주 69시간으로 2주일 일을 하면, 1주일에 17시간씩 2일을 더 일하게 되어서 총 34시간을 더 일하게 된다. 34시간은 8시간 근무 기준으로 4.25일에 해당한다. 이것을 1년에 6회 정도 하게 된다면 25.5일에 해당한다. 윤석열 대통령이 우리도 유럽처럼 바쁠 때 바싹 일하고 한 달 휴가 가능하다고 말한 게 이 내용이다.

매우 그럴싸해 보이는 궤변이다. 그렇다면 프랑스, 영국, 독일 등 서유럽에서 여름휴가를 한 달씩 할 수 있는 것이 노동시간을 유연하게 해서 가능하다는 것이어야 한다.

2023년 4월 23일 국회 예산정책처가 공개한 경제 동향 보고서에 따르면 한국의 노동시간은 2021년 기준 1,915시간이다. 이는 OECD 회원국 36개국 중 4번째로 높은 수치이다. 우리보다 노동시간이 더 긴 나라는 멕시코 2,128시간, 코스타리카 2,073시간, 칠레 1,916시간으로 모두 중남미 국가이다. OECD 평균 노동시간은 1,716시간으로 한국과의 격차는 무려 199시간이다. 한국의 연간 노동시간이 OECD 평균수준이 되려면, 주 3.8시간을

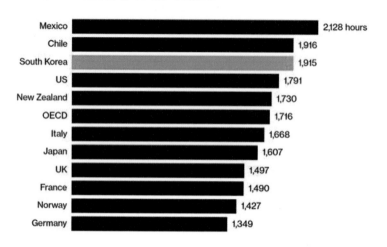

아시아에서 가장 과로한 나라
2021년 OECD 평균보다 199시간 더 일했다.

| | |
|---|---|
| Mexico | 2,128 hours |
| Chile | 1,916 |
| South Korea | 1,915 |
| US | 1,791 |
| New Zealand | 1,730 |
| OECD | 1,716 |
| Italy | 1,668 |
| Japan | 1,607 |
| UK | 1,497 |
| France | 1,490 |
| Norway | 1,427 |
| Germany | 1,349 |

출처 : 경제협력개발기구, 2021년.

줄여야 한다.

유럽의 선진국들이 1달 정도의 휴가를 갈 수 있는 것은 노동시간을 탄력적으로 운영해서가 아니라 노동의 생산성을 높여가고 있기 때문이다. 우리가 늘 의식하면서 사는 일본만 보더라도 우리보다 무려 308시간이나 적으며, 독일과는 자그마치 566시간이나 차이가 난다. 566시간을 우리보다 적게 일하니 한 달 휴가가 가능한 것이다. 566시간은 하루 8시간 기준으로 보면 71일치에 해당한다. 그렇기 때문에 주 69시간으로 유연하게 운영해서 실질적으로 노동자가 장기휴가를 쓸 수 있다는 것은 그 어느 나라에서도 검증되지 않은 궤변이다. 주 69시간은 일본이 강제

징용 노동자들에게도 하지 않은 살인적인 노동시간이며, 전태일 열사가 근로기준법을 지킬 것을 요구하며 분신하였을 당시에도 하지 않은 정책이다.

한국에서 주 69시간 정책을 추진하겠다고 발표했을 때, 주요 외신들은 다른 나라는 노동시간을 줄여가는데 한국만 거꾸로 가려 하고 있다고 비판했다. 호주 ABC는 "한국엔 장시간 근로 문화로 인해 'Kwarosa과로사'라는 단어가 있다"면서 "이는 극심한 노동에 따른 심장 마비나 뇌졸중 등으로 돌연사하는 것을 일컫는 단어"라고 설명하기까지 했다. 그에 반해 호주의 근로시간은 주 최대 38시간으로, 상대적으로 근로시간이 짧다고 언급했다.


## 이재명이 쏘아 올린 주 4.5일

지금 세계 각국은 주 4일 근무제를 시행하거나 준비하고 있다. 하지만 윤석열 정부는 그에 역행해서 주 5일 근무제마저 위협하고 있다.

지난 대선에서 주4일 근무제를 공약을 처음으로 내세운 후보는 정의당 심상정 후보였다. 이후 더불어민주당 이재명 후보는 "인간다운 삶과 노동시간 단축을 위해 주 4일제는 언젠가는 해야 할 일이라며, 그 과도기로 주 4.5일제를 내세웠다. 주 4.5일제는 전에 시행했던 놀토로, 격주로 금요일에만 근무하는 방법과, 금요일에는 오전에만 근무하는 방법이 있을 수 있다.

2022년 10월 한국리서치 여론조사에 의하면 '주 4일제 도입에 찬성한다'는 응답이 51%로 반대 41%보다 많이 나왔다. 국민의 여론은 주 4일 근무제에 대해서 공감하고 있다고 봐야 한다. 특히 실제 현장에서 근무하고 있는 20~50대 세대에서는 압도적인 찬성이 나왔으며, 은퇴한 세대인 60대 이후에서는 반대의견이 많았다.

주 4일 근무제는 노동자들에게 휴식 보장과 워라벨일과 삶의 균형 문화 정착, 재충전으로 업무 효율의 상승, 건강 관리에 도움, 내수 진작과 경제성장, 자녀 돌봄 등에 있어서 매우 큰 장점이 있다.

현재 주 4일 근무제를 실시하고 있는 나라는 프랑스가 주 35시간 내외에서, 덴마크, 네덜란드, 스웨덴, 노르웨이, 영국, 독일이 주당 37시간 내외에서 시행하고 있으며, 일본은 주 4일제 정책을 수립했으며, 스페인은 주 4일제 근무를 실험하고 있다. 칠레는 주 4일제 법안을 발의했다. 최근에는 중앙아시아 국가 카자흐스탄도 올해 7월부터 주 4일 근무를 도입한다고 발표했다.

윤석열 정부가 발표한 고용노동부의 근로시간 유연화 방안으로 제안된 '주 69시간제'가 여론의 뭇매를 맞는 사이 더불어민주당은 주 4.5일제를 다시 들고 나왔다.

2023년 3월 21일 김성환 더불어민주당 정책위의장은 당 원내대책회의 모두발언에서 "주 69시간 노동은 국민을 다시 과로 사

회로 내모는 퇴행적인 정책"이라
며 "윤석열 정부는 꼼수 해석을 통
해서 이 정책을 계속 추진할 일이
아니라 당장 폐지해야 할 것"이라
고 했다. 또한 "과로사회가 아니라
워라밸 사회가 노동의 미래"라며 "민주당은 주 69시간 과로사회
가 아니라 주 52시간제를 정착시키고 주 4.5일제 사회로 전진할
수 있도록 미래를 준비하겠다"고 했다. 아울러 김 정책위의장은
국회 기자간담회에서 이와 관련 "주 4.5일제를 주 52시간처럼 의
무적으로 당장 하는 것은 어려울 수 있다"며 "주 4.5일제를 추진
하는 기업에 일정한 인센티브를 줘서 장기적으로 우리 사회도 주
4.5일제로 점진적 전환하는 법안을 다음 주 중에 발의할 예정"이
라고 설명했다.

이에 이재명 대표는 이날 트위터에 "NO! 주 69시간, YES! 주
4.5일제."라고 호응했다.

이재명 대표는 2023년 3월 27일 자신의 페이스북에 〈과로사
회 아웃! 힘을 모아주십시오.〉라는 글을 올렸다.

윤석열 정권의 '과로사 강요' 정책에 대한 국민의 분노가 거셉니다.
더이상은 과로사회에 살 수 없다는 절박한 외침입니다. '주 69시간
제' 완전 폐기를 위한 전 국민 SNS 캠페인에 동참해주십시오. 민주

당은 국민과 함께 주 69시간 입법을 반드시 막아내고, 삶의 질 향상
과 노동시간 단축을 위한 주 4.5일제로 나아가겠습니다.

윤석열 정부의 주 69시간제 도입은 민주당이 반대하기에 이루
어질 수 없을 것이다. 최근까지 우리 사회는 과로로 인하여 아까
운 목숨이 지는 일을 경험했다. 과로 때문에 노동자가 숨지는 현
실에서 '몰아서 일하고 몰아서 쉬라'는 윤석열의 말은 무책임하
기 그지없다. 최소한 우리나라도 OECD 평균 노동시간이라도 실
현하고, 주 4.5일제로 나가야 한다. 그것이 내수도 살리고, 국민
의 삶의 질을 높이는 방법이다.

이 책의 집필을 마감하는 사이 삼성전자는 2023년 6월 12일 노
사합의 따라 월 필수 근무시간을 충족하면 매달 하루를 연차 없
이 휴무하는 '월중휴무제'를 당장 6월부터 실시한다고 발표했다.
매달 급여가 지급되는 21일이 속한 금요일에 실시하기로 했다.

윤석열이 주 69시간을 외쳐도 대기업이 주 4일 근무에 한 발짝
더 다가선 것은 매우 다행스러운 일이다.

# 노동절에 분신으로
# 저항한 양회동 씨

참혹한 국정 실패를 노동자 때리기로 눈
가림하려는 얄팍한 속임수는 더이상 통
하지 않을 것이다.

### 만국의 노동자여 단결하라

5월 1일은 인간다운 삶을 위해 싸운 노동자들의 고귀한 삶을
기념하는 날인 노동절이며, 'May Day'라고도 한다.

노동절은 1886년 5월 1일 하루 8시간 노동제 쟁취 및 유혈탄
압을 가한 경찰에 대항하여 투쟁한 미국 노동자들을 기념하기 위
해, 1889년 7월 세계 여러 국가의 노동운동 지도자들이 모여 결
성한 제2인터내셔널 창립대회에서 결정된 날이다.

당시 미국의 노동자들은 주 7일, 쉬는 날 없이 매일 출근해야
했다. 그것도 하루 10시간 이상 일해야 했다. 기본적인 인권을
보장받지 못한 채 열악한 노동환경과 적은 보수에 시달리고 있던
노동자들은 1986년 5월 1일 총파업을 일으켰다. 11,500개가 넘

는 공장에서 35만 명의 노동자들이 '1일 8시간 노동'을 부르짖으며 '헤이마켓 광장'에 집결했다. 시민들의 지지 속에 평화롭게 진행되던 시위는 3일째 되던 날, 경찰의 총기 발포를 통한 진압으로 4명의 노동자가 사망하고, 현장에서 수백 명의 노동운동 지도자들이 체포되었으며, 그중 8명은 유죄판결을 받게 된다.

그중에 헤이마켓 투쟁을 이끌었던 노동운동가 스파이즈August Spies는 법정 최후 진술에서 "만국의 노동자여! 단결하라! 만약 그대가 우리를 처형함으로써 노동운동을 쓸어 없앨 수 있다고 생각한다면, 그렇다면 우리의 목을 가져가라! 당신은 하나의 불꽃을 짓밟아 버릴 수 있다. 그러나 당신 앞에서, 뒤에서, 사면팔방에서 끊일 줄 모르는 불꽃은 들불처럼 타오르고 있다. 당신이라도 이 들불을 끌 수 없으리라"라고 일침을 가했다. 스파이즈는 결국 사형을 당하고 말았다.

이후 1889년 파리에서 열린 제2인터내셔널 창립대회는 이를 기념하기 위해 5월 1일을 "기계를 멈추자, 노동시간 단축을 위한 투쟁을 조직하자, 만국의 노동자가 단결하여 노동자의 권리 쟁취를 위해 동맹파업을 행동하자"는 세 가지 연대결의를 실천하는 날로 선언하였다.

## 1890년 1회 May Day

이를 계기로 1890년 5월 1일 첫 메이데이 대회가 개최되었고, 이후 전 세계 여러 나라에서 5월 1일 메이데이를 기념해 오고 있다.

한국의 노동자들도 1923년 5월 1일 '조선노동연맹회' 주도 약 2,000여 명의 노동자가 '노동시간 단축, 임금인상, 실업방지' 등을 주장하며 처음 총파업 투쟁을 전개했다. 이후 1945년 해방되기 전까지 일제의 탄압에도 굴하지 않고 투쟁했다.

1957년 이승만은 "메이데이는 공산 괴뢰도당이 선전의 도구로 이용하고 있으니 반공하는 우리 노동자들이 경축할 수 있는 참된 명절을 제정하라"고 한국노총에 지시했고, 한국노총은 노총 결성일인 3월 10일로 노동절로 결정했다. 이후 박정희 정권은 노동절이라는 이름마저 근로자의날로 바꿨다. 단결과 투쟁의 노동자가 아니라, 정부와 자본에 순응하는 근면한 근로자가 될 것을 강요받았다.

1994년부터 근로자의날은 다시 5월 1일로 옮겨졌으나, 원래의 이름 노동절은 아직도 제대로 찾지 못하고 있다. 지금은 노동절과 근로자의날을 혼용해서 쓰고 있는데 마땅히 노동절이라는 불리어야 할 것이다.

노동자들의 단결과 투쟁의 상징인 노동절이 2023년 133회를 맞이했는데 21세기 대한민국에서 일어났다고는 상상할 수 없는 일이 일어나고 말았다.

2023년 5월 1일 오전 9시 35분경 춘천지법 강릉지원 앞에서 강원 건설지부 양회동 강원 건설지부 제3지대장이 오후 3시에 있을 영장실질심사를 앞두고 건설노조 탄압의 부당성을 비판하며 유서를 남기고 분신하였다.

아내와 중학생 남녀 자녀가 있는 고 양회동 지부장은 그동안 900여 명의 건설노조 조합원에 대한 소환, 15명 구속, 13차례의 압수수색 등 건설노조에 대한 윤석열 정부의 탄압에 본인의 몸을 희생하는 분신으로 맞섰다.

고 양회동 씨의 분신에도 불구하고 윤석열 정부의 노조 때리기는 계속되고 있다. 윤석열 정부는 건설노조를 '건폭'이라고 명명하고 건폭 수사에 공을 세운 경찰에게 특진의 기회를 준다고 발표하고 수사 인원을 증강했다.

고 양회동 씨는 더불어민주당, 정의당, 기본소득당 앞으로 유서를 남겼는데 유서의 내용은 다음과 같다.


저는 양회동입니다.

바르게 살려고 노력했지만 그러지 못했나 봅니다.

미안해요, 이재명

돌아가신 어머니가 남의 눈에 피눈물 나게 하면 본인은 돌에 맞아 죽는다고 했습니다.

하지만 먹고 살려고 노동조합에 가입했고, 열심히 살았습니다. 그런데 오늘 제가 구속영장실질심사를 받아야 합니다. 억울하고 창피합니다. 정당한 노동조합 활동한 것뿐인데, 윤석열 검사독재정치에 제물이 되어 자기 지지율 숫자 올리는데 많은 사람이 죽어야 하고, 또 죄없이 구속되어야 하고, 대한민국 국민입니다.

대통령 하나 잘못 뽑아 무고한 국민이 희생돼야 하겠습니까. 제발 윤석열 정권 무너트려 주십시오.

당대표님들 간곡히 부탁드립니다.

무고하게 구속되신 분들 제발 풀어주세요

진짜 나쁜 짓 하는 놈들 많잖아요.

그놈들 잡아들이고 대한민국을 바로 세워 주세요.

저의 하찮은 목숨으로 너무 많은 것을 바라는 것일지도 모르지만, 아마 많은 국민들도 저와 같은 생각이라 듭니다.

야당 대표님, 그리고 의원님들, 하루빨리 저의 희망이 이루어지게 해주세요.


고 양회동 씨는 동지들에게도 유서를 남겼는데 건설노조가 공개한 유서는 다음과 같다.


존경하고 사랑하는 동지 여러분.

저는 자랑스런 민주노총 강원건설지부 3지대장 양회동입니다.

동지분들은 힘들고 가열찬 투쟁을 하시는데 저는 편한 선택을 한 것 같습니다. 하지만 항상 동지분들 옆에서 힘찬 팔뚝질과 강한 투쟁의 목소리를 높이겠습니다.

꼭 승리하여야만 합니다.

윤석열의 검찰 독재 정치, 노동자를 자기 앞길에 걸림돌로 생각하는 못된 놈 꼭 퇴진시키고, 노동자가 주인이 되는 세상을 꼭 만들어 주세요.

동지 여러분 사랑합니다. 투쟁!


## 노조의 악마화

윤석열 정부는 그동안 민주노총은 물론 지난 대선에서 전북지역 건설노조 등 3개 지도부가 윤석열 후보를 지지했던 한국노총까지 탄압하고 있다. 한국노총에 대한 정부 지원금을 전액 삭감했다. 한국노총이 지원금에 대한 결산 보고서를 제출하지 않고 있다는 것인데, 지원금에 대한 결산 보고서를 정부에 낸 적이 그동안 한 번도 없었다. 당연히 노조 길들이기 일환이라 할 수 있다.

윤석열 정부와 국민의힘은 민주노총을 향해 이른바 '귀족노조'라는 프레임을 씌웠으며, 이미 사문화된 '노조원들의 퇴직 후 자녀가 입사 지원할 시 가산점을 주는' 항목을 들이밀며 괴롭히고 있다. 한국사회는 노조운동에 대해 매우 비판적인 경향을 갖고 있다. 그렇기 때문에 윤석열 정부의 노조 때리기는 북한 때리기와 더불어 그들의 지지층을 결집시키는데 매우 유용하게 활용되고 있다.

고 양회동 씨가 유서에서 "윤석열 검찰 독재 정치에 제물이 되어 자기 지지율 숫자 올리는데 많은 사람이 죽어야 하고, 또 죄없이 구속되어야 하고…"라고 지적한 것은 맞는 말이다.

필자는 목숨을 건 이런 극단적인 투쟁에는 반대한다. 그럼에도 불구하고 고 양회동 씨가 선택한 처절한 투쟁에 애도를 보낸다. 삼가 고인의 명복을 빈다. 그리고 노조 악마화에 앞장서고 있는 윤석열 정부와 국민의힘, 그리고 무엇보다는 그들의 나팔수가 되어 악의적인 보도를 자행하는 언론에 책임을 묻지 않을 수 없다.

이재명 대표는 2023년 5월 4일 자신의 페이스북에 〈사람의 생명보다 우선하는 가치는 없습니다.〉라는 글을 올렸다.

건설노동자의 유서를 받았습니다. 세계 10위 경제대국에서 정권의 폭력적 탄압에 노동자는 왜 죽음을 선택할 수밖에 없었는가, 이 허망한 죽음 앞에 도대체 정치는 무엇을 하고 있는가. 분노와 책궁責躬, 연민, 비탄의 심정이 복잡하게 마음을 휘돕니다.

그는 "먹고 살려고 노동조합에 가입했고 열심히 살았다"며 그 이유로 "정치의 제물이 되었다"고 호소합니다. 검찰 수사가 정권 입맛에 맞춰 편향되어 있다는 마지막 경고였습니다.

검찰은 건설노조를 상대로 압수수색 13차례에 15명 구속, 950명의 소환조사를 강행했습니다. 그러나 국민의 분노가 폭발하고 있는 주가조작, 전세사기 수사는 도통 감감무소식입니다. 대통령 '깐부'들이 개입된 50억 클럽 수사는 '제 편 봐주기 수사'의 전형을 밟고 있습니다. 이게 과연 이 정권이 말하는 공정입니까?

사람 잡는 정치, 이제 그만하십시오. 건설업계의 구조적 문제를 해결할 해법 대신 건폭 운운하며 노동자를 폭력배 취급하는 분열의 정치를 중단하십시오. 참혹한 국정 실패를 노동자 때리기로 눈가림하려는 얄팍한 속임수는 더이상 통하지 않을 것입니다. 윤석열 정권의 반인권적인 노동자 탄압에 강력하게 맞서 노동 퇴행을 저지하고 노동존중사회를 향해서 끊임없이 나아가겠습니다.

다시 한번 삼가 고인의 명복을 빕니다.

5월 4일

# 핵무장을 공식적으로
# 포기한 윤석열 정부

아무리 비싸고 더럽고 자존심 상해도 전
쟁보다 평화가 낫습니다.


## 한국 핵무장의 역사

한국의 핵무장 시도는 박정희 정권 때부터였다. 베트남전쟁이
한창이던 1969년 7월 닉슨 독트린이 발표되었다. 이후 1970년
3월 미 국무장관 헨리 키신저는 1975년까지 주한미군을 완전히
철수하겠다고 통보했다. 이때부터 박정희는 핵무장을 시도했다.

핵무장을 위해 박정희는 미국과 핵기술 분배를 놓고 이견을
보이던 프랑스에 접근했다. 1975년 프랑스의 국영원자력기업
SGNSaint Gobin Techniques Nouvelles과의 재처리 기술 공급 계약을
체결했다. 이로써 박정희 정권의 핵개발은 성공을 눈앞에 뒀다.
이 계약이 실행되었다면 연간 20kg의 플루토늄 추출이 가능했다
고 한다. 동시에 박정희는 외국에 나가 있는 우수한 한국인 과학

자들을 귀국시켰다. 오원철 수석은 캐나다를 방문해 플루토늄 추출이 쉬운 캔두CANDU 원자로의 도입을 진행했다. 한국보다 먼저 캔두 원자로를 도입한 인도와 파키스탄이 결국 핵무장에 성공한 것으로 볼 때 이것이 의미하는 바는 적지 않았다.

하지만, 박정희는 미국의 압력에 의해 1975년 핵확산금지조약 NPT ; Nuclear nonproliferation treaty에 서명했으며, 이듬해인 1976년 박정희는 "정 끝까지 가겠다면 결정적인 제재를 가할 수밖에 없다"는 미국의 압력에 굴복했다. 1977년 프랑스와 재처리협정이 파기되면서 박정희의 핵개발은 좌절되었다. 하지만, 박정희가 실제로 핵개발을 포기한 것으로 보이지 않는다. 박정희가 1979년 김재규에 의해 제거되면서 일단락되었다.

이후 1982년 전두환 정부 역시 플루토늄을 사용한 핵개발을 추진했다. 하지만 미국이 바로 인지해서 1983년 도널드 레이건 대통령에게 전두환이 포기하겠다는 의사를 전달했다고 한다. 이후 1982년부터 2000년까지 수차례의 우라늄 변환 농축, 플루토늄 분리 관련 실험을 진행했지만, IAEA에 신고하지 않았다고 한다.


## 핵확산금지조약 NTP

핵확산금지조약은 핵보유국으로 인정받지 않은 나라가 핵을 보유하거나, 핵보유국이 비핵보유국에게 핵무기나 핵개발 관련 기술을 이전하는 것을 금지하는 조약을 말한다. 1969년 6월 유엔 총회에서 조약을 체결하였고, 1970년 3월 5일 비준이 완료됨에 따라 효력이 발효되었다. 유효기간이 끝나는 1995년 4월 개최된 NPT 연장회의에서 NPT의 기한을 무기한 연장하기로 결정했다. NPT에서 핵보유국으로 인정하는 나라는 미국, 영국, 러시아, 프랑스, 중국의 5개국이다. 한국은 1975년 정식 비준국이 되었으며, 북한은 1985년 12월에 가입하였으나 1993년 3월 탈퇴 선언하였고, 1994년 6월 IAEA국제원자력기구 탈퇴신청서까지 제출하였으나 2005년 9월에 6자회담을 통해 복귀하였다. 인도, 파키스탄, 이스라엘은 NPT에서 핵보유국으로 인정받지는 못했지만 사실상 핵무기 보유국으로 인식되고 있으며, 북한과 이란은 핵보유 여부가 명확히 확인되지 않은 상태이다. 2009년 현재 가맹국은 189개국에 이른다.

NTP는 미국, 영국, 러시아, 프랑스, 중국 등 5개국 외에는 핵무기를 가질 수 없다는 매우 불평등한 조약이다. 하지만 이들 강대국은 다른 국가들이 핵을 개발하려고 하면, 무역, 금융의 제재를 가함으로써 강제적으로 조약을 유지하고 있다. NTP가 매우 불공정한 조약이라고 반발하면서 북한은 1993년 탈퇴를 선언하고 독자적인 핵개발을 추진했다. 재래식 무기로는 미국을 상대할 수 없었던 북한은 미국과의 핵공포를 통한 균형으로 맞서고 있다. 핵무장을 하게 된다면 적어도 미국으로부터 침략을 막을 수 있다고 판단하고 있는 듯하다.

북한이 1993년 NTP 탈퇴를 선언하자 미국뿐만 아니라 러시아, 중국 역시 북한에 대한 경제 제재에 동참해서 지금까지 무시무시한 경제 제재를 취하고 있다. 이후 북한의 대륙간탄도미사일ICBM과 잠수함발사탄도미사일SLBM이 고도화될 때마다 제재의 강도는 더욱 커졌다. 북한은 NTP 탈퇴 이후 30년 동안 극심한 경제난에 시달리고 있지만, 최근에는 핵무장에 성공했다고 보는 것이 타당하다. 북한은 최종 목적은 핵보유국으로 인정받은 채 경제 제재를 계속 당하는 것이 아니라, 미국과의 핵 군축 협상을 통해서 미국과의 관계 정상화를 위한 지렛대로 사용하려는 의도가 강하다.

최근 북한이 핵무기의 소형화에도 일정 정도 성공한 것으로 보이자 한국 역시 핵무장을 해야 한다는 여론도 만만치 않다. 핵을 가지고자 하는 나라는 자신의 의지에 의해 얼마든지 핵을 가질 수 있다는 핵 주권을 주장해야 한다는 것인데, 솔깃한 주장이긴 하지만 현실적으로 불가능하다. 미국뿐만 아니라 NTP 가맹국들의 경제 제재를 한국은 견딜 수가 없다.

### 핵무장을 선호하는 국내여론

2022년 초 미국 시카고국제문제협의회CCGA에서 공개한 여론조사에 의하면 한국 응답자 67%가 자체 핵무장을 선호한다고 했다. 2023년 3월 20일부터 21일까지 이틀간 리얼미터가 에너지 경제신문 의뢰로 전국 성인 남녀 1,008명을 대상으로 조사한 결과를 보면 한국의 자체 핵무기 보유에 찬성하는 비율은 전체 응답자의 56.5%매우 찬성 29.8% 찬성하는 편 26.7%로 조사되었으며, 반대 입장을 밝힌 응답자는 40.8%매우 반대 24.0%, 반대하는 편 16.7%이었고, 잘 모름은 2.7%로 핵무장에 대한 찬성이 압도적으로 높았다. 핵보유의 찬성하는 이유로는 '북핵 위협에 맞대응을 위해'가 45.2%로 가장 높았다.

질문을 단순하게 핵 보유라고 묻게 되면, 당연히 찬성이 압도적으로 높을 수밖에 없다. 하지만 우리가 한미동맹을 파기하고, 북한처럼 경제 제재를 당하더라도 핵무장을 해야 한다고 묻는다면 다른 결과가 나올 것이다. 한국뿐만 아니라 세계 각국이 핵무장을 하지 못하는 이유는 강대국과 NTP 회원국의 경제 제재를 견딜 힘이 없기 때문이지, 핵무장의 필요성을 느끼지 못해서가 아니다.

여기에 조선일보 등 보수언론들은 한국의 독자적인 핵무장을 부추기고 있다. 북한의 핵 위협으로부터 우리를 지키려면 핵무장 외에는 답이 없다는 것이다. 그들은 핵은 오직 핵으로만 막을 수 있다고 설파하고 있다. 북한의 실질적인 핵보유로부터 한국을 보호하기 위해서는 한국 역시 핵을 보유해야만 공포의 균형을 이룰 수 있다는 것이다. 그리고 이들의 논리는 매우 설득력 있게 국민에게 스며들고 있다. 그렇다 보니 국민의힘은 공공연하게 핵무장을 주장하고 있다.

그들은 실질적으로 미국의 동의 없이 한국이 핵무장을 할 수 없다는 것을 알고 있다. 그리고 미국이 한국의 핵무장을 영원히 지지해 주지도 않으리라는 것을 알고 있다. 미국은 한국의 핵무장을 억제하는 대신 한국에 값비싼 최신형 무기를 판매하고 있다. 한국이 핵무장을 한다면 한국 역시 국방비 지출을 줄이게 되어 결과적으로 미국의 이득과도 배치된다.

미국이 한국의 핵무장을 용인하게 된다면, 북한에 대하여 핵 포기를 설득할 명분을 잃게 될 것이다. 또한, 한국이 핵무장을 하게 된다면 자연스럽게 일본 역시 핵무장을 하게 되어 극동 아시아 국가의 긴장 관계는 더욱 높아질 것이 자명하다.

### 윤석열의 핵무장 일장춘몽

윤석열은 2023년 3월 11일 국방부 업무보고에 이어 12일에도 "북한의 핵무기가 우리 국민의 안전보장을 심각하게 위협하는 상황이 되면 자체 핵무장을 할 수 있다."는 견해를 밝혔다. 여기에 국민의힘 당권 도전에 나선 김기현 의원은 "궁극적으로 우리 스스로 핵무장을 하는 쪽으로 방향을 가지고 가야 한다."고 밝혔다. 여기에 정진석 국민의힘 비상대책위원장은 페이스북에 "결단의 순간이 왔다. 9.19 남북군사합의는 물론 1991년 한반도 비핵화 공동선언 역시 파기돼야 한다."는 글을 남겼다.

국민의힘은 대통령부터 당대표까지 핵무장을 하겠다는 의지를 드러낸 것이라고 할 수 있다. 이런 일련의 발언이 전해지지 백악관 국가안보회의 전략소통조정관인 존 커버는 "미국과 바이든 대통령은 한반도의 완전한 비핵화에 여전히 전념하고 있다. 이는 달라지지 않았다. 한국도 핵무기를 추구하지 않고 있다는 점을 분명히 했다."며 진화에 나섰다.

미국의 진화에도 불구하고 2023년 4월 24일부터 30일까지 있었던 윤석열의 미국방문이 있기까지 보수언론들은 한국의 핵무장 필요성과 가능성에 불을 지폈다.

한국의 핵무장 세력들은 윤석열의 미국방문을 통해서 한국이 핵무장이나, 핵무장의 준하는 결과를 갖고 오기를 원했다. 북한의 핵 위협이 더욱 강화된 현실에서 미국 역시 한국의 독자 핵무장을 마냥 반대할 수만은 없다는 뇌피셜을 펼치기도 했다. 한국의 독자적인 핵무장이 안 된다면, 한국이 실질적으로 핵을 보유하는 효과를 거둘 수 있는 전술핵을 한국에 배치하기를 원했다. 한국의 독자 핵무장은 어렵다고 하더라도 미군의 전술핵 배치는 매우 현실적이라고 본 것이다. 전술핵 배치가 한반도 비핵화 정책에 어긋나는 것이라면 다음으로 '북한이 핵으로 공격할 경우, 미국의 즉각적인 핵 보복을 문서로 약속받는 것'을 이번 한미 정상회담의 최소한의 과제로 봤다.

윤석열과 바이든의 정상회담에서 보수언론의 관심은 온통 한국의 핵무장이었다. 하지만 바이든 관점에서 이번 한미 정상회담의 최대 과제는 북한의 핵이 아니라, 삼성, LG 등 한국의 글로벌 기업들의 미국 투자 규모였다. 한국의 기업들은 미국에 133조라는 엄청난 투자를 약속하고 왔다. 삼성반도체 파운드리 공장, 현대 전기차 공장, SK 배터리 공장 등을 약속했다. 만일 이들 공장을 한국에 세운다면 울산, 동탄 같은 첨단 도시를 몇 개 만들 수 있는 규모이다. 그 반대로 우리가 받은 미국의 한국 투자금액은 이미 진행하고 있는 넷플릭스의 4년 동안 3조 원을 포함하여 겨우 8조 원이다. 이것은 성과가 아니라 미국에 강탈당한 것이다. 윤석열과 한국의 보수언론들이 국부가 빠져나가는 것에는 아랑곳하지 않고, 가능하지도 않은 핵무장에 관심을 보이고 있는 사이 미국에 크게 당한 꼴이 되었다.

그렇게 다 퍼주고 왔음에도 불구하고 윤석열은 핵무장 협상에서도 형편없는 결과를 갖고 왔다. 2023년 4월 26일 발표된 이른바 워싱턴 선언을 통해 윤석열은 바이든에게 "한국은 자체 핵무기를 개발하지 않겠다."고 천명했다. 윤석열이 얻은 것은 "핵전략 무기를 한반도에 재배치하지는 않을 것이지만 그 가까운 곳으로 핵잠수함은 배치할 수 있을 것"이라는 것이다. 과거와 전혀 달라진 것이 없다.

핵 작전을 집행하고 표적을 정하고, 발사하는 것은 미국에게 여전히 있다. 특히 주목할 것은 북한이 핵으로 공격할 경우, 재래식 무기 또는 핵으로 보복공격을 한다는 것이다. 보복공격에 있어 한국의 기대와는 달리 핵을 사용하지 않을 수 있다는 것이다.

조선일보가 대변하고 있는 대한민국 보수 입장에서 보면 매우 실망적인 결과이다. 대한민국의 보수 입장에서는 만일 북한이 핵으로 한국을 공격한다면 북한에는 풀 한 포기 나지 않을 정도의 무시무시한 핵 공격을 해 줘야 한다고 주장하고 있다.

대한민국의 대통령이 해야 할 일은 북한이 핵 공격을 하면 우리도 핵 공격을 하겠다고 으름장을 놓는 것이 아니라, 한반도에서 핵을 포함한 재래식 무기로도 전쟁을 할 필요가 없는 굳건한 평화를 유지하는 것이다.

윤석열의 어설픈 핵무장 발언으로 인해 오히려 워싱턴에서 한국은 NPT의 회원국으로서 핵무장을 절대 하지 않겠다는 공개적인 서약을 할 수밖에 없었다. 보수 정부이던, 진보 정부이던 대한민국의 대통령이 미국의 대통령에게 그야말로 불가역적인 핵포기 선언을 한 적이 없다. 그만큼 미국 입장에서 보면 가볍게 핵무장 발언을 하고 있는 윤석열이 다시는 그런 발언을 하지 못하도록 쐐기를 박을 필요가 있었다고 보인다.


말 폭탄이 핵폭탄보다 더 무섭다

이재명 대표는 2023년 1월 13일 윤석열 대통령이 자체 핵무장을 할 수 있다는 발언과 관련해서 "말 폭탄이 핵폭탄보다 더 무섭다는 사실을 인지하기를 바란다."고 말했다.

이재명 대표는 민주당 최고위원회의에서 "안보를 책임져야 할 대통령께서 말 폭탄으로 안보를 위태롭게 하지 않나 하는 생각이 든다. 북한이 핵무장을 시도하면서 국제사회의 경제 제재를 받고 쌀이 1년에 50만t이나 부족하냐, 100만t이 부족하냐 하면서 식량난을 겪고 있다. 핵무장은 쉽게 말한다고 되는 것이 아니다. 한미동맹에도 심각한 분열을 일으킬 수 있는 심각한 주제이고 실현 가능성도 전혀 없다."고 말했다.

윤석열과 국민의힘은 실현 가능성이 전혀 없는 자체 핵무장을 시시때때로 발언하면서 우매한 자신의 지지자들을 현혹시키고 있다. 그렇다고 해서 윤석열과 국민의힘이 자체 핵무장을 하겠다고 하는 확실한 신념이 있는 것도 아니다. 그저 자신을 지지하는 극우주의자들을 속이기 위한 사탕발림에 지나지 않는다.

한국이 핵무장을 하려면 이재명 대표의 지적처럼 국제사회의 경제 보복을 이겨내야 하는 것은 물론이거니와 한국에서는 북한처럼 핵실험을 할 장소가 없다. 설악산에서 할 것인가? 한라산에서 할 것인가? 지리산에서 할 것인가? 아니면 무인도에서 할 것인가? 현실적으로 한국 내에서는 핵실험을 할 장소가 없다. 원자력 발전소에서 나오는 저준위 핵폐기물을 보관하는 방폐장을 지으려고 해도 지역사회의 거친 반대에 장소를 정하지 못하고 있는데, 핵폭탄 실험을 반길 지역은 아무 곳에도 없다. 국민의힘의 가장 확실한 지역 기반인 대구 경북에서조차 핵실험장을 그 지역에 만들 수 없는 것이 현실이다.

한마디로 자체적인 핵무장은 불가능하다. 경제 제재를 감수하면서까지, 대한민국의 산천을 방사능으로 오염시키면서까지 성취해야 할 절대적인 과제가 아니다.

이런 위험까지 감수하면서까지 핵무장을 해야겠다면, 필자는 윤석열과 국민의힘의 진정성만큼은 믿어줄 수 있다. 하지만 이들은 반드시 핵무장을 하고야 말겠다는 진정성이 전혀 없다. 독립운동하는 마음으로 핵무장을 하겠다는 애국심도 없다.

이들은 오직 가능성도 없는 핵무장을 선동하고 있다. 술자리에서 북한도 핵을 갖고 있고, 미국도 중국도 핵이 있는데, 왜 우리만 못 갖게 하냐면서 목소리 높이는 사람만도 못하다. 최소한 이들의 주장은 핵주권 차원에서 보면 틀린 얘기도 아니다. 그런 말을 하는 사람들에겐 최소한 애국심이라도 있다. 그러나 윤석열과 국민의힘은 실현 가능성이 전혀 없고, 의지조차 없으면서 말로만 핵무장을 주장하면서 애국심 하나로 핵무장을 하겠다는 사람들을 현혹하고 있다. 대통령으로서 자격이 없다. 국민의힘은 국민을 현혹하는 가짜 정당이다.

# 후쿠시마 오염수
# 투기

1년 전 후쿠시마 사고는 안전보다 비용만 생각했던 인류에게 큰 경종을 울린 사건입니다. 참사로부터 교훈을 얻기는 커녕, 일본은 또다시 안전보다 비용을 우선시하는 결정을 내렸습니다.

### 체르노빌 원전사고와 후쿠시마 원전 사고

독자 여러분들이 이 책을 읽고 있을 때는 어쩌면 일본은 후쿠시마 원전의 방사능 오염수를 태평양에 투기하고 있을지도 모르겠다.

2021년 7월 19일 윤석열 국민의힘 예비후보는 매일경제와의 인터뷰에서 "체르노빌이 원전사고고, 후쿠시마는 이제 저거는 지진과 해일이란 말이에요. 그리고 방사능이 외부에 유출돼서 사람이 죽고 다친 건 아니란 말이에요."라는 발언을 했다. 발언한 문장을 보면 무슨 말을 하는지 전달이 잘 안 되고 있지만, 이 발언을 해석하자면 원전 폭발 사고는 없었고, 방사능 유출도 없었다는 것이다.

윤석열은 8월 4일 부산일보와의 인터뷰에서는 "우리나라에 들어오는 원전은 체르노빌과 다르다, 안전성 문제가 없다. 일본에서도 후쿠시마 원전이 폭발한 것은 아니고, 지진과 해일이 있어서 피해가 컸지만, 원전 자체가 붕괴된 것은 아니다. 그러니까 방사능 유출은 기본적으로 안 됐다."고 말했다.

그러나 이 발언은 동일본 대지진 당시 후쿠시마 원전에서는 대규모 방사능 유출이 발생했고 이 때문에 국제원자력기구도 사고등급 7단계를 매긴 바 있어, 사실과도 달랐다.

여기에 부산일보는 윤석열의 후쿠시마 관련 언급한 부분만 삭제하기도 했다. 윤석열의 말실수 또는 윤석열의 무지를 보여주는 장면만 삭제 편집한 것이다.

1986년 4월 26일 우크라이나의 체르노빌 원자력발전소가 폭발하는 사고가 일어났다. 2011년 3월 11일 일본의 후쿠시마 원전사고가 일어나기 전까진 이류 최악의 원전사고였다.

체르노빌은 원전이 폭발해서 방사능이 누출된 사고이고, 후쿠시마는 진도 9.0의 지진과 쓰나미지진해일로 원자력 발전소가 손상을 입어 방사능이 누출된 사고이다. 윤석열은 원인이 다르다는 것만 강조하려고 했을 텐데, 후쿠시마에서는 방사능이 누출되지 않았다는 거짓된 정보를 얘기하고 있다. 후쿠시마의 손상된 원전에서 엄청난 양의 방사능이 누출되고 있는 것은 과학적 사실이다.

## 방사능 오염수란 무엇인가?

2011년 3월 동일본 대지진으로 거대한 쓰나미가 발생해서 후쿠시마 원전이 심각하게 손상을 입는 사고가 발생했으며, 이때 원전의 핵심인 핵연료봉이 녹아내리면서 노심용융멜트다운이 발생했다. 녹아내린 핵연료는 주변 구조물을 녹여 덩어리데브리·잔해가 된 채 원자로 바닥에 남아 있다. 이로 인해 사람이 가까이 가면 1시간 안에 죽을 정도로 고선량 방사선이 새어 나오고 있다.

정상적으로 작동하는 원전의 핵연료는 늘 찬물에 잠겨있어야 하지만, 사고가 난 후쿠시마 원전에서는 찬물에 잠겨있지 않고, 공기중에 드러나 있기 있는 상태가 되었다. 찬물에 잠겨있지 않은 핵연료는 많은 열을 발생시킨다. 이 열을 식혀주지 않으면 핵연료는 폭주하게 되고 상상도 할 수 없는 양의 방사성 물질을 내뿜게 된다. 그렇기 때문에 도쿄전력후쿠시마 원전 관리 회사에서는 매일 많은 양의 물을 후쿠시마 원전에 냉각수로 주입하고 있다. 이렇게 주입된 냉각수가 핵연료와 직접 닿아 고농도의 방사능 오염수가 되는 것이다.

이 오염수는 원전 주변으로 스며들어 지하수와 섞이며 엄청난 양으로 불어나게 되는데, 그 양은 매주 2천~4천 톤에 달하고, 현재까지 저장 탱크 속에 100만 톤이 넘게 쌓여있다고 알려져 있다. 석촌호수의 1/4에 해당하는 양이라고 한다.

## 방사능 오염수를 처리수라 부르자는 윤석열 정부

2023년 5월 11일자 중앙일보에 따르면 윤석열 정부는 5월 10일 "현재 일보니 후쿠시마 원전 부지 내 탱크에 알프스<sub>ALPS : 다핵종 제거 설비</sub>를 통과해 주요 방사성 물질 등을 제거한 물을 보관하고 있다. 배출 기준에 맞게 처리된 물은 약 30%, 여전히 오염된 물은 70%이다. 향후 처리 비율이 높아지면 오염수를 '처리수'로 바꿔 부르는 게 합리적이니 용어 수정을 검토하고 있다."고 보도했다.

앞서 5월 9일 국민의힘이 발족한 '우리 바다 지키기 검정 TF'의 첫 회의에서도 "바다에 방류되는 물의 경우 오염수가 아닌 처리수라는 용어를 사용하는 게 적절하다."는 의견을 제시했다.

국민의힘과 윤석열 정부는 '오염수'라는 매우 부정적인 단어 대신 과학적으로 안전하게 처리되었다는 뉘앙스의 '처리수'라는 용어를 사용함으로써 후쿠시마 오염수 방류에 대한 절대적인 국민의 반대 의견을 누그러뜨리려는 의도로 보인다.

도쿄전력은 그동안 오염수<sub>알프스 처리수</sub>에 다른 핵종은 없이 삼중수소만 존재하는 것처럼 말해왔다. 오염수를 탱크에 저장하기 전 핵종제거설비로 62종의 방사성 핵종을 걸러내고 있다는 것이다. 그러나 2022년 8월에 열렸던 후쿠시마 주민공청회를 통해 삼중수소뿐 아니라 세슘137과 스트론튬90, 요오드131 등 여러 방사성 물질이 포함되어 있다는 사실이 밝혀졌다.

또한, 당시 쌓여있었던 오염수 94만톤 중 89만 톤을 분석해보니, 무려 75톤이 방사능 방출기준치를 초과했고, 그 중 스트론튬 90은 기준치의 2만 배를 초과하고 있는 것으로 드러났다.

그럼에도 불구하고 윤석열 정부는 민주당이 핵 오염수 괴담을 퍼뜨려서 국민 불안을 가중하고 있다고 얘기하고 있다. 특히 국민의힘 울산시당은 2023년 6월 13일 후쿠시마 오염수를 '핵 오염수'라고 표현한 민주당 울산시당 인사를 고발하겠다고 밝혔다. 그래서 이재명 대표는 2023년 6월 17일 부평역에서 열린 후쿠시마 원전 오염수 방류 규탄대회에서 "핵 오염수라고 해서 고발한다니까 아예 핵 폐수라고 불러야겠다"고 목소리를 높였다.

## 방사능 오염수를 안전하게 처리할 수 있는 방법

일본은 방사능 오염수가 IAEA 기준으로 정화되어 안전하다며 바다에 방류하는 것이 적당하다고 얘기하고 있다. 하지만 이미 2022년 주민공청회를 통해 알게 되었듯이 방사능 오염수는 안전한 물이 아니다. 그렇게 안전하다면 이재명 대표의 말처럼 공업용수나 농업용수로 쓰면 될 것이다.

과학적 관점에서 보자면 고농도로 방사능에 오염된 오염수나 핵폐기물을 안전하게 처리할 수 있는 방법은 현재로선 없다. 전세계적으로도 고준위 핵폐기장은 아직도 공사 중인 핀란드 온칼로 핵폐기장 하나뿐이다.

일본 정부는 2016년 바다 방류, 대기 방류, 지하 매설 등 다양한 오염수 처리방안을 검토했다. 바다에 방류하면 34억엔약 321억원, 대기 방류에는 349억엔약 3300억원, 지하 매설엔 2,431억엔약 2조 3천억 원의 비용이 든다. 어쩌면 지금처럼 육상에 저장 탱크를 만들어 보관하면서 그 숫자를 늘려가는 게 최선이라고 할 수 있다. 일본 정부가 오염수를 바다에 방류하는 것을 선택한 것은 그게 가장 값싸고 쉬운 방법이기 때문이다.

아직 본격적인 방류를 하지 않았음에도 불구하고 2018년 일본 후생노동성 자료에 의하면 일본 후쿠시마 주변 8개 현 수산물의 7%에서 방사성 물질인 세슘이 검출된 것으로 나타나고 있다. 그런데 바다에 오염수를 본격적으로 방류하게 된다면 그 결과는 사실 누구나 다 예상하는 바와 같이 인접국인 대한민국의 피해가 일본 다음으로 심각하다.


## 일본의 방류를 지지하는 윤석열 정부

일본 교도통신은 윤석열 대통령이 2023년 3월 17일 일본 총리를 접견하면서 도쿄전력 후쿠시마 제1원전 오염수 해양 방류 문제에 대해 "시간이 걸리더라도 한국 국민의 이해를 구해나가겠다."고 말했다고 보도했다.

교도통신은 "오염수 방출을 둘러싸고 중국과 러시아는 이달 정상회담 후 발표한 공동성명을 통해 심각한 우려를 표했고 구미의 핵실험을 경험한 태평양 도서국도 우려하고 있다. 하지만 이웃 나라인 한국이 오염수에 대해 이해하는 입장으로 돌아서면 기시다 정권에 강력한 뒷받침이 된다."고 논평했다.

윤석열이 한국의 대통령인지, 기시다 총리가 임명한 조선 총독인지 헷갈릴 정도이다. 시간이 걸리더라도 한국 국민의 이해를 구해나가겠다는 것이 결국 오염수를 처리수로 부르는 것인가? 특히 인접국인 중국과 러시아, 태평양 도서국이 강력하게 반발하고 있는 상황에서 한국 혼자 일본을 편들고 있는 바보 같은 짓을 하고 있다. 그것도 대한민국 국민의 85%라는 절대적 다수가 반대하고 있는 것을 허용하려 하고 있다.

## 2021년에는 국민의힘 의원들도 오염수 방류 반대했다

지난 2021년 6월 28일 국회 본회의에서는 '후쿠시마 오염수 규탄 결의안'이 압도적 찬성으로 의결됐다. 일본이 후쿠시마 방사능 유출로 발생한 오염수를 해양에 방류하겠다고 하자 인접 국가 대한민국 국회가 강한 우려를 표명하면서 정부의 적극적인 대응을 촉구하는 차원이었다.

당시 국민의힘 소속 의원 59명이 결의안에 찬성표를 던졌다. 이들 중에는 현재 국민의힘 당 지도부인 김기현 대표와 윤재옥 원내대표도 포함됐다. 당시 국민의힘 소속 의원 절반이 넘는 인원이 찬성했으며, 국민의힘은 결의안 이외에도 농해수위, 환노위

소속 의원 명의의 별도 규탄 성명을 내기도 했다.

지난 2021년 일본이 후쿠시마 방사능 오염수 방출 결정했을 때는 격렬히 반대하던 국민의힘 의원들은 지금 윤석열의 눈치를 보면서 침묵하거나 모르쇠로 일관하고 있다. 방사능 오염수의 심각성은 변한 것이 없다. 오직 윤석열이 대통령이라는 것밖에 없다.

일본과 바다를 맞대고 있는 부산·울산·경남 지역의 대부분은 국민의힘 소속 의원이다. 자신의 지역구가 일본의 방사능 오염수 방류로 초토화되고 있는데도 불구하고, 윤석열이 내년 총선에서 공천을 안 줄까 봐 두려워서 지역민들의 생존권을 외면하고 있다.

## 오염수 방류되면 한국 수산업은 초토화된다

일본이 예정대로 오염수를 방류하게 된다면 짧게는 7개월도 안 되어 제주도를 포함하여 남해바다, 서해바다, 동해바다를 오염시키게 된다고 한다.

한국인들은 세계에서 수산물을 가장 많이 소비하고 있다. 바다 생선을 통해 단백질을 공급받아왔다. 생선회도 일본만큼 많이 소비한다. 바다가 방사능에 오염되면 생선에게만 방사능이 축적되는 것이 아니다. 김과 같은 해초류도 오염이 되고, 최고 포식자인 참치에도 방사능이 축적되어 더이상 먹을 수가 없게 된다. 그뿐만 아니다. 바다에서 생산되는 소금도 먹을 수가 없게 된다. 그야말로 총체적인 난국이 펼쳐진다. 수산물에 대한 실제적인 방사성 물질의 피폭도 문제이지만, 방사선 피폭이라는 공포가 가져다줄 사회 혼란의 대가는 너무나 클 것이다.

이 글을 쓰고 있는 2023년 6월 15일 신안군에서 생산되는 천일염 매출이 무려 60배가 늘었다고 하며, 가격도 100% 이상 인상되었다고 한다. 이미 오염수 방출로 인한 공포가 시작되고 있다. 하지만 소금은 시작에 불과할 뿐이다. 소금 사재기, 김 사재기, 새우젓 사재기, 건어물 사재기가 이어질 것이며, 횟집은 문을 닫을 것이다.

윤석열은 지금이라도 대한민국의 대통령으로서 대한민국 국민의 안전을 지키길 바란다. 솔직히 윤석열에 대한 일말의 기대도 없으나, 일본의 오염수 방류만큼은 국민과 한목소리로 반대해주길 바란다. 일본의 방류 계획을 변경할 수 없다 하더라도, 대한민국 대통령으로서 최선을 다하는 모습이라도 보여주길 바란다.

### 후쿠시마 원전사고의 교훈

이재명 대표는 경기지사 시절인 2021년 4월 28일 자신의 페이스북을 통해서 "11년 전 후쿠시마 사고는 안전보다 비용만 생각했던 인류에게 큰 경종을 울린 사건입니다. 참사로부터 교훈을 얻기는커녕, 일본은 또다시 안전보다 비용을 우선시하는 결정을 내렸습니다. 자국민의 안전을 위협한 것으로도 모자라 주변국 국민의 안전과 지구 공통의 자원 해양 생태계에 심각한 위협을 끼치고 있습니다. 지금이라도 늦지 않았습니다. 방사능 오염수의 해양 방류 결정을 즉각 철회하기를 바랍니다. 오염수 처리 과정의 모든 절차와 정보를 투명하게 공개하고, 국제사회의 객관적 검증을 수용하기 바랍니다."라고 밝혔다.

원전은 언제 어디서든 사고가 날 수 있다. 그 사고가 일어나게 되면 원전을 통해 얻은 전기의 혜택보다 몇십 배 큰 재앙을 맞이해야 한다.

한국에 있는 노후화된 원전도 지금 크고 작은 고장사고을 내고 있다. 원전에서 나온 고준위 핵폐기물을 영구 격리할 시설이 없어서 원전 내에서 보관하고 있다. 원전을 멈추게 되면, 핵폐기물을 원전에 그대로 둔 채 다시 원전을 시멘트로 밀폐하는 방식으로 핵폐기물을 관리해야 한다.

원전사고가 나지 않더라도, 원전을 이용한 전력생산은 핵폐기물의 처리를 후손들에게 맡기는 몰염치한 전기생산 방법이다.

# 종교가 된
# 천안함 사건

무책임한 '말 폭탄'으로 위기를 조장하고, 진영대결의 하수인을 자처하는 '편향적 이념외교'를 고집하면 언제든 비극의 역사가 반복될 수 있습니다.

### 이래경 민주당 혁신위원장 9시간 만에 사퇴

2023년 6월 5일 이재명 대표는 민주당의 혁신위원장으로 이래경 다른백년 이사장을 임명했다. 민주당을 지지하는 커뮤니티에서는 매우 환영하는 분위기였다. 하지만 임명된 지 불과 9시간 만에 자진해서 사퇴하고 말았다.

이래경 이사장이 혁신위원장으로 임명되자마자 그가 2023년 2월 10일 페이스북에 쓴 글을 갖고 민주당 내 일부 의원들과 보수 언론들은 집중적인 공격을 시작했다.

이래경에 위원장은 페이스북에 "자폭된 천안함 사건을 조작하여 남북관계를 파탄 낸 미 패권 세력들이 이번에는 궤도를 벗어난 중국의 기상측정용 비행기구를 마치 외계인의 침공처럼 엄청난 '국가위협'으로 과장하여 연일 대서특필하고 골 빈 한국언론들은 이를 받아쓰기에 바쁩니다."라고 쓰면서 이를 '광대의 소동'이라고 평한 미국 군사 관계 전문가 글을 소개한 데 이어, 중국당국의 견해를 밝히는 글로벌 타임스의 사설을 공유했다.

현충일을 하루 앞두고, 천안함 사건이 북한의 폭침이 아니라, 좌초 또는 자폭 되었다는 이강래 이사장의 페이스북 글을 문제 삼은 것이다.

천안함 사건은 대한민국에서 이미 종교가 되었다. 천안함이 북한에 의한 폭침이라고 믿으면 올바른 대한민국 국민이고, 정부의 발표와 달리 북한 소행이 아니라고 하면 '빨갱이' 또는 '반국가주의자'로 낙인찍힌다. 마녀사냥의 대표적인 소재로 쓰이는 것이 천안함 사건이다.


## 천안함 사건의 진실 찾기

2010년 3월 26일 백령도 해상에서 멀쩡하던 천안함이 두 동강나서 46명의 병사가 숨지는 사건이 발생했다. 이 사건은 10년이나 지났음에도 불구하고 북한의 폭침인지 아닌지에 대한 의견이 엇갈리고 있다. 다만 당시 이명박 정권은 이 사건을 북한의 잠수정을 이용한 어뢰 공격으로 폭침되었다고 공식 발표했다. 하지만 북한의 입장은 여전히 자신들과 관련이 없다는 것이다. 당연히 이 사건으로 인해 남북 간의 긴장이 고조되었다.

당시 민군합동조사단에 민주당 추천 몫으로 참가했던 신상철 전 조사위원은 2020년 9월 7일 '천안함 폭침 원인을 밝혀달라'라는 취지의 진정서를 대통령 소속 군사망사고진상규명위원회규명위에 제출했고, 2021년 3월 31일 규명위가 천안함 폭침 사건을 재조사하기로 했다는 소식이 알려졌다.

이 소식이 알려지자 전준영 천안함 생존자 예비역전우회장은 "나라가 미쳐 46명의 사망 원인을 다시 밝힌다면 몸에 휘발유를 뿌리고 청와대 앞에서 죽고 싶은 심정"이라고 밝히는 등 천안함의 생존자, 유족, 언론의 반대가 끊이지 않았다. 결국, 규명위는 재조사에 반대하는 유족, 언론에 밀려 재조사를 철회하겠다고 2021년 4월 2일 발표했다.

천안함 사건에 끊임없이 의문을 제기하게 되는 것은 어뢰의 공격으로 피격당한 천안함치고는 너무나 깨끗했으며, 사망자들은 모두 익사에 의한 사망이었다는 것이다. 당연히 이 사건에 의문이 갖을만하다. 그렇기에 법원은 사건 이후 10년 동안 줄곧 폭침설을 부인하고 관련 책까지 출판한 신상철 조사위원에 대해서 허위사실로 처벌하지 못했다.

이 사건이 북한에 폭침이 맞는다면, 대한민국 국군이 보인 태도는 더욱 의심스럽다. 천안함이 북한에 의한 폭침이라면, 이는 경계에 실패한 것이며, 전투에서 진 치욕적인 결과라고 할 수 있다. 대한민국의 국군은 전시나 평상시나 적군의 공격으로부터 자신을 보호하고, 그에 대응하는 공격을 해야만 한다. 그럼에도 불구하고 천안함 사건은 국군이 먼저 좌초 같은 사고를 부인하고, 오히려 적군에게 피격을 당했다고 당당하게 말하고 있다. 좌초로 천안함을 잃은 것보다, 적군의 피격으로 천안함을 잃은 게 더 명예롭다는 것은 이해가 되지 않는다. 더욱이 이해가 안 되는 것은 천안함 함장 최원일 중령은 만기제대를 하고, 제대할 때는 대령으로 승진까지 했다. 천안함이 이명박 정부의 발표대로 북한에 의한 폭침이었다면, 그 공격을 막아내지 못하고, 부하들의 생명을 46명이나 잃은 지휘관은 군사재판에 세워도 할 말이 없는 사건이었다. 그런데 어떻게 된 것인지 천안함 폭침으로 병사 46명을 잃고, 함정을 잃었는데도 그 누구도 처벌받지 않았다. 얼마 전 노크 귀순으로 문제를 일으켰던 사단은 사단장부터 병사들까지 무더기 징계를 받았는데, 천안함 사건은 아무리 생각해도 이해가 되지 않는다. 그러니 천안함 사건은 폭침이 아닐 것이라는 의심이 10년이 지난 지금도 있는 것이다. 그것은 마치 KAL기를 폭파했다는 주범 김현희를 사형이나 무기징역을 살리지 않고, 안기부의 직원과 결혼을 시켜서 대한민국에서 떵떵거리며 살게 하는 것과 판박이다. 그래서 김현희가 조작된 증인이라는 의심을 받는 것이다.

## 사상검증의 도구로 쓰이는 천안함 사건

천안함 사건은 선거 때만 되면 민주당 후보들을 물고 늘어지는 소재가 되었다. "천안함은 북한에 의한 폭침으로 침몰한 것입니까? 아닙니까?" 이렇게 몰아붙인다. 대한민국의 국민 중 절반은 북한의 폭침이라는 정부의 발표를 믿지 않고 있다. 그런데 선거철만 되면 민주당의 국회의원, 지자체 단체장, 장관, 대통령 후보들은 "천안함은 폭침이 맞습니다."라는 비굴한 대답을 해야만 했다. 만일 "천안함은 북한의 폭침이라는 정부 발표를 신뢰하지 못하겠다."라는 말만 해도 친북좌파, 종북좌파라고 맹비난을 받는다. 천안함의 북한 폭침을 믿지 못하면 대한민국 국민이 아니라고 한다. 천안함의 사건은 과학적 검증의 대상이 아니라, 북한은 악마라는 종교의 영역이 되었다. 그리고 그 종교는 애국의 기본조건이 되어 무조건 믿어야만 하는 것이다.

하지만 여전히 대한민국 국민의 절반은 종교적이기보다는 과학적이다. 천안함 사건이 북한의 폭침이라는 정부의 주장을 신뢰하지 않고 있다. 그런 훌륭한 국민이 있는데고 불구하고 민주당의 후보들이 하나같이 북한의 폭침이 맞는다고 말하는 것은 비굴하기 짝이 없다.

필자는 북한에 의한 폭침은 말도 안 되는 주장이라고 생각한다. 북한은 그럴 능력 자체가 없다. 서해바다의 그 낮은 해수면에서 쥐도 새도 모르게 내려와 천안함을 박살 내고, 잡히지도 않은 채 다시 북으로 돌아갔다는 주장 자체가 북한의 능력을 고무 찬양하는 일이다. 국방비를 북한과 비교하면 100배나 더 쓰면서도 천안함이 북한의 잠수정에 의해 피격되었다면 이는 대한민국 해군의 수치이다. 오히려 쪽팔려서 북한에서 폭침시켰다고 우겨도 좌초했다고 축소해도 모자랄 판이다. 그런데 정작 북한은 자신들의 소행이 아니라고 하지 않는가.

천안함이 북한에 의한 폭침이라면, 46명의 병사는 '전사'가 되는 것이고, 좌초에 의한 사고였다면 '순직'이 된다. 전사자들에게 더 많은 유족연금이 지급되다 보니 유족들은 전사 상태를 그대로 유지하고 싶어서 천안함 재조사를 반대하는 것은 아닌지 의심스럽다.

재조사 결과 폭침이 아닌 좌초라고 나오게 된다면 그게 왜 46명 병사의 명예를 훼손하는 것인지 이해가 되지 않는다. 북한에 의한 폭침으로 병사들이 전사되었다면 그것은 명예로운 것이고, 좌초로 의해 안타깝게 순직을 한 것이라면 그것은 명예롭지 않다는 말인가? 오히려 경계근무에서 실패하고, 전투에서 패배한 병사들보다는 정상적인 근무를 하다가 낡은 군함의 뜻하지 않은 사고로 목숨을 잃게 된 것이 더 명예롭지 않은가?

희생된 46명의 병사는 전사가 되었든 순직이 되었던 그 희생은 마땅히 존중받아야 한다. 그들의 명예를 진심으로 지키기 위해서라도 전국민의 절반이 의심하고 있는 천안함 사건에 대한 명백한 과학적 입증이 필요하다. 북한도 이미 천안함 사건을 함께 조사하자고 제안하지 않았던가.

이재명 대표가 이래경 이사장을 혁신위원장으로 임명할 때 필자는 이제 민주당이 천안함이 북한에 의한 폭침이라는 허무맹랑한 주장에 마지못해 동조하면서 '천안함은 북한에 의한 폭침'이라는 비굴한 대답을 하지 않고 진실에 한 발 더 다가서게 되기를 희망했다.

천안함이 북한에 의한 폭침이든, 좌초이든 그 사건으로 희생된 46명의 병사의 죽음에는 마땅히 경의와 추모의 마음을 가져야 한다.

이재명은 2021년 3월 26일 페이스북을 통하여 다음과 같이 밝혔다.

서해수호의 날을 맞아 국가의 안보를 위해, 동료 시민의 안전한 일상을 위해 목숨 바쳐 헌신한 이 땅의 모든 장병께 경의와 추모의 마음을 올립니다.

안보정책을 두고 다양한 입장이 있을 수 있습니다. 그러나 나라 위해 목숨 걸고 복무한 이들에게 합당한 대우를 해야 한다는 점에는 이견이 있을 수 없습니다. 숭고한 희생을 감내한 이들을 충분히 예우하지 않는다면 앞으로 누구도 국가를 위해 앞장서 나서지 않을 것입니다.

목숨 바쳐 헌신한 모든 장병의 희생을 기억하며 그에 맞는 예우와 보상이 뒤따를 수 있도록 정치와 행정의 각별한 책무를 되새기겠습니다.

민주당의 책임자는 저이고 저는 분열 책동을 극복하고 힘을 모아 총선에서 반드시 이겨야 할 책임이 있습니다. 총선승리의 가장 큰 장애는 분열과 갈등입니다. 민주당원이라면, 이재명의 지지자라면 더 크게, 더 넓게, 더 멀리 보고 갈등 균열을 최소화하기 위해 노력해 주십시오. 그게 승리의 길이자 이재명이 가는 길입니다.

### 4장

# 이재명과 함께
# 하나가 되자

# 이재명의 상징
# 기본소득

부자 감세, 노인 일주리 감축은 서민의
지갑을 털어 부자 곳간을 채우는 정책
이다.

## 이재명다움의 실종

이재명의 상징은 누가 뭐라 해도 기본소득이다. 하지만 지난 대선에서 기본소득은 자취를 감췄다고 해도 과언이 아니었다. 대선 선거운동 초기에는 기본소득을 포기하는 거 아닌가 하는 의심까지 받았다. 선거운동 전략상 최고의 슬러건으로 하기에는 부담을 느꼈을 수도 있다. 하지만 기본소득에 대한 소극적인 언급이 '이재명다움'의 실종으로 이어져 지지층의 일부가 이탈하기까지 했다. 선거 후반부에는 다시 기본소득을 언급했지만, 안철수 단일화 이슈에 묻혔다. 그리고 선거는 아슬아슬한 석패였다.

이재명 기본소득의 적극 지지자로서 매우 아쉬운 선거 과정이었다. 이재명이란 정치인은 '이재명다움'으로 무장했을 때 지지

자들이 적극적으로 결집한다.

지금 현재 민주당에서는 기본소득에 대한 논의는 적극적으로 이루어지지 않고 있다. 성남시장, 경기도 지사 시절에는 이재명 스스로가 기본소득 논쟁을 이끌었지만, 현재는 민주당 산하에 있는 '기본사회위원회'를 중심으로 이루어지고 있다. 위원장엔 이재명 당대표, 수석부위원장에는 우원식 의원이다.

### 고용 없는 성장의 시대

지난 2017년 민주당 대선후보 경선 때부터 지금까지 이재명은 기본소득 도입을 줄기차게 주장하고 있다. 시간이 흐르는 사이 이재명의 기본소득은 정치·사회적 논쟁의 주된 관심사가 되었으며, 이재명의 정책도 정교해지고 있다.

대한민국은 세계 어떤 나라보다 디지털화가 빠르게 나타나고 있다. 인터넷 보급률은 세계 최고이며, IT산업은 세계를 선도하고 있다. 하지만 대한민국의 산업 성장이 대기업 주도로 이루어지고 있는 것은 오래된 숙제이기도 하다.

반도체, 자동차, 조선, 철강, 가전 등은 세계 굴지의 글로벌 기업들과의 경쟁에서도 강력한 경쟁력을 갖고 있다. 하지만 중소기업의 성장은 대기업의 성장에 비해서 발전이 더뎌지고 있다. 그러다 보니 세계 그 어느 나라보다도 자영업 비중이 높은 나라이며, 자영업 중에서도 요식업의 비중이 월등히 높다.

한국은 그 어떤 나라보다도 AI가 접목된 산업의 발전이 빠르게 진척되고 있다. 외국인들이 한국에 오면 10년 이상은 앞선 미래에 와 있다는 느낌을 받는다고 한다.

AI를 포함한 IT 기술을 바탕으로 한 관리 시스템은 필연적으로 사람이 차지했던 일자리를 줄어들게 했다. 고속도로 톨케이트마다 고용되었던 요금을 받던 노동자는 하이패스가 일반화되면서 일자리를 잃게 되었고, 건물마다 있던 요금을 받던 주차 관리원도 무인 요금정산기의 폭넓은 보급으로 인해 일자리를 잃게 되었다.

21세기 이전에는 매출의 규모에 비례해서 고용되는 노동자의 숫자도 증가했으나, 21세기 이후에 접어들면서는 매출이 아무리 늘어도 더이상 고용을 늘리지 않아도 생산량을 충분히 유지할 수 있게 되었다.

그럼으로써 대한민국의 대기업들은 막대한 수익을 내고 있음에도 불구하고 더이상 새로운 투자처를 찾지 못해 엄청난 현금을 사내보유금으로 쌓아놓고 있다. 상위 10개 기업이 쌓아놓고 있는 사내보유금은 대한민국의 1년 예산에 버금갈 정도이다.

대기업의 엄청난 수익으로 인해 대한민국의 GDP는 해마다 빠른 속도로 올라가면서 부자나라가 되어 가고 있으나, 대한민국의 절대다수의 삶은 크게 나아지지 않고 있다.

대한민국의 2020년 1인당 GNI는 30,000달러를 넘고 있으나, 대한민국에서 중소기업 이하에 다니거나 자영업에 종사하고 있는 사람들의 평균수입은 월 200만 원을 겨우 넘기고 있는 현실이다. 미성년자나 부양해야 할 부모 중 한 사람이 있는 3인 가정을 평균으로 보면 월 300만 원으로 3인 가족이 생활을 해야 한다.

대한민국의 평균 GNI로만 보면 3인 가족의 평균수입은 8백만 원은 되어야 하지만, 현실은 그에 비해서 500만 원이나 부족하다. 더 심각한 것은 시간이 갈수록 그 차이가 더 벌어지리라는 것이다. 국가는 부자나라가 되어있지만, 절대다수의 서민들은 최저임금의 아르바이트 자리도 구하지 못해 일자리를 찾아 헤매는 것이 현실이다. 양질의 일자리가 턱없이 부족한 것이다.


## 자본에는 국경이 없다

고용 없는 성장의 시대에 대기업들이 엄청나게 쌓아놓은 사내보유금을 풀어서 고용을 창출할 것을 요구하는 것은 이미 무리이다. 돈을 많이 벌었다고 해서 비효율적인 고용을 유지하거나, 늘리라고 하는 것도 설득력이 떨어진다.

하지만 지금 이렇게 벌어진 소득 격차를 해소하지 않는다면 더이상 소비 여력이 없는 사람들로 인하여 대한민국의 내수시장은 붕괴한다. 대한민국의 내수시장이 붕괴한다고 해도 당장 글로벌기업이 된 대기업은 절대 망하지 않는다. 이들의 매출 중 국내 매출이 차지하는 비중이 그리 높지 않기 때문에 대한민국의 내수시장이 붕괴한다고 해서 대기업의 매출 위기가 바로 나타나는 것이 아니다. 여전히 세계는 넓고 팔 수 있는 물건은 많기 때문이다.

자본에는 국경이 없다고 한다. 미국 현지에 공장이 있는 현대자동차와 한국에 공장이 있는 쉐보레가 있다. 미국 현지에 있는 현대자동차와 한국에 있는 쉐보레 중 우리 대한민국에 실질적인 도움을 주는 자동차 회사는 어디이겠는가? 미국 현지에 있는 현대자동차는 미국인 노동자를 고용하고, 거기서 벌어들인 수익 일부를 미국에 세금으로 낸다. 그 반대로 한국에 진출해 있는 쉐보레는 한국의 노동자들을 고용하고 거기서 벌어들인 수익 일부를 한국에 세금으로 낸다.

세계 각국은 외국의 자본을 유치하기 위하여 치열한 로비를 펼친다. 한국의 어떤 기업은 외국으로 진출을 하고, 외국의 어떤 기업은 반대로 한국에 들어온다. 자본은 국경 없이 그들의 수익을 극대화할 수 있는 장소로 움직이게 된다.

한국의 국민 중 절대다수가 구매력을 잃게 된다면, 글로벌 기업들은 필연적으로 구매력을 지닌 나라로 진출을 하게 되는데, 구매력을 지닌 나라들은 자국에 생산 기지를 만들 것을 요구하고 있다.

## 기본소득의 기능

기본소득은 전국민의 수입을 늘려서, 구매력을 잃은 서민들에게 구매력을 강화하는 역할을 하게 한다. 그래서 대기업뿐만 아니라 많은 중소기업이 안정적으로 국내에서 매출을 일으킬 수 있는 기초를 다지게 한다.

하지만 기본소득을 실현하기 위해서는 소득이 증가하는 계층에 대한 확실한 증세가 필요하다.

## 법인세의 정상화

이재명은 기본소득의 실현을 위한 증세에서 첫 번째로 법인세를 더이상 깎아주지 않고 걷는 것은 물론이고, 더 나아가 법인세율을 유럽 선진국 수준으로 정상화하는 것부터 시작하려고 한다. 법인세뿐만 아니라 불로소득에 대해 엄격한 세금을 부과해야만 하는 것은 당연하다.

법인세율을 높이거나 깎아주지 않는다고 하면, 우리나라는 해당 사항도 안되는 사람들이 보수언론의 논조에 포획되어 반대하는 이상한 현상이 나타난다. 미국에서는 몇몇 영향력 있는 상위

1%의 자산가들이 선도적으로 법인세 및 부자 증세를 줄기차게 요구했다. 다시 말해 자신들은 돈을 많이 벌고 있으니 세금을 더 내겠다는 것이다. 그런데 우리나라 부자들은 지금 내는 세금도 많다면서 엄살을 떨고 있다.

윤석열 정부는 임기를 시작하자마자 법인세를 깎아주는 일부터 시작했다. 최근 윤석열 스스로 만들어놓은 탈중국, 반러시아 정책과 더불어, 미국의 보호무역으로 인하여 수출이 심각한 타격을 입고 있다. 삼성, 현대, SK, LG 등의 영업이익 저하는 법인세를 덜 걷히게 하고 있다. 전년보다 덜 걷힌 법인세의 절대액과 더불어 법인세 인하는 정부 재정에 엄청난 부담을 주고 있다.

미국의 바이든 정부는 마침내 2021년 4월 29일 절대 낙수효과는 없다면서 "이제 재계와 미국 내 상위 1% 부자들이 공정한 몫을 부담해야 할 때가 됐다."라면서 연간 4억 4천만 원 이상 버는 고소득자의 소득세 최고세율을 37%에서 2.6% 포인트 올리고 주식이나 부동산 매각으로 연 11억 원 이상의 자본이득에 대해서는 최고세율을 현재 20%에서 39.6%로 2배 올리기로 했다. 중산층에는 어떤 세금도 올리지 않을 것이며 상위 1% 슈퍼부자들에 대한 증세를 선언했다. 그래서 3, 4세 어린이집 무상교육, 2년제 지역전문대학 무상교육, 보육 지원 확대, 가족 돌봄 유급 휴가 확대 등에 투입할 방침이다.

상위 1% 슈퍼부자에 대한 세금 인상은 이미 이재명도 주장한 것이다. 틈만 나면 미국의 정책을 찬양하면서 미국이 하는 대로 하고 싶어 하는 대한민국 언론들이 우리도 이렇게 해야 한다고 보도해주길 바란다. 하지만 우리의 언론들은 그럴 리가 없다. 미국이 진짜 잘하는 일은 보도하지 않고 외면한다.

## 소득이 있는 곳에 세금이 있다

두 번째는 소득이 있는 곳에 세금이 있다는 확실한 세금 정책이 있어야 한다. 금융소득주식, 예금에 세금을 부과하는 것에 대해서는 매우 익숙해 있다. 하지만 토지 건물 등에 부과하는 세금은 턱없이 부족하다.

땅값이 오르고 아파트 가격이 천정부지로 치솟을 때 더 부담해야 할 세금은 그만큼 따라가지 못하고 있다. 부동산 투기의 광풍을 일으킨 원인도 결국 부동산의 가치가 올라도 부담해야 할 세금이 약하기 때문이다.

아파트 10억에 산 아파트가 20억이 되었는데도 재산세가 일이백 올랐다고 세금 폭탄을 맞았다고 아우성치고 있다. 엄밀히 말하면 10억의 불로소득이 생긴 것이고, 불로소득의 세율은 33%이다. 로또 복권을 사서 1등에 당첨되면 불로소득이라 해서 33%의 세금을 걷어가면서, 아파트에 투기하여 얻은 불로소득에 대해서는 왜 그렇게 세금을 부과하지 않는 것일까.

모든 부동산 개발로 인한 개발수입의 혜택을 전국민이 골고루 누릴 수 있도록 정확한 징세가 필요하다. 그렇게 하면 전국민 기본소득이 결코 이룰 수 없는 꿈만은 아닐 것이다.

이재명은 이렇게 마련된 재원으로 전국민에게 월 50만 원 정도의 기본소득을 주고 싶어 한다. 물론 지금 당장 할 수는 없을 것이다. 슈퍼부자의 저항을 뿌리치고 그들에 대해 증세를 해야만 가능하다. 그래서 월 5만 원이 되든 10만 원이 되든 그 시작을 하겠다는 것이다. 월 10만 원만 주어도 3인 가족 기준으로 30만 원의 가게 수입이 늘어나게 된다. 그리고 그 돈을 지역화폐를 통하여 지급하게 된다면 소상공인의 매출도 늘어나게 되는 것이다.

중산층 이하 가정에는 수입이 증가하고, 소비가 늘어나니 경제는 활력이 생기고, 그로 인해 다시 국가의 세수도 늘어나는 선순환 효과가 나타날 것이다.

# 기본소득
# 토지세

저항이 있는 증세가 성공하려면 증세가
징벌 아닌 납세자 이익이 되도록 설계하
고 또 납득시켜야 합니다.

## 토지공개념

이재명은 2016년 대선 때부터 '국토보유세'를 외쳐왔다. 국토
보유세는 일종의 부유세이기도 하다. 국민소유의 국토를 점유하
고 있는 사람들에게 세금을 걷겠다는 것이다. 여기서 나온 재원
으로 이재명 하면 떠 오르는 기본소득을 시행하겠다는 것이다.

국토보유세의 근간이 되는 토지공개념은 노태우 정권에서 처
음 도입되었다. 1980년대 후반 도시화와 산업화로 인한 고도성
장기를 맞아 전국적으로 토지투기 문제가 심각하게 등장하면서
부동산문제로 인한 계층 갈등이 매우 심화 되기에 이르렀다. 또
한, 부족한 토지공급문제를 해결하는 것이 가장 중요한 과제로
인식되면서 토지의 공공성 확보 문제가 주요쟁점으로 나타났다.

노태우 정권은 이러한 문제를 해결하려는 방안으로 토지공개념 제도를 도입하였다. 구체적으로 택지소유상한제, 개발이익환수제, 토지초과이득세 등의 토지3법이 마련되었다.

택지소유상한에 관한 법률1989.12.30. 법률 제4171호, 개발이익환수에 관한 법률1989.12.30. 법률 제4175호, 토지초과이득세법1989.12.30. 법률 제4177호 등의 3개 법률이 토지공개념으로 도입되어 법제화되었다.

하지만 택지소유상한제법은 1998년 4월 29일 헌법불합치 판정, 개발이익환수제법은 1998년 6월 25일 개발부담금에 대한 지가산정에 대한 위헌 판결, 토지초과이득세법은 1994년 7월 29일 헌법불합치 판정을 받았다. 따라서 택지소유상한제법 폐지1998.9.19. 법률 제5571호, 개발이익환수제법 개정1998.9.19. 법률 제5572호, 토지초과이득세법 폐지1998.12.28. 법률 제5586호 등 토지공개념 3개 법률의 개정 및 폐지로 나타났다.


## 이재명이 부활시킨 토지공개념

노태우 정권에서 도입된 토지공개념 3법은 시행 후 10여 년 만에 대부분 폐지되거나 핵심사항이 개정되면서 법률은 사실상 소멸되고 말았다.

하지만 이재명은 성남시장 시절 대장동 공공개발을 통하여 꺼졌던 토지공개념에 불씨를 살려냈다. 대장동을 공공개발하는 것은 물론이고, 개발이익을 시민들에게 현금으로 돌려주려는 정책까지 추진하려 했다. 성남시장 시절 대장동을 통하여 성과를 낸 이재명은 이 정책을 경기도는 물론 전국으로 확산시키려는 계획을 세우고 있다.

이재명의 핵심정책인 전국민 기본소득의 재원으로 구상하고 있는 것이 '기본소득토지세'이다. 기본소득토지세는 법을 신설해야 한다. 현재 우리나라의 주택, 토지에 대한 보유세 실효세율이 낮으며, 매매 거래 과정에서 보유세를 매도자에게 전가, 개인 및 법의인 부동산 투기 심화를 부추기고 있다는 것이 이재명의 생각이다.

매매가 이루어져 시세차익이 발생할 때 한하여 징수하는데, 이마저도 장기 보유를 했을 경우 대폭 삭감되고 있다. 매매 거래가 이루어질 때만 발생하는 보유세에 대신에 기본소득토지세를 신설해서 공정한 세금 징수와 부동산 투기 차단을 동시에 이루겠다는 것이다. 이를 통해 징수한 기본소득토지세 전액을 전국민에게 '토지배당' 형식으로 기본소득화 한다는 것이다.

토지와 건물을 사고파는 과정에서만 양도세, 취득세가 발생하는데, 양도세, 취득세에 대한 세율은 내려서 거래를 활발하게 하고, 현재 실시되고 있는 거래가격의 투명성을 통해서 공시가격을 실거래가격에 맞춰 산정하고, 고시가격에 부과되는 재산세율을 높인 '기본소득토지세'로 거둬들인 증세분은 전액 지역화폐를 통해 전국민에게 균등하게 환급하자는 것이다.

이재명은 2020년 7월 9일 자신의 페이스북에 〈부동산 대책 제3은 투기용 부동산의 증세와 기본소득토지세 도입〉이라는 제목으로 다음과 같은 의견을 냈다.

집값 폭등을 포함한 부동산문제는 토지의 유한성에 기초한 불로소득지대 때문이고, 지대는 경제발전과 도시집중으로 늘어날 수밖에 없습니다.

이 불로소득은 없앨 수도 없고 없앨 이유도 없으며 헌법에도 토지공개념이 있으니 조세로 환수해 고루 혜택을 누리는 것이 합당합니다.

지금의 부동산문제는 과잉유동성, 정책 왜곡과 정책 신뢰상실, 불안감, 투기목적 사재기, 관대한 세금, 소유자 우위 정책 등이 결합된 심각한 사회문제입니다.

거래허가제나 대출 및 거래 규제 등 불로소득증가 억제조치는 단기효과는 몰라도 장기적 근본대책이 되기 어렵고 풍선효과를 수반

합니다.

따라서 자유로운 거래를 허용하되 필연적으로 발생 증가하는 불로소득을 부동산세취득 보유 양도세로 최대한 환수해야 합니다. 실거주용 1주택은 통상적 수준의 부동산세 부과와 조세감면으로 일부 불로소득을 허용하되 그 외 비주거용 주택이나 법인의 비업무용 부동산 등은 불로소득을 대부분 회수하여 투자나 투기가 불가능하도록 강력하게 증세해야 합니다.

저항이 있는 증세가 성공하려면 증세가 징벌 아닌 납세자 이익이 되도록 설계하고 또 납득시켜야 합니다. 민주국가에서 조세는 전액 국민을 위해 쓰이므로 나쁜 것이 아니지만, 낭비나 부정부패에 따른 불신으로 세금은 내는 만큼 손해라는 불신이 팽배합니다.

이 불신을 줄이려면 세금이 납세자를 위해 전적으로 쓰이고 대다수 국민은 내는 세금보다 받는 혜택이 더 많음을 체험해야 합니다. 이미 재난기본소득재난지원금에서 체험한 것처럼 정책목표를 위한 세금을 걷어야 한다면 써서 없앨 것이 아니라 국민소득과 소비로 연결시켜 복지와 경제 활성화 두 마리 토끼를 동시에 잡는 지역화폐형 기본소득으로 전액 지급하는 것이 최선입니다.

개인토지소유자 상위 10%가 전체 개인토지의 64.7%를, 법인토지소유자 상위 1%가 전체 법인토지의 75.2%를 소유할 정도2014년로 토지 불평등이 심각한데, 부동산증세액을 공평하게 환급하면 소득분포상 국민 90% 이상이 내는 세금보다 혜택이 더 많게 됩니다.

단기소멸 지역화폐로 환급하면 소비 매출과 생산 및 일자리 증가로 경제가 활성화되고, 경제활성화 이익은 대부분 고액납세자에 귀속

되므로 조세저항은 매우 적을 것입니다.

우리나라는 복지지출이 OECD 평균인 22%의 절반11%에 불과한 저부담 저복지 국가이고, 국민 가처분소득 중 정부이전소득세금으로 지원받는 현금복지이 OECD 평균21.4%의 ⅙에도 못 미치는 3.6%2009년입니다.

중부담 중복지를 거쳐 고부담 고복지 사회로 가려면 어차피 증세로 복지를 늘려야 하므로 늘어날 복지지출의 일부를 경제효과가 큰 지역화폐형 기본소득으로 지급하면 저항 없이 증세와 복지확대를 실현시킬 수 있습니다.

건물은 사람이 만들지만, 토지는 한정된 자원으로 국민 모두의 것이니 기본소득 목적 국토보유세기본소득토지세는 건물 아닌 토지아파트는 대지 지분에만 부과됩니다. 현재 토지세는 재산세와 종부세로 토지가액의 0.16% 정도를 내는데, 비주거 주택 등 투기투자용 토지는 0.5%~1%까지 증세하되 증세분 전액을 지역화폐로 전국민 균등환급합니다. 시뮬레이션 결과 국민 96%는 토지세를 아예 안 내거나 토지가 있지만 내는 토지세보다 환급금이 더 많습니다.

결국, 기본소득토지세는 토지 불로소득 환수로 부동산투기 억제, 조세조항 없는 증세와 복지확대 및 불평등완화, 일자리와 소비축소로 구조적 불황이 우려되는 4차산업혁명 시대에 소비확대를 통한 경제 활성화 등 다중 복합효과를 가집니다.

기본소득토지세의 전국시행이 어렵다면 세목과 최고세율재산세와 종부세를 합한 0.5~1% 이내을 지방세기본법에 정한 후 시행 여부와 세부세율은 광역시도 조례에 위임하면, 경기도가 선도적으로 시행하여 기본소득토지세의 부동산투기 억제, 복지확대, 불평등완화, 경제 활성화 효과를 직접 증명해 보이겠습니다.

오해할 수 있어 첨언하면, 주택은 주거용 필수품이고 부동산세 중과는 투기투자 자산에 한정해야 하므로 무주택자의 실거주용 매입과 실거주 1주택은 중과세에서 당연히 제외해야 합니다.

위기를 기회로 만드는 것이 진짜 실력입니다.

지금의 부동산 대란 위기를, 공정하고 충분한 부동산 증세와 기본소득으로 망국적 부동산 투기의 원천봉쇄, 복지확대와 경제 회생, 4차산업혁명 시대 모범적 k-경제의 길을 여는 기회로 만들기 바랍니다.

# 서민의 희망
# 기본대출

금융은 특정 개인, 기업, 시장에서 만들어지는 것이 아니라 국가 정책의 소산이기 때문에 그 혜택은 모든 사람이 일정 부분 함께 누릴 필요가 있다.

### 불평등한 대출

이재명의 기본 시리즈 중 기본소득과 더불어 가장 많은 관심을 받는 것이 기본대출이다. 대출을 받고 싶어도 대출을 받을 수 없는 사람들이 많기 때문이다.

제1금융권의 2021년 현재 신용대출 금리는 3.54%이다. 하지만 누구나 다 알다시피 신용등급 6등급 이하 국민은 은행에서 돈을 빌릴 수가 없다. 신용등급 6등급 이하 국민은 전국민의 75%를 차지한다. 때에 따라서는 6등급에도 엄격한 심사를 통과하면 대출이 되기도 하는데 7등급 이하는 꿈도 꿀 수 없다. 7등급 이하는 전국민의 53%를 차지한다. 이들은 제2금융권이나 대부업에서 대출을 받는데 은행에서 내는 이자율에 2배에 해당하는 이

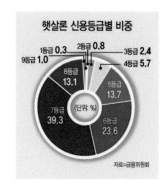

햇살론 신용등급별 비중

1등급 0.3 2등급 0.8 3등급 2.4
9등급 1.0 4등급 5.7
8등급 13.1
5등급 13.7
7등급 39.3 (단위: %)
6등급 23.6
자료=금융위원회

자를 부담해야 한다. 6등급 이하 등급이 가장 많이 이용하는 대출 상품이 햇살론인데 보통 7~9%의 이자율이다. 그나마 햇살론이라도 이용할 수 있는 사람들은 행복한 사람들이다. 햇살론을 제외한 제2금융권의 신용대출 금리는 10~24%이다. 그나마 이자제한법이 통과되어 20%까지 되어 있지만, 그 이전에 받은 대출에 대해서는 전액 상환하고 다시 대출받지 않는 한 24%의 대출이자를 부담해야 한다. 그만큼 이재명의 기본대출에 대해서 관심이 많을 수밖에 없다.

한국은행은 발권 기능을 갖는 대한민국의 유일한 은행이다. 우리가 쓰는 모든 돈은 한국은행권이다. 대한민국의 경제가 성장한다는 것은 그만큼 한국은행에서 발행한 돈의 액수가 많다는 것이다. 대충 한국의 경제 규모가 3% 성장했다고 하면, 한국은행에서 전년보다 3% 정도의 발권을 했다고 보면 된다. 한국의 GDP가 1천조 원이라고 한다면 30조 원 정도를 새로 찍어야 한다. 그런데 30조 원을 새로 발권을 하면, 그 돈을 시중은행에 0.5%의 금리로 공급을 한다. 시중은행은 0.5%에 자신들의 이윤을 더해서 3.5%의 금리로 국민이나 기업에 대출을 해준다. 한국은행에서 새로 발권을 한 돈은 반드시 누군가 대출을 해야만 시중에 그 돈이 도는 것이다.

신용등급이 높은 사람들은 이렇게 해서 해마다 저금리로 대출을 할 수 있는 것이다. 한국은행의 발권으로 인한 혜택은 한국은행이 문을 연 이래 수십 년 동안 신용도가 높은 사람이나, 기업에게만 주어졌다.

이재명의 생각은 왜 이런 발권으로 인한 혜택을 그들에게만 주어져야만 하는 것인가이다.

우리는 지금까지 신용도가 낮은 사람은 높은 금리에 돈을 빌리는 것이 당연한 것이라고 생각해왔다. 그래서 은행들은 연체율이 높은 부류의 사람들에겐 낮은 신용등급을, 연체율이 낮은 부류의 사람들에게 높은 신용등급을 부여해왔다. 그리고 신용도가 높은 사람은 3.5%의 대출금리를, 신용도가 낮은 사람들은 20%의 대출금리를 부담해왔다. 한번 낮아진 신용등급을 회복시키려면 엄청난 노력과 오랜 시간이 필요하다. 신용등급 올리는 것은 어려워도 내려오는 것은 잠깐이다.

### 국가마저 서민에게 고금리 대출

이재명은 '수입이 적고, 담보가 없다 하여 초고금리를 내는 것이 당연한 것인가'라는 질문을 던진다. 대부업체의 회수율이 낮으니 연 20%의 고리를 받는 것이 당연한 것이라고 말하지만, 신용등급이 낮은 이들조차 90% 이상이 연체 없이 고금리의 원리금을 상환하고 있다고 말한다.

여기에서 더 나아가 서민들에게 실시하고 있는 대출인 햇살론을 제외하면 평균 17.9%라면서 이는 복지국가라면 서민의 금융위험을 국가가 책임져야 하는데, 국가마저 고금리로 미상환책임을 국민에게 전가한다고 비판한다. 조선을 망하게 했던 족징, 인징, 황구첨정, 백골징포에 비유하기도 했다.

지금 현재 대부업 대출을 이용하고 있는 사람들은 200만 명 정도이며, 금액은 17조 원에 달하고 있다. 이 중에 10% 정도가 연체된다면 1조 7천억 원 정도가 연체되고 있는 것이다. 어쩌면 이들이 17.9%의 이자가 아닌 3.5%의 이자로 빌렸다면 연체율은 10%가 아닌 1%도 안 되었을 것이다. 신용등급을 맹신하는 세력들은 지금 현재 신용등급이 낮은 사람들은 대출금리가 높든 낮든 연체율이 10%를 유지할 것이라고 허무맹랑한 주장을 하고 있다.

만일 국가가 대부업을 이용하고 있는 사람들에게 3.5%의 저금리로 대출을 하고, 그중에 연체율 10%를 국가가 부담한다면 어떻게 될까?

20%에 달하는 이자를 지급하고는 성공할 수 있는 사업도 실패할 수밖에 없을 것이다. 사업에 실패하고 신용불량자로 전락하게 되면 이들은 노동력을 상실하게 되고, 복지대상자로 전락하게 된다. 20%에 달하는 금리를 쓰고서라도 일어서려고 몸부림치는 사람들은 복지대상자가 되지 않고 스스로 일어서려는 사람들이다. 이들을 방치하면 그들은 결국 복지대상자가 되고, 국가는 그

들에게 막대한 복지비용을 지출해야 한다.

복지대상자가 되면 그들은 수입이 없어야 복지혜택을 받을 수 있다. 수입이 생기면 복지대상자에서 제외된다. 서민대출 연체 비용인 2조 원만 국가가 부담하면, 새롭게 복지대상자로 편입되는 사람들을 획기적으로 줄일 수 있는 것이다. 2조 원은 한국은행이 해마다 발권하는 금액인 30조 원에 겨우 7%이며, 600조 원의 대한민국 예산에 비하면 0.3%밖에 안 되는 금액이다.


## 대선공약 기본대출

기본사회위원회가 추진하는 금융제도는 모든 성인에게 일정 한도1천만 원의 저금리 마이너스 통장 개설권이나 대출을 제공하는 '기본대출'이 핵심으로 이는 지난 대선에서의 공약이기도 했다.

대한민국의 국민으로 살게 된다면 평생에 두 번 정도는 1천만 원 한도 내에서 신용등급 1등급이 누리는 3.5% 정도의 대출을 받을 권리를 주는 것이 바로 기본대출이다. 신용등급을 따지지 않고, 심지어 신용불량자로 낙인찍힌 사람들에게조차 대출을 해주는 것이다. 만일 연체를 하게 되면 국가가 그 연체를 해결해주고, 다시 한번 기회를 주는 것이다.

물론 지금 어떤 일이든 일을 해서 수입을 내고 있다는 것을 증명해야 할 것이다. 알바를 해서라도 근로소득이 있다는 것을 증명만 하면 기본 대출권을 부여하는 것이다. 신용불량자라고 하더라도 최소한의 노동 의욕이 있다면 대출을 해 줘야 할 것이다.

기본대출을 시행하면 도덕적 해이가 일어나서 연체율이 높아진다고 하는 사람들이 많은데, 그것은 잘못된 것이다. 만일 이렇게 해서 1천만 원 기본대출을 정상적으로 상환을 했다면 신용등급이 올라가서 더 많은 돈을 빌릴 수 있는 기초를 닦게 되기에 연체하면서 얻게 되는 이익보다, 연체하지 않고 정상적으로 상환하는 이득이 막대하기에 긍정적인 효과가 있을 것이다.

1천만 원이 누구에게는 아파트 한 평 살 돈의 10%에 불과한 돈이지만, 신용등급 6등급 이하 사람들에게는 구원의 손길이다. 그들은 20%의 고금리 이자율에도 불구하고 겨우 10%의 연체율밖에 안 보이는 정말 성실한 사람들이 90%이다. 만일 이들에게 4%의 저금리로 대출을 해준다면 연체율은 1%도 안 될 것이 확실하다.

1%라면 신용등급 1.2등급의 연체율과 비슷해지는 수준이다. 그들이 신용등급이 낮은 것은 남의 돈을 하찮게 여겨서 그리된 것이 아니다. 태어날 때부터 땅도 없고, 집도 없는 곳에서 태어났기 때문이다. 결코, 그들이 돈을 1천만 원도 갚을 능력도 의지도 없어서 그렇게 된 것이 아니다.

국가는 그동안 수많은 공적 자금을 망해가는 대기업에 투여해 왔다. 그리고 회수율은 50%에도 미치지 못하고 있다. 망해가는 대기업에는 수조 원을 펑펑 쓰면서 200만 서민들에게는 왜 이리 인색했는지 반성해야 할 시점이다.

이재명의 기본대출을 통해 혜택받게 될 사람들이 어림잡아 2천만 명이다. 이들에게 진정 어려울 때 옆에서 지켜주고 응원하는 것이 결국 대한민국이라는 국가라는 것을 증명해야 할 때가 다가왔다.

## 이재명의 기본대출

이재명 대표는 2023년 4월 4일 국회에서 기본사회위원회가 주최한 '청년 첫 출발, 소상공인 새 출발과 기본금융' 토론회에 참석해서 기본금융에 대해 밝혔다. 이재명 대표는 "금융은 특정 개인, 기업, 시장에서 만들어지는 것이 아니라 국가 정책의 소산이기 때문에 그 혜택은 모든 사람이 일정 부분 함께 누릴 필요가 있다."고 밝혔다.

또한 "능력 있는 사람은 많은 돈을 아주 저리로 싸게 장기로 빌리는 반면, 능력이 부족한 사람들은 돈을 빌리 기회가 거의 없고 빌리더라도 고리의 이자가 부과된다. 시장경제라는 측면에서 어쩌면 당연히 볼 수 있지만, 국가공동체 입장에서 보면 구성원의 빈익빈 부익부를 심화시킬 뿐만 아니라 매우 불평등, 부당한 결과라는 점도 분명하다. 우리가 농경사회, 산업사회를 거쳐 복지사회로 왔고 그다음 사회는 어떠한 것이어야 하는 것에 대한 고민이 있을 거라 생각한다. 그것은 우리 구성원들의 기본적인 삶이 보장되는 기본사회여야 한다. 고액 대출을 하자는 것이 아니라 사회가 합의 가능한 수준까지 모든 국민들이 금융 혜택을 누릴 수 있고 접근할 수 있게 하는 것이 가장 핵심적 정책 과제이고, 그것이 바로 기본금융이다. 앞으로 기본금융 영역에서의 기본적인 삶이라는 것이 어느 수준까지 가능할 것인지는 결국 논의를 통해 사회적 합의를 끌어내야 할 것이다."라고 말했다.

# 국민의 기본권, 주거권을 보장하는 기본주택

집은 사는buy 곳이 아니라 사는live 곳
이다.

### 소유와 정의 두 가지의 갈림길에서

인간은 누구에게나 소유하고 싶은 욕구가 있다. 반면에 더불어 살아야 한다는 정의도 있다. 소유에 대한 욕구는 매우 원초적이지만, 정의는 학습되는 것이다. 소유와 정의 두 가지 갈림길에서 대부분은 소유를 선택하고, 매우 일부가 정의를 선택한다. 그래서 예나 지금이나 관리들이 소유를 선택하지 않고 정의를 선택했을 때 청백리라는 명예를 얻는 것이다.

인간의 소유욕은 보통 의식주衣食住에서 나타난다. 좋은 옷을 입고 싶은 것, 좋은 액세서리 거기에 좋은 차를 갖고 싶은 것은 의衣의 영역이라 할 수 있다. 좋은 음식을 먹고 싶은 것食과 좋은 집에 살고 싶은 것住은 인간의 본능이다. 이런 본능의 욕구를 채

우기 위해서는 당연히 돈이 필요하다. 더 좋은 차를 몰고 다니려면 더 많은 돈이 필요하고, 더 좋은 집에 살려고 해도 더 많은 돈이 필요한 것은 당연하다.

그렇게 돈을 주고 사도 시간이 흐를수록 효용의 가치가 떨어지게 마련이다. 아무리 비싼 차를 사도 차를 사는 순간 중고차가 되고 시간에 비례해서 감가상각이 된다. 세상의 모든 물건이 그렇다. 소유하는 그 순간부터 시간이 갈수록 감가상각을 당해서 마지막에는 폐기물이 된다. 그런데 유독 집만은 그렇지가 않다. 어느 위치에 있느냐에 따라 감가상각의 법칙을 벗어나기도 한다.

한적한 시골에 근사한 주택을 지으면 평당 500만 원 1억 5천만 원으로도 30평짜리 근사한 집에 살 수 있다. 그런데 이 집은 시간이 갈수록 감가상각을 당해서 건물이 낡으면 헐고 다시 지어야 한다. 그때 이 집의 가치는 0원이 된다.

서울에 30년 40년 된 아파트는 오히려 해마다 가격이 올랐다. 그리고 재개발이 기대 때문에 새 아파트 가격의 80%까지 거래된다. 왜 도시의 아파트는 감가상각이 되지 않는 걸까?

그 이유는 간단하다. 누구나 살고 싶은 위치에 그 아파트가 존재하기 때문이다. 그런 위치는 그 도시가 만들어낸 각종 편익시설에 영향을 받는다. 역에 가깝거나, 교통이 편리하거나, 학군이 좋거나, 경관view이 좋기 때문이다. 한정된 토지 때문에 누구나 가질 수가 없다. 하지만 그런 인프라를 만든 것은 대부분 국민의 세금을 통해서이다. 세금으로 도로를 만들고, 철도를 만들고, 학교와 병원을 만들었다. 그리고 그 위치에 아파트를 짓기 위해 막대한 수용자금을 정부가 쏟아부었다. 정부가 그렇게 많은 돈을 쏟아부은 이유는 그렇게 하는 것이 공익적 이익에 부합하기 때문이다. 하지만 공익적 이익에 부합하게 지출되었어야 할 돈이 결과적으로는 사적 이익을 극대화하는데 쓰여졌다. 그래서 택지개발을 하는 데 있어서 공공임대주택의 비중을 늘리려 하고 있다. 하지만 공공임대주택을 늘리면 시행사 및 원토지 지주들의 수익이 극대화되지 않기 때문에 시행사와 지주들은 반대한다. 어떻게 하든 민간개발로 해서 불로소득을 극대화하고 싶어 한다.

### 집은 사는buy 곳이 아니라 사는live 곳이다

사회가 정상적으로 작동하게 하기 위해서는 이런 불로소득의 욕망을 적절하게 제어해야만 한다.

집은 사는buy 곳이 아니라 사는live 곳이라는 게 이재명의 철학이다. 그래서 남부럽지 않게 괜찮은 공공임대주택에 대해서 누구보다 많은 고민을 했다.

이제 불로소득이 보장되는 방식의 주택공급 정책은 지양되어야 한다. 개발을 통해 개발이익을 토지 소유자만이 독점하는 방식에서 더 많은 사람에게 개발이익이 돌아가고, 더 많은 사람이 그 개발을 통해서 행복해지고, 더 많은 사람의 주거 기본권이 보장되는 사회로 나가야 한다.

이재명의 기본 시리즈 중 집 없는 서민들의 많은 관심을 받는 것이 기본주택이다. 경기도에서는 2021년 2월 25일 광교에 '기본주택 홍보관'을 열었다.

이재명은 높은 집값 때문에 소비가 줄어 국가 경제가 침체하고, 온 국민이 일보다도 로또 분양을 찾아 전국을 떠도는 것은 나라가 망하는 길이라며 기본주택으로 주거비를 줄여 소비 여력을 늘리면 수요 확대를 통한 경제 선순환으로 경제 악화 방지와 지속 성장이 가능해진다고 말했다.

그래서 경기도 내 3기 신도시 주택은 특별한 사유가 없는 이상 로또 분양 아닌 기본주택으로 공급돼야 한다며 용적률과 금융제도 개선, 공공주택매입공사 운영 허용 등 약간의 제도만 고치면 시세 대비 건설원가가 너무 낮기 때문에 재정부담 거의 없이 무주택자에게 충분히 공급할 수 있다고 말했다.

GH 기본주택은 장기임대형과 분양형 두 가지가 있다. 장기임대형은 시세 대비 저렴한 보증금과 임대료로 장기간 임대를 할 수 있는 모델이며 기존의 장기전세 주택과 유사한 형태이다. 분양형은 토지를 제외한 주택만 분양을 받아 소유게 되고 월마다 토지 임대료를 내는 형태이다. 그러므로 추후 매도를 할 시 주택에 대한 부분만 권리행사를 할 수 있다.

이렇게 되면 1억 이하의 보증금으로도 85㎡34평형의 임대아파트에 입주할 수 있게 되어 서민의 주거환경에 획기적인 도움이 될 것이다. 면적도 다양해서 34평 외에 13평, 20평, 25평, 30평 등 식구 수에 따라 다양하게 선택할 수 있게 된다.

이재명의 기본주택은 친이재명계 초선인 이규민 의원이 대표 발의하고 정성호, 김병욱, 김진표, 김남국, 김승원 등 경기지역 의원들과 윤미향 등 25명이 공동으로 2021년 2월 26일 '공공주택특별법 개정안'을 발의함으로써 국회에서 논의될 수 있게 되었다. 이 법안에 따르면 무주택자가 30년간 거주할 수 있는 장기임대형 기본주택을 국가나 지방자치단체가 공급할 수 있는데 핵심은 거주 조건으로 소득, 자산, 나이를 따지지 않는다는 것이다.

기성 공공임대주택이 기준에 맞는 취약계층을 골라 시세보다 싼 임대료에 주택을 공급하는 '선별복지'의 개념이라면, 장기임대형 기본주택은 수혜대상을 선별하지 않는 '보편적 복지' 개념을 따르게 된다. 그리하여 보편적 주거권을 보장함으로써 서민의 주거 안정 및 주거 수준 형상을 도모하겠다는 것이다.

2021년 1월 26일 여의도에서 열린 '경기도 기본주택 토론회'에 참석한 뒤 이재명은 자신의 페이스북에 다음과 같은 내용의 글을 올렸다.

우리나라에서 주택은 거주하는 곳이 아니라 사고파는 투기의 수단
이 됐습니다. 투기가 과열되면서 평생 남의 집만 전전하며 살게 될
까 봐 영혼까지 끌어모아 집을 사는 공포수요까지 더해졌습니다.
국민의 가처분 소득 대부분이 집값 대출 갚는데 묶여 소비력은 줄
고 삶의 질은 저하되고 경제침체까지 이어집니다.

국민의 기본권으로서 주거권을 국가에서 보장해준다면 적어도 길
거리에 나앉지 않을까 하는 불안에 떨지 않아도 되고, 결과적으로
부동산 투기 과열이나 공포수요도 잦아들 것입니다.

'부동산으로 돈 벌지 못하게 하겠다'는 대통령문재인님 말씀에 답이
있습니다. 실거주 이외 수요는 금융혜택을 제한하고 불로소득은 환
수하면 투기를 억제할 수 있습니다.

경기도는 무주택자라면 누구나 입지가 좋은 곳에 위치한 고품질
의 주택에서 살 수 있도록 하는 '기본주택'을 추진하고 있습니다.

기본주택은 주변 시세보다 저렴한 적정 임대료를 내고 장기간 거주
할 수 있는 '장기임대형'과 토지사용료만 내고 지내다 되팔 때는 반
드시 공공에 환매하도록 한 '토지임대부 분양형'으로, 값싸고 질 좋
은 거주환경을 제공하면서도 투기를 차단하는 데 중점을 뒀습니다.

이를 위해서는 공공주택특별법 시행령과 기본주택 분양형 공급촉
진 특별법 제정, 공공주택 특별법, 주택법, 지방공기업법 개정 등
제도개선이 뒷받침되어야 합니다. 유연한 기금조달을 위한 금융지
원도 필요합니다.

요즘 사회를 각자도생의 세상이라고 한다지요. 미래도 주택도 직장
도 너무 불안해서 각자 인생은 각자 책임져야 하는 사회라는 말이

씁쓸합니다. 국민이 불안하지 않게 하는 것이 국가가 해야 할 최소한의 역할입니다.

오늘 국회에서 열린 '경기도 기본주택' 토론회는 무려 50분의 국회의원님들께서 공동주최를 해주셨습니다. 기본주택에 대한 관심, 깊이 감사드립니다. 모두가 주거 걱정 없이 지내도록 고품질의 기본주택 공급을 현실화하기 위해 제 소임을 다하겠습니다.

미안해요, 이재명

# 전투형
# 노무현

가진 자들에게 법은 부당한 이익을 얻기 위한 수단이었고, 총으로부터 보호하기 위한 방패였고, 다수의 우리 약자들을 쟁탈하는 무기였습니다.

### 누구보다 먼저 박근혜 퇴진을 외친 이재명

국민에게 정치인 이재명이 선명하게 각인하게 된 때는 2016년 박근혜 최순실 국정농단을 규탄하는 촛불집회 때였다. 그 이전에는 대중들에게 거의 알려지지 않은 그야말로 변방의 정치인이었다.

박근혜 최순실의 국정농단 소식을 접한 시민들은 누가 먼저랄 것도 없이 광화문광장과 서울광장 사이에 있는 소라광장에 모여들었다. 애초 2천 명 정도 모일 것으로 예상했으나 2만 명이 모여들어 촛불을 밝히었다.

이날 집회에는 이재명 성남시장, 정의당의 고 노회찬 의원, 민주당의 송영길 의원이 참석하였다. 이날 모인 시민들의 분명한 요구는 박근혜의 즉각적인 하야였다. 촛불 시민들이 하야를 외칠 때 정치권은 2선 후퇴를 얘기했다. 당시 제1야당이자 원내 2당인 더불어민주당의 구호는 꽤 오랫동안 '대통령은 국정에서 손 떼라'였다.

제1차 촛불집회가 열리던 2016년 10월 29일 소라광장에 나도 있었다. 가을이 지나가고 이제 겨울로 접어들기 시작한 때였다. 날씨도 제법 쌀쌀했다. 이날이 바로 긴 겨울을 뜨겁게 만들었던 촛불집회의 대장정이 시작된 날이었다.

그날 촛불 시민들의 열기를 보면서 우리는 대한민국 민주주의의 새로운 페이지를 쓰고 있다는 것을 느꼈다. 비록 이루 말할 수 없는 쪽팔리는 대통령을 둔 국민이지만, 이 겨울이 지나고 나면 혁명적인 변화가 일어나리라는 것을 느낄 수 있었다. 그날 집회의 마지막쯤 마이크를 잡은 이재명의 사자후를 듣고 나서는 단순한 느낌이 아니라 확신을 하게 되었다.

필자는 이날 이재명의 연설을 처음 들었다. 살아오면서 내가 직접 보고 감명을 받았던 연설은 그때까지 네 번이 있었다.

87년 민주화 투쟁 이후 처음 실시되는 대통령 선거에서 의정부에 방문했던 김대중 후보의 연설이 처음이었다. 사람이 너무 많았고, 마이크 시설도 좋지 않아서인지 뭔 얘기를 하는지는 잘 들리지 않았지만 존경하는 김대중 선생의 쩌렁쩌렁한 울림은 내 가슴을 뛰게 했다.

　그리고 문익환 목사님과 백기완 선생의 연설은 집회현장에서
자주 들었다. 들을 때마다 깊은 울림이 왔으며, 지금까지 살아오
면서 내 삶의 이정표를 세워 준 분들이다.

　마지막으로 노무현 대통령의 연설을 잊을 수가 없었다. 노무현
의 연설은 부드러운 직선이라고 해도 좋을 거 같았다. 지금은 이
세상에 없지만, 노무현이 만들고자 하는 세상은 여전히 진행형이
다. 특히 노무현이 대통령에 당선된 직후 혜화동 자택 앞에서 지
지자들에게 한 연설을 그 자리에서 들으면서 '함께 가자 우리 이
길을' 노래를 함께 부르던 기억이 아직도 뚜렷하다.

　그리고 역사적인 촛불집회의 서막을 알리는 이날 이재명의 연
설을 보면서 나는 전투형 노무현을 보았다. 적폐세력과 대충 타
협하지 않고 반드시 굴복시킬 지도자 이재명을 보았다.

**우리가 힘이 없고 돈이 없지만 가오가 없는 것은 아닙니다**

이날 촛불집회에서 이재명의 명연설은 유튜브를 통해서도 쉽게 볼 수 있다. 나뿐만 아니라 『마이너리티 이재명』의 저자 김용민 PD도 그곳에 있었다면서 그 명연설을 언급하는 거 보면, 이날 이재명의 연설은 많은 사람에게 영감을 준 것임이 틀림없다.

대통령은 나라의 지배자가 아니라 국민을 대표해서 국민을 위해 일하는 머슴이요 대리인일 뿐입니다. 그런 그가 마치 지배자인 양, 여왕인 양 대한민국 민주공화국을 우롱하고 있습니다. 국민은 지금까지 저질러 온 부패와 무능과 타락을 인내해 왔습니다. 300명이 죽어가는 그 현장을 떠나서 어딘지 알 수 없는 곳에서 7시간을 보낸 사실도 우리가 지금까지 참아왔습니다. 평화를 해치고 한반도를 전쟁의 위험으로 빠뜨리는 것도 우리가 견뎌왔습니다. 국민의 삶이 망가지고, 공평하고 공정해야 할 나라가 불공정하고 불공평한 나락으로 떨어질 때도 우린 견뎌왔습니다. 그러나 그 대통령이란 존재가 국민이 맡긴 위대한 정치 권한을 근본도 알 수 없는 무당의 가족에게 통째로 던져 버린 것을 우리는 용서할 수 없습니다. 우리가 힘이 없고 돈이 없지만 가오가 없는 것은 아닙니다. 우리는 나라의 주인이고 박근혜의 월급을 주고 있고 박근혜에게 권한을 맡긴 이 나라의 주인입니다. 박근혜는 이미 국민이 맡긴 무한 책임자에 대한 권력을 근본도 알 수 없는 저잣거리 여자에게 던져 주고 말았습니다. 박근혜는 이미 대통령으로서의 권위를 잃었습니다. 박근혜는 이미 이 나라를 지도할 기본적인 소양과 자질조차 없다는 사실을 국민 앞에 스스로 자백했습니다. 박근혜는 이미 대통령이 아닙니다. 즉각 형식적인 권력을 버리고 하야해야 합니다. 아니 사퇴해야 합니다. 탄핵이 아니라 지금 당장 권력을 놓고 집으로 돌아가십시오. 이 나라의 주인이 명합니다. 박근혜는 국민의 지배자가 아니라 우리가 고용한 머슴이고, 언제든지 해고해서 그 직위에서 내쫓을 수 있습니다. 일각에서는 하야하면 혼란이 온다, 탄핵하면 안 된다, 이렇게 말하고 있습니다. 저는 확신합니다. 지금 전쟁의 위기를 겪고, 나라가 망해가도 수백 명의 국민이 죽어가는 현장을 떠나버린 대통령이 있는 것보다도 더 큰 혼란이 있을 수 있습니까? 지금보다 더 나빠질 수 있습니까? 대통령이 떠난다고 해서 우리의 삶이 지금보다 더 나빠지고 한반도가 더 위험해지겠습니까? 더 나빠질 게 없을 만큼 망가졌습니다. 더 위험할 수 없을 만큼 위험합니다. 그래서 박근혜 대통령은 이미 대통령이 아니기 때문에 국민의 뜻에 따라 지금 즉시 옷을 벗고 집으로 돌아가십시오. 민주공화국을 위하여 우리가 싸워야 합니다. 공평한 기회가 보장되는 평등한 나라를 위하여, 공정한 경쟁이 보장되는 진정한 자유로운 나라를 위하여, 전쟁의 위험이 없는 평화로운 나라를 위하여, 생명의 지배가 없는 안전한 나라를 위하여 우리가 싸울 때입니다. 박근혜를 내몰고 박근혜의 몸통인 새누리당을 해체하고, 기득권을 격파하고 새로운 길로 나아갑시다. 우리가 싸우면 우리가 힘을 합치면 우리가 이길 수 있습니다. 새로운 역사를 만들 수 있습니다. 과거의 나쁜 구조를 깨고 새로운 길, 희망의 길을 만들 수 있습니다. 함께 싸웁시다.

이날 연설에서 이재명의 머슴론이 나온다. 나중에 문재인 대통령의 트레이드 마크가 된 "기회는 평등할 것이며, 과정은 공평할 것이며, 결과는 정의로울 것"이라는 이야기도 나온다. 하지만 그것보다 더 중요한 것은 처음으로 박근혜의 하야를 주장했다는 것이다. 그것이 바로 촛불 민심이기도 했다.

광장에 200만이 넘게 모일 때까지도 정치권은 '거국내각 구성', '명예로운 2선 후퇴'였다. 유력 대권후보였던 문재인 역시 그러했다. 촛불광장에서 수많은 사람이 박근혜 퇴진을 외치고 있을 때 문재인 당대표를 비롯한 민주당 국회의원들이 '대통령은 국정에서 쏜 떼라' 팻말을 들고 앉아 있던 모습은 지금까지 내가 본 문재인 모습 중 가장 비루했던 모습이었다.

### 민중이 가시밭길을 헤치고 나오면 꽃길을 깔고 걸어왔다

물론 당시 문재인 대표가 즉각적인 퇴진을 요구했다면 '대통령 선거를 빨리해서 당선 가능성을 높이려 한다'는 역풍을 우려했을 것으로 보인다. 민심이 더 폭발하는 순간을 기다렸을지도 모른다. 하지만 난 여전히 그 선택은 잘못된 선택이라고 생각한다. 결과는 정의로울 수 있었지만, 과정은 비겁했다고 생각한다. 이건 어디까지나 나의 생각이다. 민심의 성난 파도가 폭군의 배를 뒤집어 엎어버리는 절정의 순간까지 기다리는 것이 매우 합리적이라고 생각하는 사람도 있을 것이다. 이유야 어찌 되었든 우리는 광장에서 '박근혜 퇴진'이라는 하나 된 구호로 만나게 되었다.

정치인은 늘 그랬다. 민중이 저만치 가시밭길을 헤치고 나오면 꽃길을 깔고 걸어왔다. 우리는 그래서 민중들과 함께 걸어가거나 먼저 걸어가는 정치인에게 열광한다. 그 첫 정치인이 바로 노무현이었다. 그리고 지난 그 추운 겨울 촛불집회 현장에서 이재명이 그랬다.

이재명은 이후 촛불집회에도 자주 나타났다. 변방의 사또 성남시장이란 지위라 그런지 크게 주목받지는 못했지만, 이재명은 촛불집회에 분노한 시민의 한 사람으로 참석을 했다.

12월 3일 6차 촛불집회에는 헌정사상 가장 많은 232만 명이 모여들었다. 정치권도 모두 '박근혜 퇴진'을 외치게 되었다. 이날 밝힌 민심의 촛불이 12월 9일 국회에서 탄핵소추안이 가결되게 하는 결정적인 역할을 하게 되었다.

12월 3일 6차 촛불집회에도 이재명이 나타났다. 정치인들에게는 마이크를 넘기지 않았던 주최 측의 방침으로 인해 정치인들은 본무대에서 발언할 수가 없었다.

본 집회를 마치고 거대한 행렬이 청와대로 향하고 있을 때였다. 효자동 로터리에서 이재명을 발견한 시민들이 이재명을 환호했다. 그때 이재명은 제대로 된 연단도 없는 곳에서 마이크를 잡고 촛불집회 기간 중 두 번째 연설하게 된다. 공교롭게도 이 순간에도 나는 거기에 있었다.

이날 연설의 핵심은 "박근혜 퇴진시키고 청와대 정문 나서는 순간 구치소 보내자"라고 할 수 있다.

대한민국은 민주공화국이고 우리는 공화국의 일원으로 평등과 자유를 누릴 권한이 있습니다. 그러나 지금까지 우리는 단 한 번도 공평하게 대우받은 일이 없습니다. 오로지 이 사회 기득권자들, 나라 팔아먹고 국민을 학살하고 쿠데타를 일으키고 이 나라의 기득권을 차지한 그 소수의 특권층만 자유와 평등을 누렸습니다. 우리는 언제나 지배당했습니다.

이제 이 나라를 정상으로 되돌려야 합니다. 가진 자들에게 법은 부당한 이익을 얻기 위한 수단이었고, 총으로부터 보호하기 위한 방패였고, 다수의 우리 약자들을 쟁탈하는 무기였습니다. 자유는 우리가 아니라 특정한 소수만 누렸습니다. 이제 모두가 실질적으로 자유로운 나라, 모두가 평등한 민주공화국 우리 손으로 완성합시다!

이번 사태를 우리가 되돌아봅시다. 이번 사태의 몸통이 최순실입니까? 바로 박근혜입니다. 박근혜는 몸통입니까? 머리입니까? 이 사건의 몸통은 박근혜도 아닙니다. 새누리당이 집권을 위해서 박정희 향수를 이용해서 집권하려고 만든 생각도 없는 인형이었습니다. 이 사태의 몸통은 새누리당입니다. 새누리당이기 때문에 박근혜는 구속하되 새누리당은 해체로 책임져야 합니다. 그런데 우리가 간과하고 있는 게 있습니다. 몸통은 새누리당이고 김무성, 서청원, 유승민, 이정현은 손발이자 심장, 장기들이지만 그 뿌리는 바로 재벌들입니다. 친일자본이었고 독재세력으로부터 특혜를 받았고 국민의 세금으로 살찌웠고 지금은 이 나라 정치권력을 포함한 모든 권력을 독점했던 바로 그 재벌들이 이 사건의 뿌리라고 생각하는 데 동의하십니까? (예!) 이제 박근혜는 구속으로 새누리당은 해산으로 책임을 묻고 삼성과 SK 등 재벌을 해체함으로써 그 책임을 물어야 합니다. 저들은 특권을 이용해서 부정하게 축재했습니다. 노동자를 탄압하고 부당하게 이득을 얻었습니다. 중소기업을 착취하고 기술을 탈취해서 창고에 무려 750조의 현금을 쌓아놓고 이 나라 경제를 망친 책임자입니다. 이제 재벌체제를 해체하고 노동이 존중되고 많은 사람이 공정하게 기회를 누리고 공정한 경쟁질서 속에 기여한 만큼 배분되는 그런 나라 우리의 손으로 만듭시다!

여러분께 묻겠습니다. 박근혜를 퇴진시키고 이 청와대 정문을 나서는 순간 구치소로 보내고 싶습니까? (예!) 그러면 싸웁시다! 박근혜를 퇴진시키기 위해서 탄핵하는 데 동의하십니까? (예!) 그러면 함께 싸웁시다! 새누리당 해체로 책임을 묻는 데 동의하십니까? (예!) 그러면 싸웁시다! 정계 은퇴할 그 책임자들을 반드시 이 정치권에서 내몰고 싶습니까? (예!) 그렇다면 함께 싸웁시다! 재벌체제 해체하고 노동이 존중되고 기여한 만큼 배분받는 기회 공정한 나라 만들고 싶습니까? (예!) 그러면 싸웁시다! 법이 만인에게 평등하고 나라의 주인이 국민이고 민주공화국의 가치가 살아있는 진정한 자유대한민국 함께 만들겠습니까? (예!) 함께 싸웁시다.

여기는 바로 역사의 현장입니다. 새로운 민주공화국이 출범하는 이 역사의 현장에서 여러분과 함께 싸우겠습니다.

박근혜는 퇴진하라! 새누리당 해체하라! 재벌체제 해체하고 재벌 총수 구속하라! 감사합니다.

이날 이재명은 박근혜의 퇴진만 외친 게 아니다. 박근혜에게 뇌물을 바친 재벌을 해체하라고 당당하게 외쳤다. 그 어떤 정치인도 감히 재벌을 해체하라고 외친 정치인은 없었다. 재벌을 해체하면 대한민국이 망한다는 공포 마케팅에 정치인은 물론 일반 시민들도 노예가 된 지 오래다. 그런데 이재명은 이날 재벌 총수 구속하라고 외쳤다. 이재용 구속하라고 외친 것이다. 그리고 마침내 촛불집회에 모인 민심 그대로 이재용은 구속되었다. 죄는 누구보다 무거웠으나, 형량은 누구보다 가벼운 결과를 보게 되었지만.

# 대의원제도는
# 폐지되어야 한다

우리는 오른쪽이 아니라 옳은 쪽을 가야 한다.

### 이정근 녹취록

2023년 4월 12일 서울중앙지법 형사합의 27부<sub>김옥곤 부장판사</sub>는 알선수재 등 혐의로 기소된 전 더불어민주당 사무부총장 이정근에게 징역 4년 6개월을 선고했다. 검찰의 구형량 3년보다 이례적으로 높은 형량이었다. 지금은 오히려 검찰의 구형량이 왜 약했는지 의심이 들 정도이다. 형량을 갖고 모종의 거래를 시도한 것이 아닌지 의심이 된다. 그도 그럴 것이 이정근에게 유죄가 선거된 날 더불어민주당 전당대회에서 이정근의 주도로 돈봉투가 살포되었다는 소식이 강타했다.

검찰이 확보한 이정근의 휴대전화 3개에서 2만여 개의 녹취파일이 나왔는데 이 녹취파일을 분석하는 과정에서 총 9,800만 원의 돈봉투를 국회의원, 대의원에게 살포했다는 것이다. 수수혐의를 받는 관련된 인사만 해도 70명 선이라고 한다.

관련한 음성 녹음파일이 언론에 공개되고 있고, 민주당에서도 실익이 없는 자체조사보다는 검찰의 신속하고 공정한 수사를 당부한 만큼 사건의 전개는 지켜봐야 할 것이다.

이재명 대표는 2023년 4월 17일 당 최고위원에서 "아직 사안의 전모가 밝혀진 것은 아니지만, 지금까지의 상황을 볼 때 당으로서 입장표명이 필요한 것으로 판단됩니다. 저희 민주당은 이번 사안을 엄중하게 인식하고 있다는 말씀을 드리면서, 이번 일로 국민 여러분께 심려를 끼쳐드린 점에 대해서 당대표로서 깊이 사과드립니다. 당은 정확한 사실 규명과 빠른 사태 수습을 위해서 노력하겠습니다. 이를 위해 송영길 전 대표의 조기 귀국을 요청했다는 말씀도 드립니다. 모두가 아시는 것처럼 이번 사안은 당이 사실 규명하기에는 한계가 뚜렷합니다. 그래서 수사기관에 정치적 고려가 배제된 신속하고 공정한 수사를 요청합니다. 민주당은 확인된 사실에 따라서 그에 상응하는 책임과 조치를 다 할 것이고 이번 사안을 심기일전 계기로 삼아서 근본적인 재발 방지 대책도 확실하게 마련하겠습니다."라고 밝혔다.

여기서 돈이 어떻게 마련되었고, 어떻게 누구에게 전달되었는지는 언급하지 않도록 하겠다. 앞으로 수사 과정을 통해 그리고 재판과정을 통해 밝혀질 것이고, 민주당은 확인된 사실에 대해서 상응하는 책임을 다해야 할 것이다. 무엇보다 재발 방지를 위한 확실한 장치를 마련해야 할 것이다.

당시 이정근이 돕고 있는 송영길 당대표 후보는 홍영표 후보와 오차범위 내에서 치열한 경쟁을 벌이고 있었으며 결과는 송영길의 0.59% 차이 당선이었다.

민주당에서 다시는 이런 전근대적인 돈봉투 사건이 일어나지 않게 하기 위해서는 제대로 된 룰이 만들어져야 할 것이다. 아무리 피말리는 접전이라고 할지라도 돈봉투를 뿌려서 판세를 뒤집을 수 있다는 허황된 망상을 하지 못하게 하는 것이다.

더불어민주당은 전당대회를 다음과 같은 일이 있을 때 한다. 하나는 대통령 선거에 입후보할 후보를 선출할 때와 당대표와 최고위원을 선출할 때 한다.

우리는 보통 전당대회라고 부르지만, 공식명칭은 '더불어민주당 임시전국대의원대회'이다. 민주당은 당원 중심의 정당이 아니라, 대의원 중심의 정당이라는 의미이다. 전당대회란 전 당원이 모여서 당의 전략과 노선을 정하고, 당을 대표할 지도자를 뽑는 것인데 실상은 대의원들이 주도하고 있다. 전당대회가 열릴 때마다 민주당의 권리당원들은 대의원제도의 폐지를 주장해왔다.

## 민주당 대의원제도의 탄생

민주당의 지역적 기반은 김대중 대통령을 중심으로 한 호남이었다. 그렇다 보니 당원들의 대부분도 광주, 전남, 전북에 편중되어 있었으며, 수도권 역시 호남향우회가 중심이었다. 2000년 1월 20일 창당한 새천년민주당은 김대중 대통령과 노무현 대통령을 배출했다. 이후 민주당으로 명칭을 바꿨다가 지금은 더불어민주당이 공식명칭이며, 등록 약칭으로 민주당을 사용하고 있다.

호남을 기반으로 하다 보니 당원들 역시 호남에 편중된 것이 당연했다. 하지만 노무현, 문재인 대통령을 거치면서 전국정당으로 변모해왔다. 새천년민주당 시절에는 호남 당원들의 숫자가 영남 당원들의 숫자에 비해 20배 이상 높았다. 그렇다 보니 부산, 울산, 경남을 비롯한 대구, 경북 등지에서 활동하고 있는 당원들의 요구들이 무시될 수 있었다. 그래서 나온 것이 대의원제도였다. 당원의 지역적 편중을 극복하기 위하여 전국 인구비례에 맞춰 대의원 숫자를 조절하는 것이었다. 호남의 대의원 숫자나 영남의 대의원 숫자를 갖게 해서 전국정당으로 나아가기 위해서였다.

이렇게 만들어진 대의원은 16,000명에 달한다. 처음 대의원제도가 만들어질 때 민주당의 권리당원은 33만 명 수준이었다. 대의원 1표가 권리당원 20표 수준이었다.

민주당은 이후 당원들의 숫자가 기하급수적으로 증가하게 되는데 그 시작이 노무현 대통령을 만들고자 모여들었던 당원들이다. 이들 덕분에 민주당은 100만 당원을 돌파했으며, 이후 문재인 대통령을 만들고자 모여들었던 당원들이 합세하면서 200만 당원 시대를 열었다. 이후 이재명을 대통령으로 만들고자 모여든 당원들이 합세하면서 지금은 당원이 400만 명에 달하며 권리당원 숫자만 150만을 넘기고 있다. 하지만 대의원 숫자는 고정적으로 묶여 있다. 이렇다 보니 지금은 대의원 1표의 가치는 권리당원 90표의 가치에 해당하게 되었다.

## 돈봉투의 원인 제공은 대의원제도

민주당은 전당대회가 열릴 때마다 '룰'을 어떻게 할 것인지를 두고 갈등을 빚는다. 대중적 인지도가 높은 쪽은 권리당원의 비중을 높게 하려 하고, 그렇지 않은 쪽은 대의원 비중을 유지하려 한다. 그렇게 해서 가장 최근에 만들어진 룰은 이재명 대표가 당선된 2022년 치러진 전당대회 룰이다.

대의원 45%, 권리당원 40%, 일반국민 10%, 일반당원 5%의 비율이다. 권리당원의 비중이 40%로 늘어난 수치이지만 대의원이 갖는 투표의 가중치는 줄지 않고 오히려 늘었다. 전당대회 룰만 본다면 책임당원 100%로 하고 있는 국민의힘의 룰보다 못하다고 본다.

권리당원 90명의 가치를 대의원 1명이 갖고 있으니 대의원을 포섭하고자 하는 유혹을 떨쳐버릴 수 없었던 것이 이번 이정근의 돈봉투 사건이라고 볼 수 있다. 더군다나 대의원들의 투표율은

90% 이상이기에 60% 이내의 권리당원 투표율과 비교한다면 가중치는 120배에 가깝다고 할 수 있다. 권리당원 150만 명을 상대로는 그 어떤 봉투도 사용할 수 없다. 시도해도 결과에 아무런 영향을 주지 않기 때문이다. 하지만 대의원 100명만 포섭할 수 있다면 권리당원 12,000명을 포섭한 결과를 내고 전체 득표율에도 최고 5%에 해당하는 유의미한 영향을 미친다. 이번 이정근 돈봉투 사건의 출발은 이런 전근대적인 대의원제도를 혁파하지 못한 것에 기인한다. 지금의 민주당은 여전히 호남이 최고의 당원을 차지하고 있지만, 일반 권리당원에 90배의 가중치를 갖는 수퍼당원인 대의원제도를 고수할 정도로 영남이 소외되고 있지 않다.

## 대의원제도를 폐지하고 전국정당을 선포하라

이정근의 돈봉투 사건은 민주당을 사랑하는 권리당원 및 일반당원들에게 커다란 실망감을 안겨줬다. 그리고 왜 민주당이 대의원제도를 폐지하는 것이 당내 민주화의 상징인지 보여주는 사건이 되었다. 이정근 사태는 이미 벌어진 일이다. 많은 국민이 겨우 9,800만 원에 80여 명이나 엮여있는 이 사건에 실망하고 있다. 하지만 민주당이 빌미를 제공했던 대의원제도로 혁파하고 당내 민주화에 성공한다면 다시 민주당에게 국정을 맡길 것이다.

돈봉투 사건에 연루된 인사들에 대한 징계는 당연하다. 하지만 보다 큰 책임은 불합리한 대의원제도를 유지하고 있는 민주당 자신이다. 부디 이번 기회에 대의원제도를 폐지하기 바란다.

# 버스에서
# 내려와

작금의 한국 사회의 혼란은 어설픈 관용
과 용서가 부른 참극이다.

### 박근혜 퇴진 집회에서 버스에서 오른 사람들

박근혜 퇴진을 위한 집회를 할 당시 시위대 중 일부는 경찰 버스를 연결해서 만든 차단벽을 넘기 위하여 버스 위로 올라가거나, 버스에 밧줄을 묶어서 끌기도 하였다. 하지만 시위대 대다수는 이 집회가 폭력집회가 아닌 평화집회로 진행되기를 원했다. 비록 버스를 연결해 만든 차단벽이 시위대를 한 곳에 몰아놓고 소통하지 않으려는 의도가 있지만, 차벽을 인위적으로 제거하는 것은 그들에게 자칫 무력진압의 빌미를 제공할 수도 있다.

그래서 시위대는 버스에 올라가서 차벽을 제거하려고 시도하는 사람들을 향하여 "버스에서 내려와"라고 외쳤다. 박근혜 퇴진을 위한 집회가 횟수를 거듭할수록 버스에 오르는 사람들도 많아졌다. 그럴 때마다 평화시위를 추구하는 촛불 시민들은 "버스에서 내려와"라고 외쳤다. 촛불 시민들은 박근혜 정권이 이제 얼마 남지 않았음을 알고 있었다. 평화시위를 통해 세계 역사상 처음으로 민중의 신임을 잃은 부도덕한 정권을 끌어낼 수 있게 됨을 알고 있었다. 버스 차벽을 제거하려다가 자칫 계엄령 같은 군부 쿠데타의 빌미가 될 수 있음을 경계했다.

촛불 시민의 선택을 옳았다. 20여 회에 걸치는 기나긴 비폭력 투쟁을 통해 마침내 국회의 탄핵을 끌어냈으며, 헌법재판소의 탄핵 인용을 통해 대한민국의 최고위 공무원 대통령을 해임했다.


### 우원식 의원이 제안한 '버스에서 내려와' 운동

우원식 전 민주당 원내대표는 민주당의 구성원들을 향하여 다시 "버스에서 내려와" 운동을 전개하고 있다. 우원식 의원이 버스에서 내려오라고 하는 사람들은 이른바 '개딸'로 불리는 강성 친이재명 지지들이라는 것은 명백하다. 본인은 '개딸' 뿐만 아니라 극렬 '반이재명 주의자들'도 포함된 것이라고 한다. 특히 각종 언론에 나가서 노골적으로 이재명 대표를 흔드는 의원들도 포함된 것이라고 한다. 서로 싸우지 말고 전쟁의 '버스'에서 내려오라는 것이다.

이른바 '개딸'들은 딱히 계파라고는 하나 없이 '기본소득', '기본주택', '기본금융' 등 기본 시리즈를 외치면서 성남시장, 경기지사를 거쳐 대권후보까지 오른 이재명이라는 정치인 하나 믿고 당원으로 가입한 2030 여성들이다. 이들은 주로 이재명 대표가 당내 경선을 마치고 대권후보가 되어 윤석열 후보와 치열한 대권 경쟁을 할 때 입당했다. 이재명에게 씌여진 '대장동 그분'이라는 정보가 거짓된 정보임을 스스로 공부해서 깨닫고 이재명을 지키기 위해 당원으로 가입했다.

그리고 이재명이 대통령 선거에서 패배한 이후 모든 사람이 좌절하고 있을 때 오히려 이재명을 윤석열 정권으로부터 지키기 위하여 더욱 많은 '개딸'들이 민주당에 가입했다.

'개딸'의 탄생과 성장에 대해서는 다른 곳에서 다루기로 하고, 이렇게 새롭게 당원이 된 개딸들은 이재명 대표에 대한 가짜 뉴스에 가서는 댓글을 달면서 팩트 공격을 했으며, 이재명 대표에 대한 음해를 시도하는 국회의원에게는 수많은 문자로 항의했다. 해당 국회의원들은 국회의원에 대한 명확한 테러행위나 다름없다고 반발하였지만 개딸들의 공격은 멈추지 않았다. 개딸의 표적이 되면 수만 건의 문자가 날아들었다. 업무가 마비될 정도였다는 것이 마냥 엄살만은 아니었을 것이다.


**버스에서 내려올 사람은 개딸이 아니라 수박이다**

우원식 의원은 이들 개딸이 버스에 올라가 있다고 한 것이다. 이재명 대표를 음해하는 국회의원 역시 버스에 올라가 있는 것이라고 말은 하지만 '버스에서 내려와' 운동의 표적이 '개딸'임에 분명하다.

당연히 우원식 의원의 '버스에서 내려와' 운동을 지지하고 동참하는 당원들은 국회의원들뿐이다. 개딸들은 오히려 강력하게 반발하고 있다. 버스에서 내려와야 할 사람들은 개딸이 아니라 개딸에게 공격받고 있는 '수박들'이라는 것이다.

민주당의 통합과 단결을 저해하고 있는 자들은 개딸이 아니라 틈만 나면 이재명에게 사퇴하라고 외치는 자들이다. 이들은 아직 2년의 임기 중 1년도 안 지난 당대표를 향하여 사퇴하라고 외치고 있다. 그것도 검찰이 만들어낸 억지 기소 내용을 갖고 사법리스크 운운하면서 말이다.

당헌 80조에 의하면 부정부패 혐의로 검찰에 의해 기소된 자는 당무에서 배제되어야 한다는 조항을 근거로 하고 있다. 하지만 당헌 80조에도 정치탄압으로 의한 기소에 경우에는 제외된다고 되어있다. 그렇지만 이들은 이재명 대표의 기소 내용 중 '대장동' 관련 기소는 부정부패혐의이므로 법원의 판단이 있기 전까지는 당대표 직위를 유지해서는 안 된다고 하고 있다. 심지어는 정치탄압에 의한 억지 기소임을 인정하지만, 그래도 국민 중 일부가 이재명 대표에게도 혐의가 있다고 믿고 있고, 총선 전에 유죄 판결이 나오면 민주당에 돌이킬 수 없는 리스크가 되므로 사퇴하는 것이 민주당에 이롭다고 주장하고 있다.

이재명 당대표는 지난 2022년 8월 당대표 선거에서 77.77%라는 경이적인 지지로 당선되었다. 김대중 대통령도, 노무현 대통령도, 문재인 대통령도 해내지 못한 압도적인 지지였다. 그때도 이미 윤석열 정권이 공직선거법 위반, 대장동, 백현동, 성남FC 등으로 기소할 것임을 알고 있었다. 그럼에도 불구하고 민주당의 당원들은 이재명을 선택했다. 이재명이 윤석열 정권의 무리한 수사를 깨부수고 나갈 것이라고 믿었기 때문이다. 그런데 막상 기소되었다고 사퇴하라는 것은 지난 전당대회의 결과를 인정하지 않겠다는 것이다.

지금 이재명 대표의 사퇴를 주장하고 있는 자들은 2022년 전당대회의 결과를 무시하고 있으며, 또 이들은 지난 대통령 선거 후보 경선에서 경선결과에 승복하지 않은 사람들과 매우 많이 겹치고 있다. 또 이들 중 일부는 노무현 대통령 후보 시절에 노무현을 흔들던 자들이고, 심지어 또 일부는 문재인 대표 시절 총선을 앞두고 대표직 사퇴를 외치던 자들이다.

당연히 이재명 당대표를 흔들고 있는 이들을 향한 개딸들의 저항은 일리 있는 행동이다. 검찰의 일방적인 주장을 토대로 이재명 대표를 흔들고 있는 자들이야말로 민주당을 흔들고 있는 버스 위에서 난동을 부리고 자들이다. 난동 버스에 올라가 있는 자들은 개딸이 아니라 이재명 당대표를 흔들어서 자신의 기득권만을 지키려는 자들이다. 당연히 그들이 내려와야 한다. 어쩌면 그들은 난동 버스에서 내려오는 것뿐만 아니라 민주당이라는 버스에서 하차해야 할 자들이라 할 수 있다.

## 이재명 대표의 부탁

이재명 대표는 '개딸'들에게 심한 문자 폭탄은 자제해 달라고 부탁했다. 우리 민주당 내에서의 작은 차이가 윤석열 정권과 국힘당과의 차이만큼 크겠냐는 것이다. 그리고 이재명 대표의 호소 덕분에 수박 국회의원을 향한 문자 폭탄은 확연히 줄어들었다. 대폭으로 줄어든 상황에서 우원식 의원의 '버스에서 내려와'는 뜬금없는 캠페인이 될 수밖에 없었다. 이재명 대표도 당원과의 대화에서 "우원식 전 원내대표님을 뵙고 왔는데, 버스에서 내려와 이런 운동을 하셨어요. 혹시 아는 분 계세요? 버스에서 내려와." 묻더니, 조용하자 "별로 운동이 효과 없었나 보네요. 버스에서 내려와" 이렇게 언급했다.

당연히 효과가 있을 리가 없었다. 일개 국회의원이 당원들을 나무라는 운동이 효과가 있을 리가 없다. 민주당 국회의원들은 윤석열 정권과 싸우고 국힘당과 싸우고, 검찰과 싸워야지, 자신의 지지자들과 싸우려고 하니 효과가 있을 리가 없다. 그나마 다행인 것은 재명 대표의 간곡한 부탁으로 잦아 들은 문자 폭탄이 우원식 의원의 뜬금없는 '버스에서 내려와' 운동에도 불구하고 다시 폭발하지 않은 것이다. 하지만 수박들의 이재명 대표 흔들기는 지금도 계속되고 있다. 다시금 난동 버스에서 내려와야 하는 자가 누구인지 명백해졌다.

이재명 대표는 2023년 4월 5일 자신의 페이스북에 〈우리를 하나로 만들 설득과 경청의 힘을 믿습니다〉라는 글을 통해서 '버스에서 내려와' 캠페인을 격려했다. 다음은 이재명 대표의 페이스북 전문이다.

우리 당 4선 의원님들께서 제안해주신 '버스에서 내려와' 운동에 동참합니다.

집회나 시위가 격해질 때면 '버스에서 내려와'를 외치던 사람들이 있었다고 합니다. 대부분의 시민이 비폭력 시위에 동참했으나 몇몇 사람들이 격해진 감정으로 버스에 올라타고, 경찰에게 물대포 쏠 명분을 주니 이를 제어하기 위해 외치는 말이었다고 합니다.

이재명의 동지라면, 민주당을 사랑하는 지지자분들이라면 내부 공격과 갈등 대신 설득과 화합의 길에 앞장서 주십시오. 힘을 모아야 이깁니다. 단결과 통합이야말로 승리로 가는 가장 빠른 길입니다.

아직 참여하지 않은 여러 의원님들께서도 릴레이를 이어가 주시고, 당원과 지지자 동지들의 관심과 독려도 부탁드립니다.

# 단일대오를 위한
# 이재명의 호소

이재명을 찾기 위해서 저 높은 곳을 쳐
다보지 마십시오. 거기에는 이재명이 없
습니다. 이재명은 바로 여러분들의 옆에
있기 때문입니다.

### 당대표 흔들기 그만하라

전당대회에서 당원들의 77.77%라는 압도적인 득표율로 당선된 당대표의 입지를 흔들고 있는 자들은 분명히 있다. 이들은 이재명 대표 체제로는 총선을 치를 수 없다고 생각하고 있는 듯하다. 어쩌면 이재명 대표 체제에서는 자신들이 공천을 못 받을 수도 있다고 생각하는지 모른다. 그래서 끊임없이 이재명 대표를 흔들고 있다.

그 와중에 '디시인사이드 이재명 갤러리' 이용자들은 2023년 3월 15일 오전 11시부터 오후 7시까지 국회와 강병원, 윤영찬, 이원욱, 전해철 의원 사무실 앞에서 LED 전광판을 실은 트럭을 이용해 시위를 벌였다.

　전광판에는 "국민들은 이재명을 믿는다. 당대표 흔들기 그만하라", "77.77% 당원의 뜻 거스르지 말라" 등의 문구가 등장했다. 이 시위는 자발적 성금을 통해 이루어졌다. 얼마나 분통이 터지면 이런 시위를 기획했겠는가.

　이재명 대표도 당원들의 이런 분노를 모를 리가 없을 것이다. 하지만 의원이 170명이나 되는 거대 야당에는 나와 다른 의견을 가진 사람들도 있기 마련이다. 77.77%라는 압도적인 지지 건너편에는 22%의 다른 선택을 한 당원들도 있는 것이다. 지금 우리는 윤석열 정부라는 거대 악과 싸우고 있다. 그리고 그 싸움에서 반드시 이겨야 한다. 그래서 이재명 대표는 이런 시위에 대해서 우려와 자제를 부탁했다.

　이재명 대표는 3월 25일 자신의 페이스북을 통하여 지지자들에게 간곡하게 부탁했다. 그리고 이후 이 간곡한 부탁을 지지자

들은 수용했다. 이것이 이낙연과 이낙연 지지자들의 차이점이
다. 이낙연은 단 한 번도 자신을 지지하는 유튜버나 지지자들이
이재명 대표를 향하여 조롱하고 욕할 때 자제하라는 부탁한 적
이 없다. 그래서 그들은 여전히 SNS 상에서 이재명을 향한 음해
를 멈추고 있지 않다.

　다음은 이재명 대표가 지지자들을 향해 보내는 페이스북 메시
지이다.

〈조작된 이미지까지 동원한 내부공격, 민주당원이라면 이재명의
동지라면 멈추고, 제지해 주십시오.〉
어제 우리 당 이원욱 의원 지역사무실 앞에서 집회가 있었다고 합
니다. 살고있는 아파트 단지 입구에서 1인 피켓 시위도 계속되고
있다고 합니다.
설마 진짜 우리 지지자들일까, 민주당원들일까 의심이 듭니다. 민

주당원이라면, 이재명의 지지자라면 즉시 중단하고, 그 힘으로 역사부정 반민생 세력과 싸워 주십시오.

특히 '악마화'를 위해 조작된 이미지까지 사용해 조롱하고 비난하는 것은 금도를 넘는 행동입니다. 저 역시 조작된 사실로 수많은 공격을 당해봤기에 그것이 얼마나 견디기 힘든 일인지 저나 여러분 모두 잘 알지 않습니까?

생각이 다르다고 욕설과 모욕, 공격적인 행동을 하면 적대감만 쌓일 뿐입니다. 이재명 지지자를 자처하며 그런 일을 벌이면 이재명의 입장이 더 난처해지는 건 상식입니다. 국민들은 같은 당 당원들끼리 다투는 모습에 눈살을 찌푸립니다.

이미, 허위사실을 적시하여 민주당 인사들을 비방하거나 명예를 훼손한 인터넷 게시물에 대해 강력 대응을 밝힌 바 있습니다. 마찬가지로 조작된 이미지로 민주당 소속 의원의 명예를 훼손한 행위에 대해서도 당 차원에서 철저히 조사한 후 단호히 조치하겠습니다.

거듭해서 호소드립니다. 함께 싸워야 할 우리 편을 공격하고 모욕 억압하는 행위를 중단해주십시오. 이재명의 동지라면, 민주당을 사랑하는 당원이라면 오히려 그런 행동을 말려주셔야 합니다.

힘을 모아야 이깁니다.

그들이 원하는 게 갈등 분열이면 우리의 전략은 단결과 통합이어야 합니다. 같은 행동을 하며 다른 결과를 기대할 수는 없습니다. 다르게 행동해야 다른 결과를 얻습니다.

권한과 책임의 크기는 동일합니다. 누구로부터 시작되었든 누가 더 큰 원인을 제공했든 관계없이 결과에 대해 무한 책임지는 것이 책

미안해요, 이재명

임자의 몫입니다. 민주당의 책임자는 저이고 저는 분열 책동을 극복하고 힘을 모아 총선에서 반드시 이겨야 할 책임이 있습니다. 총선승리의 가장 큰 장애는 분열과 갈등입니다. 민주당원이라면, 이재명의 지지자라면 더 크게, 더 넓게, 더 멀리 보고 갈등 균열을 최소화하기 위해 노력해 주십시오. 그게 승리의 길이자 이재명이 가는 길입니다.

어제 울산 국민보고회 때 드렸던 말씀을 영상으로 다시 공유합니다.

우리 안의 차이가 아무리 커도 우리가 싸워 이겨야 할 상대보다 크지 않습니다. 공통점보다 차이점을 찾아 내부에서 균열을 일으키는 일은 그래서 상대가 가장 바라는 일입니다. 부족한 점이 있어도 함께 손 꼭 잡고 반드시 꼭 이겨냅시다. 그래야 총선에서 승리하여 나라의 퇴행을 막고, 새로운 미래를 개척해나갈 수 있습니다.

# 이재명은 개딸과
# 절연하라는 자들

우리 안의 갈등이 격해질수록 민생을 방치하고 야당 말살에 몰두하는 정권을 견제할 동력은 약해집니다. 이럴 때 가장 미소 짓고 있을 이들이 누구인지 상상해주십시오.

### 정치인 팬클럽의 역사

대한민국 최초의 정치인 팬클럽은 2000년에 만들어진 '노무현을 사랑하는 사람들의 모임' 노사모이다. 정치인 노무현이 2000년 4월 13일 제16대 국회의 선서에서 새천년민주당 후보로 부산 북강서을 지역구에 출마했으나 낙선하면서 이를 안타깝게 여긴 네티즌에 의해 만들어졌다. 당시 정치판을 지배하고 있던 지역주의에 대해 아쉬워하던 386 세대를 중심으로 만들어졌다. 2년 뒤 2002년 12월 19일 실시된 제16대 대통령 선거에서 노무현 후보가 승리하는 데 결정적인 역할을 했다. 2019년 해산했으나, 노사모는 여전히 결속력을 유지하고 있다.

정치인 팬클럽은 노사모가 시작일 뿐이었다. 이후 문재인 대통령에게도 강력한 지지층이 있었다. 문재인 대통령의 팬클럽은 하나로 뭉쳐 있지 않고, 세대별, 정치성향별로 세분화 되어 있었는데, 이들을 보통 '문빠'라고 칭하고 있다. 특히 노사모의 대부분은 '문빠'이기도 했다.

정치인 팬클럽은 민주당 계열의 정치인에게 있었던 것만도 아니다. 박근혜에게도 '박근혜를 사랑하는 모임' 박사모가 있었다. 박사모 역시 박근혜가 대통령이 되는 데 결정적인 역할을 했다.

이들 정치인 팬클럽의 특징은 정치의 정치철학에 동의하고, 그가 대통령이 될 때까지 보수를 바라지 않고, 자신의 돈과 자신의 시간을 쓰면서 헌신을 한다는 것이다.

노무현, 문재인, 박근혜 대통령처럼 몇십만이 되지는 않지만, 팬클럽을 가진 정치인은 더러 있다. 민주당의 정청래 의원을 지지하는 '청래당'이 있고, 민주당 전 의원 정봉주를 지지하는 모임이 '정봉주와 미래권력들' 미권스도 있었다.

이재명 대표의 팬클럽은 손가혁이 원조이다. 손가혁은 '손가락 혁명군'의 약자로 2013년 20여 명 규모로 출발했다. 이재명 성남시장의 사이다 발언에 열광하면서 세를 불려가던 손가혁은 2017년 민주당 경선에 뛰어든 이재명에게 큰 힘이 되었다.

당시 이재명 시장은 조직력에서 문재인, 안희정에 비해 절대적인 열세였다. 손가혁은 후보 중 가장 좌파적인 정책을 들고나온 이재명을 지지했다. 손가혁은 인터넷상에서 이재명 시장을 적극 지지하는 댓글을 쓰는 작업을 했다. 하지만 손가혁의 일부 회원들은 문재인 후보에 대한 거친 욕설 등을 달면서 이재명 후보를 곤란하게 만들기도 했다. 이들 중 일부는 민주당 경선에서 문재인이 최종적으로 민주당 대통령 후보로 결정되자, 경선불복을 주장하면서 독자 출마를 주장하기도 했다. 이에 이재명 시장은 손가혁을 손절하겠다는 발표를 하기도 했다.

### 이빠의 등장

이재명의 본격적인 팬덤이 시작된 것은 박근혜 탄핵 집회 중 제1차 촛불집회가 열렸던 2012년 10월 29일이었다. 이날 청계천 소라광장에는 2만여 명의 시민이 모여들었다. 이날 정치인으로 정의당의 고 노회찬 의원, 민주당의 송영길 의원, 그리고 성남시장 이재명이 참석해서 연설을 했다.

이날 이재명 시장의 연설은 두고두고 회자되는 명연설로 기록되고 있다. 아직 정치인 이재명은 민주당 지지자들에게 낯선 인물이었다. 하지만 이날의 연설로 이재명은 민주당 지지자들에게 '사이다 이재명'을 명확하게 각인시켜주었다.

> (전략) 박근혜는 국민의 지배자가 아니라 우리가 고용한 머슴이고, 언제든지 해고해서 그 직위에서 내쫓을 수 있습니다. 일각에서는 하야하면 혼란이 온다, 탄핵하면 안 된다, 이렇게 말하고 있습니다.

저는 확신합니다. 지금 전쟁의 위기를 겪고, 나라가 망해가도 수백 명의 국민이 죽어가는 현장을 떠나버린 대통령이 있는 것보다도 더 큰 혼란이 있을 수 있습니까? 지금보다 더 나빠질 수 있습니까? 대통령이 떠난다고 해서 우리의 삶이 지금보다 더 나빠지고 한반도가 더 위험해지겠습니까? 더 나빠질 게 없을 만큼 망가졌습니다. 더 위험할 수 없을 만큼 위험합니다. (후략)

이날 이재명의 연설은 '전투형 노무현'의 출현을 알리는 북소리였다. 이재명은 촛불집회 첫날부터 박근혜의 퇴진을 주장했는데, 당시 민주당의 당대표 문재인은 '거국내각 구성'과 '명예로운 2선 후퇴'였다. 민주당이 박근혜 퇴진을 넘어 탄핵을 공식화한 것은 12월 3일 6차 촛불집회에 헌정사상 최대인 232만 명이 집결한 이후였다. 그리고 며칠 뒤 12월 9일 국회에서 탄핵소추안이 가결되었다.

민주당 정치인 중 누구보다 먼저 민중의 촛불 앞에서 서서 거침없이 박근혜의 퇴진과 탄핵을 외쳤던 이재명에게 수많은 사람이 열광하기 시작했다. 그리고 이들은 이재명 시장의 든든한 우원군이 되었다.

박근혜의 탄핵 이후 문재인 대표를 대통령 후보로 올리고자 모여든 사람이 '문빠'였다면, 성남시장 이재명을 대통령 후보로 올리고자 모여든 사람들이 '이빠'였다. 문빠와 이빠는 이렇게 민주당 팬덤 정치의 양대 산맥이 되었다.

문빠와 이빠는 민주당 대통령 선거 후보 결정을 위한 경선을 통해서 경쟁하고, 때로는 갈등하면서 성장해갔다. 자신들의 후보를 지지하는 후보에게 박수를 보내고, 댓글을 달기도 했지만, 또 일부는 상대 후보에게 도가 지나친 비방을 하기도 했다. 그때의 앙금이 2023년 지금까지도 남아 있는데, 이빠보다는 문빠에게 더 많이 남아 있는 듯하다. 이빠들은 어쩌면 이재명을 대통령으로 만들기 위하여 문빠들과 전략적 화해를 시도했는지 모르지만 문빠들 중 일부는 지금도 반이재명 전선의 선봉에 서 있다.

우여곡절 끝에 2021년 민주당 대통령 후보로 이재명 경기지사가 선출되었지만, 이낙연 캠프에서는 한동안 경선결과에 대해서 승복하지 않았다.

이낙연 캠프는 2021년 10월 11일 국회에서 기자회견을 갖고 무효표 처리문제에 문제를 제기하면서, 결선투표를 해야 한다며 사실상 경선에 승복할 수 없다는 입장을 밝혔다.

이재명이 민주당의 대선 후보로 결정되었지만, 민주당 국회의원의 대부분은 이재명에게 호의적이지 않았다. 170명의 민주당 의원 중에서 이재명 후보의 든든한 우군은 손에 꼽힐 정도였다. 중고등학교를 검정고시로 패스한 노동자 출신 이재명에게 민주당은 의원들은 적극적으로 움직이지 않았다. 더군다나 경선 기간에 이낙연 캠프에서 처음 제기한 '대장동 몸통은 이재명'이라는

1 김주영 2 양기대 3 김철민 4 이장섭 5 신동근 6 김종민 7 허영 8 홍성국 9 최인호 10 김광진 11 이병훈 12 설훈 13 홍영표 14 오영훈 15 윤영찬 16 윤재갑 17 서동용 18 배재정 19 박광온 20 홍기원 21 박영순 22 홍익표

공격은 지난 대선에서 윤석열에게 패배한 결정인 원인이 되었다.

이재명 후보에게 소극적인 민주당 의원들을 대신해서 당내 권리당원과 당밖의 지지자들이 결집하기 시작했다. 이른바 개딸의 탄생이다.

### 개딸의 탄생

대통령 선거가 본격적으로 시작되었지만, 이재명 후보와 이낙연 캠프 간의 화학적 결합은 이루어지지 않았다. 특히 이낙연 캠프에 있던 공보단장 정운현이 윤석열을 지지한 것은 충격 그 자체였다. 정운현은 이낙연이 국무총리를 지낼 때 비서실장을 지낼 만큼 이낙연의 최측근이었다. 하지만 '괴물보다는 식물'을 지지하겠다는 정운현의 망언과 배신에 대해서 이낙연은 단 한마디도 하지 않았다.

이재명은 후보가 되고 나서 선거운동 기간 초반에는 이재명다운 '사이다'를 포기하고 중도통합에 초점을 맞췄다. 대선 캠프는 이재명을 강력하게 지지하는 의원들 대신에 이낙연 캠프에 있던 사람들을 중용했다. 하지만 그것은 패착이었다. 용광로 선대위를 꿈꾸었던 이재명 후보였지만, 결과는 몸집만 큰 초식 공룡이었다. 그리고 지지율도 윤석열에게 역전되었다.

선거 막바지에 'n번방 추적단' 불꽃 박지현이 이재명 후보를 지지했다. 이준석이 이른바 이대남을 포섭하면서 20대 및 30대 남성을 강력한 지지층으로 만드는 데 성공하면서, 선거는 매우 불리하게 들어갔다. 그러던 중 불꽃 박지현의 등장은 2030 여성들이 이재명 후보를 다시 꼼꼼하게 살펴보는 계기가 되었다.

선거 기간 중 2030 여성들은 자신의 커뮤니티에서 언론의 왜곡 보도로 악마화된 이재명에 대한 진실 배우기가 시작되었다. 형수 욕설, 김부선 스캔들, 대장동 몸통, 조폭, 전과4범 등 이재명에 대한 오해와 진실 찾기 운동이 그들 사이에서 일어났다.

이재명에게는 아들만 둘이 있다. 딸이 없다. 그런 이재명이 2006년 4월 22일 자신의 블로그에 올린 '딸에게 아빠가 필요한 100가지 이유'가 2030 여성 커뮤니티에 퍼지면서 '이재명의 딸'이 되겠다는 여성들이 생겨났다. 특히 100번째 "딸에게는 아빠가 필요하다. 아빠는 딸의 첫사랑이다."라는 문장이 2030 여성들을 열광시켰다. 그리고 그들은 〈응답하라 1987〉에서 겉으로는 거칠지만, 속으로는 아버지를 사랑하는 뜻으로 '개딸개혁의 딸'

이라고 칭했다.

선거운동 현장, 그리고 커뮤니티에 개딸이 집결하면서 대반전이 펼쳐졌다. 뒤늦게 이재명에 대한 각종 자료들을 검색하던 2030 여성들이 이재명 후보의 강력한 지지층으로 변한 것이다. 이들은 그동안 오해서 미안하다는 의미로 '쏘리 이재명', '미안해요, 이재명'이라면서 집결하기 시작했다. 윤석열을 지지하는 2030 남성과 이재명을 지지하는 2030 여성간의 경쟁이 시작되었다.

선거운동이 시작되기 전 각종 여론조사에서 10% 이상 차이나던 지지율의 격차는 0.73%라는 초박빙 패배로 막을 내렸다. 10% 이상 차이나던 여론조사는 사실 믿을 것이 없는 가짜 여론조사였는지도 모른다. 여론조사를 통해 여론을 선동했을 수도 있다. 선거운동 기간이 하루만 더 있었더라도 결과는 다르게 나왔을 것이다.

대통령 선거에서 이재명 후보는 패배했다. 그런데 패배한 민주당에 2030 여성들이 대거 입당하기 시작했다. 선거에 패배하면 당원들이 빠져나가는데, 반대로 정치인 이재명을 지키겠다며 당원들이 늘어나는 기이한 현상이 나타난 것이다. 본격적으로 개딸이 민주당 개혁의 중심으로 자리잡기 시작했다.

### 민주당은 할 수 있다

대선 이후 새롭게 민주당에 입당한 당원이 30만 명 이상이라고 한다. 이들은 민주당의 각종 개혁 입법을 견인하는 역할을 하면서 민주당사 앞에서 "민주당은 할 있다"라는 구호를 외치며 포지시티브이 운동을 전개했다. 기존의 민주당 적극 지지자들이 민중가요를 부르면서 집회를 하는데 반해, 개딸들은 소녀시대의 '다시 만난 세계'를 부르면서 집회를 이어갔다.

'다시 만난 세계'는 2016년 7월 이화여대 학생들이 최순실의 딸 정유라의 입시 비리에 항의하며 부른 그들만의 투쟁가(?)였다. 그 노래가 6년 뒤 개딸들에 의해 다시 투쟁가로 불리었다.

개딸들은 대선 이후 기울어진 운동장을 극복하고 민주당 지지세를 확장시키기 위한 '밭갈이 운동본부'에도 적극적으로 참여했다.

기존의 정치인 지지그룹이 4050 세대의 운동권이 주축이었던 것과는 대조적으로 2030이 주도하는 개딸은 기존의 팬덤 정치를 뛰어넘는 가히 혁명적인 조직(?)이 되었다.

2022년 대선이 끝난 직후인 3월 24일 민주당 당사 앞에서 개딸 시위대는 파란 풍선을 들고 "민주당은 할 수 있다"는 구호와 함께 '검찰개혁', '언론개혁', '민주당 개혁'을 요구했다.

개딸들은 매일 저녁 온라인에 정치개혁을 요구하는 '기도스기도 + 디도시의 합성조어'를 올리기도 했는데 내용 "정치인들은 국민을 두려워하게 하시고, 기업인들은 사람을 존중하게 하시며, 언론인들은 진실을 말하게 해주시고, 법조인들은 양심을 지키게 하

소서."였다.

개딸들은 스스로 한국 정치사를 공부하면서 그간의 정치 언어를 깨부수면서 정치의 중심으로 들어왔다. 개딸들은 이재명 개인의 팬덤을 넘어 민주당을 변화시키고 대한민국을 변화시키고 있다. 개딸들의 눈부신 활약에 고무되어 개딸을 지지하고 격려하는 '개이모', '개삼촌' 같은 변종(?)도 만들어냈다. 개딸 중 일부는 '잼딸'로 변신하기도 했는데 이들은 주로 이재명 대표가 이장으로 있는 인터넷 공간 '재명이네 마을'에서 활동하고 있다. 재명이네 마을에는 현재 21만 명이 거주 중이다. 재명이네 마을이 처음 만들어진 것은 대선 다음 날인 2022년 3월 10일 새벽 2시 30분이었다. 이재명을 지지했던 대부분 사람이 선거 패배의 분루를 삼키며 어찌할 바를 모르고 있을 때 개딸들은 다음을 준비하며 '재명이네 마을'을 건설했다. 22만 명이 거주하고 있으니 웬만한 신도시 하나가 만들어진 것이다.

### 개딸이 정치 홀리건이라고?

개딸들은 민주당에 입당하여 권리당원으로 활동하면서 민주당 개혁을 강력하게 주장하고 있다. 또한, 민주당 국회의원임에도 불구하고 이재명 대표에 대한 터무니 없는 공격을 일삼는 의원들에게 문자로 항의하기도 했다. 일부는 몇몇 국회의원 사무실 앞에서 시위를 벌이기도 했다.

개딸들에게서 항의를 받는 의원들은 대부분 이재명 대표에 대해서 쓴소리(?)를 하는 의원들로 이원욱, 박용진, 조응천, 이상민 의원 같은 분들이다. 이들은 각종 인터뷰에 나가서 '이재명의 사법 리스크' 운운하면서 대표직 사퇴를 요구하거나, 체포동의안에 찬성하는 듯한 발언을 했다.

이들 의원에게 개딸들은 강력하게 항의했는데, 이원욱 의원은 자신에게 폭언과 욕설이 담긴 문자를 공개하면서, 이것이 개딸들이 보낸 것이라고 했다. 그러나 민주당의 자체조사 결과 그 문자를 보낸 사람은 민주당 당원이 아니었다.

이원욱 의원은 2023년 3월 25일 자신의 페이스북에 "이제 개딸들에 대한 분노조차 아깝다."고 적었다. 박용진 의원은 3월 24일 자신의 블로그에 '변화와 결단, 헤어질 결심'이라는 글에서 "팀을 망치고 축구를 망치는 훌리건처럼, 정치 훌리건, 악성 팬덤은 정당을 마치고 민주주의를 박살낸다. 개딸 여러분께서 그렇게 단일대오가 좋으시다면 윤심 단일대오 깃발이 나부끼는 국민의힘으로 가십시오. 개딸들이 수박을 찢을 때 국민은 민주당을 찢는 개딸에 질린다. 민주당에 지금 가장 필요한 건 개딸과 헤어질 결심."이라고 주장했다.

정치인이 자신의 지지자와 헤어져야 한다는 논리는 해괴망측

하다. 특히 개딸이라고 하는 사람들이 도대체 어디부터 어디까지 지칭하는지 명확하지도 않다. 2030 여성들이 개딸인가? 그럼 개이모, 개삼촌은 개딸인가?

### 개딸이 아닌 폭력과 절연해야 한다

축구장을 가득 메우는 서퍼터즈들이나, 야구장을 가득 메우는 펜들이나 모두 팬덤에 기반하고 있다. 그 팬덤이 있어서 경기장의 열기는 뜨거워진다. 하지만 관중 중 일부가 물병을 던지고 난동을 부렸다고 이들 열성 팬 조직을 모두 경기장에 출입을 못 하게 한다면 경기 자체가 의미가 없어진다. 난동을 부린 사람만 정확하게 쫓아내면 될 일인 것이다.

민주당 일부 의원들의 개딸과 절연하라는 주장은 잘못된 것이다. 이것은 개딸 전체를 폭력적인 조직으로 인식하는 것이기 때문이다. 다만 폭력적인 문자와 폭력을 행사한 자에 대해서는 개딸이던, 민주당원이던, 일반 시민이던 격리해야 마땅하다.

이재명 대표에게 그리 호의적이지 않던 김종민 의원은 CPBC 라디오 '김혜영의 뉴스공감'에 출연해서 "개딸과 절연할 필요는 없다. 다만 폭력적인 행태와 절연해야 한다."고 말했다. 동의한다.

이재명 대표도 2023년 3월 4일 페이스북에 <명단 제작, 문자폭탄, 제명 요청. 누가 이득 볼까요?>라는 글을 통해서 다음과 같이 밝혔다.

저의 체포동의안 국회 표결 이후 우리 당 몇몇 의원님들에 대한 명단을 만들고 문자 폭탄 등의 공격을 하는 일이 벌어지고 있습니다. 제명 요청까지 나오고 있는 상황을 매우 엄중히 지켜보고 있습니다.

시중에 나와 있는 명단은 틀린 것이 많습니다. 5명 중 4명이 그랬다고 해도 5명을 비난하면 1명은 얼마나 억울하겠습니까. 자신이 한 일도 아닌데 누명을 당하는 심정, 누구보다 제가 잘 알지 않습니까. 우리 안의 갈등이 격해질수록 민생을 방치하고 야당 말살에 몰두하는 정권을 견제할 동력은 약해집니다. 이럴 때 가장 미소 짓고 있을 이들이 누구인지 상상해주십시오. 이간질에 유효한, 전혀 사실과 다른 명단까지 나도는 것을 보면 작성 유포자가 우리 지지자가 아닐 가능성도 커 보입니다.

내부를 향한 공격이나 비난을 중단해주시길 부탁드립니다. 이것은 상대 진영이 가장 바라는 일입니다.

배제의 정치는 결코 통합의 정치를 이길 수 없다고 믿습니다. 네거티브가 아니라 포지티브로, 억압이 아닌 긍정의 힘으로 더 많은 지지를 획득할 수 있습니다. 민주당이 잘하고 있는 일은 무엇인지 검사 독재정권이 벌이는 무도한 수사의 진실은 무엇인지 더 많이 알려주십시오.

민주당이 콘크리트처럼 단단해져야 검사독재 정권과 더 결연히 맞설 수 있습니다. 저도 더 노력하겠습니다.

# 아빠는
# 딸의 첫사랑이다

딸에게는 남자들을 신뢰해도 좋다는 사
실을 알게 해주는 그런 아빠가 필요하
다.

다음은 이재명 대표가 2006년 4월 22일 블로그에 올린 〈딸에
게 아빠가 필요한 100가지 이유〉 전문이다. 16년 전에 쓴 이 글
이 2022년 개딸이 탄생하는 나비효과의 첫 날갯짓이었다.

1. 딸에게는 아빠가 금방 괜찮아질 거라고 말하면 그대로 될 거
   라는 믿음을 주는 그런 아빠가 필요하다.
2. 딸에게는 자신을 희생함으로써 딸의 희생을 막아주는 그런
   아빠가 필요하다.
3. 딸에게는 외모보다는 한 인간으로서의 가치가 더 중요하다
   고 가르치는 그런 아빠가 필요하다.
4. 딸에게는 필요한 순간에 늘 자신을 향해 웃어주고

5. 언제든 자신을 안아주고 입맞춰줄 시간이 있는 아빠,

6. 춤을 추다가 발을 밟아도 개의치 않고 언제든 돌아갈 집이 있다는 사실을 확인시켜주는 그런 아빠가 필요하다.

7. 딸에게는 딸이 아빠가 필요 없는 나이가 되었다는 생각은 꿈에도 하지 않는 그런 아빠가 필요하다.

8. 딸에게는 가족을 온전하게 지켜주는 그런 아빠가 필요하다.

9. 딸에게는 실수를 해도 벌주지 않고 오히려 실수를 통해 배울 수 있게 도와주며

10. 어디서든 정당한 대우를 받을 자격이 있다고 가르치는 아빠,

11. 남들이 나와 다른 점을 받아들이라고 가르치며,

12. 행동의 결과에 대해 깊이 생각하고 그에 따른 결정을 내릴 수 있도록 가르치는 그런 아빠가 필요하다.

13. 딸에게는 누군가의 사랑을 독차지하는 것이 어떤 것인지 알게 해 줄 그런 아빠가 필요하다.

14. 딸에게는 진심으로 자신이 누구보다 아름답다고 말해주는 그런 아빠가 필요하다.

15. 딸에게는 밤에 보이는 무서운 것들로부터 딸을 보호해주고,

16. 어려운 문제로 잠 못 이룰 때 해답을 주는 아빠,

17. 복잡한 것을 단순하게,

18. 고통스러운 것을 견딜만한 것으로 만들어주며,

19. 천둥과 번개로부터 딸을 보호해주는 그런 아빠가 필요하다.

20. 딸에게는 가족이 일보다 더 중요하다고 가르치는 그런 아빠가 필요하다.

21. 딸에게는 언제든 기댈 수 있는 안전지대가 되어주는 그런 아빠가 필요하다.

22. 딸에게는 헌신적인 사랑을 받는 느낌이 어떤 건지 알게 해주는 그런 아빠가 필요하다.

23. 딸에게는 모든 남자들을 판단할 때 기준이 되는 그런 아빠가 필요하다.

24. 딸에게는 함께 있지 않아도 자신의 삶에 영향을 미치는 그런 아빠가 필요하다.

25. 딸에게는 남편과 아내는 동등한 존재라고 가르치는 그런 아빠가 필요하다.

26. 딸에게는 자신이 쓸모없다고 느낄 때 언제나 그렇지 않다고 말해주고,

27. 혼자 가는 것이 너무 두려울 때 동행해주는 아빠,

28. 성실함의 의미와 험한 길을 피해 가는 법을 가르쳐 주고,

29. 스스로 결정을 내릴 수 있을 때까지 어려운 결정들을 대신 내려주는 그런 아빠가 필요하다.

30. 딸에게는 어떤 경우에도 실망을 안겨주지 않을 이상형이 적어도 한 명은 있다고 믿게 해 줄 그런 아빠가 필요하다.

31. 딸에게는 밤에 안아다 눕혀주는 그런 아빠가 필요하다.

32. 딸에게는 자기를 보호할 수 있을 만큼 지혜롭지 못할 때 자신을 지켜주는 그런 아빠가 필요하다.

33. 딸에게는 위험을 감수하고라도 자신감을 얻을 수 있게 도와주는 그런 아빠가 필요하다.

34. 딸에게는 용서는 자연스러운 것이라고 가르치며,

35. 한 번 이상 용서해도 좋다고 가르치는 아빠,

36. 의지가 굳은 것과 고집스러운 것의 차이점을 가르쳐주고,

37. 자신이 딸의 존경심을 얻어냈던 것처럼 존경심은 노력을 통해서만 얻어지는 것이라는 사실을 가르쳐주는 그런 아빠가 필요하다.

38. 딸에게는 역경을 견뎌낼 수 있는 힘을 길러주는 그런 아빠가 필요하다.

39. 딸에게는 자신이 다른 사람에게는 우주의 중심이 아닐 수는 있어도 아빠에게는 우주의 중심이라는 사실을 알려주는 그런 아빠가 필요하다.

40. 딸에게는 딸의 아이들에게 가족의 역사가 되어 줄 그런 아빠가 필요하다.

41. 딸에게는 남편에게 기대해야 할 것이 무엇인지 가르쳐주고,

42. 다른 사람에 대해 책임감을 가지라고 가르치는 아빠,

43. 난관 속에서도 존엄성르 지키라고 가르치며,

44. 부모로서 아이를 가르치는 데 희망이 있다는 믿음을 주는 그

런 아빠가 필요하다.

45. 딸에게는 항상 그 자리에 있다는 사실이 무엇을 의미하는지를 가르쳐주는 그런 아빠가 필요하다.

46. 딸에게는 남자의 힘은 그의 손이나 목소리의 위력이 아니라 다정한 마음에 있다는 사실을 가르쳐주는 그런 아빠가 필요하다.

47. 딸에게는 모든 거래에서 정직하라고 가르치고,

48. 인내심과 친절을 가르치는 아빠,

49. 의지를 굽히지 않아야 할 때와 타협해야 할 때를 가르쳐주며

50. 실패할 때마다 다시 도전할 수 있게 도와주는 그런 아빠가 필요하다.

51. 딸에게는 자신이 기억하지 못하는 것도 생각나게 해주는 그런 아빠가 필요하다.

52. 딸에게는 자식이 성장할 수 있도록 부드럽게 떠밀어주는 그런 아빠가 필요하다.

53. 딸에게는 자기편이 아무도 없을 때 눈을 감으면 그 모습이 떠오르는 그런 아빠가 필요하다.

54. 딸에게는 자신의 문제를 해결하기 시작할 때 필요한 길잡이가 되어주고,

55. 잘못된 길로 가면 뒤에서 잡아당겨주는 아빠,

56. 아무도 알아주지 않을 때 자신을 높이 평가해주고 눈물을 흘

리며 꼭 안아주는 그런 아빠가 필요하다.

57. 딸에게는 업어달라면 아무 이유 없이 그냥 업어주는 그런 아빠가 필요하다.

58. 딸에게는 도덕적인 기준을 세워주는 그런 아빠가 필요하다.

59. 딸에게는 미처 습득하지 못한 지혜를 나눠주는 그런 아빠가 필요하다.

60. 딸에게는 자신의 모습을 지켜보기 위해 하던 일도 멈추는, 그래서 자신이 얼마나 중요한 존재인지 가르쳐주는 그런 아빠가 필요하다.

61. 딸에게는 꼭 안기면 무서울 것이 없는 편안한 느낌으로 기억되는 그런 아빠가 필요하다.

62. 딸에게는 지혜와 이해라는 토대 위에 사랑이 가득한 가정을 만들어주는 그런 아빠가 필요하다.

63. 딸에게는 진실을 알아보는 눈과 그것의 가치를 알아보는 법을 가르쳐 주고,

64. 성실함을 알아보는 눈과 장려하는 법을 가르쳐주는 아빠,

65. 공정함이 무엇인지 가르쳐주고,

66. 자신을 옹호하는 법을 가르쳐주는 그런 아빠가 필요하다.

67. 딸에게는 요조숙녀다운 행동의 중요성에 대해 가르쳐주는 그런 아빠가 필요하다.

68. 딸에게는 신뢰를 바탕으로 세워진 집에 언제든 와서 쉴 수

있게 해주는 그런 아빠가 필요하다.

69. 딸에게는 남을 위해 봉사하는 기쁨을 가르쳐주는 그런 아빠가 필요하다.

70. 딸에게는 삶의 무게를 이기지 못하고 힘들어할 때 다독여주고,

71. 강하고 의지력 있는 성격을 길러주는 아빠,

72. 세상일이 어떻게 돌아가는지 가르쳐주며,

73. 딸이 좋아하는 것들을 만들어주는 그런 아빠가 필요하다.

74. 딸에게는 제 손으로 무언가를 고칠 수 있는 법을 가르쳐주는 그런 아빠가 필요하다.

75. 딸에게는 진정한 사랑은 무조건적이라는 사실을 몸소 보여주는 그런 아빠가 필요하다.

76. 딸에게는 가족을 사랑하는 일이 무엇보다 중요하다고 가르치는 그런 아빠가 필요하다.

77. 딸에게는 무지함은 어떤 경우에도 변명이 될 수 없으며,

78. 자존심이 새로운 것들을 발견하는 데 장애물이 되어서는 안 된다고 가르치는 아빠,

79. 자신의 생각이 적합한지 시험할 수 있는 실험을 하라고 가르치며,

80. 혼란한 가운데서도 정신을 집중하는 법을 가르쳐주는 그런 아빠가 필요하다.

81. 딸에게는 기쁨이 넘치는 마음에는 평화가 가득하며,

82. 거짓이 머무를 자리가 없다고 가르치는 그런 아빠가 필요하다.

83. 딸에게는 남자에 관해 알아야 할 모든 것을 말해주고

84. 모든 남자들이 자신에게 상처를 준 남자와 같지는 않다고 가르치는 아빠,

85. 신사를 알아보는 법을 가르쳐주고,

86. 아버지와 같은 남자와 결혼하는 딸의 결혼식 날 그 옆에 서 있어주는 그런 아빠가 필요하다.

87. 딸에게는 조심해야 할 때를 가르쳐주는 그런 아빠가 필요하다.

88. 딸에게는 여자와 남자는 좋은 친구가 될 수 있다고 가르쳐주는 그런 아빠가 필요하다.

89. 딸에게는 경험을 통해 배우라고 가르치는 그런 아빠가 필요하다.

90. 딸에게는 자기 자식의 아버지가 될 남자를 고를 때 어떤 타입을 골라야 하는지 가르쳐주고 가능한 한 최고의 엄마가 될 수 있도록 도와주는 아빠,

91. 가족의 가치를 중요하게 여기는 자녀를 키울 수 있게 도와주며,

92. 가족 안에서의 역할이 자신의 일보다 훨씬 중요하다는 사실

을 가르쳐주는 그런 아빠가 필요하다.

93. 딸에게는 인생에서 자신이 나아갈 길을 찾을 수 있게 도와주는 그런 아빠가 필요하다.

94. 딸에게는 열심히 일하는 데서 오는 혜택을 알게 해 주고,

95. 딸이 엄마와도 시간을 보낼 수 있도록 집안일을 도와주며,

96. 쏨쏨이에 책임을 지고 만약의 경우에 대비하라고 가르치는 아빠,

97. 관대한 심성으로 베풀 수 있도록 가르치며

98. 너무 지쳐 혼자 일을 끝내지 못할 때에 일을 끝낼 수 있게 도와주는 그런 아빠가 필요하다.

99. 딸에게는 남자들을 신뢰해도 좋다는 사실을 알게 해주는 그런 아빠가 필요하다.

100. 딸에게는 아빠가 필요하다. 아빠는 딸의 첫사랑이다.

# Epilogue

### 총선승리를 위해 민주당은
### 더 강해져야 한다

이제 이 글을 마무리할 때가 왔다.

이 책의 집필을 시작한 것이 2022년 7월이었다. 그리고 지금은 2023년 6월의 끝자락에 서 있으니 1년 만에 집필을 끝낸 것이다. 2022년 3월에는 대통령선거가 있었고, 바로 3개월만인 6월에는 지방선거가 있었다. 연이은 선거에서 민주당은 패배했다. 그나마 위안이 있었다면 지방선거와 동시에 치러진 인천 계양을 국회의원 보궐선거에서 이재명이 국회에 입성했다는 것이다.

그리고 곧바로 그해 8월 28일 더불어민주당 전당대회에서 이재명 의원은 77.77%라는 환상적인 득표를 기록하며 당대표에 당선되었다.

이재명 의원이 민주당 역사상 최고 득표율로 당선되었지만, 이재명 대표를 흔드는 세력들의 난동은 지금까지 계속되고 있다. 그들은 이재명이 당대표가 되자마자 이른바 '이재명 사법 리스크' 운운하면서 사퇴를 주장하고 있다. 하지만 이재명을 당대표로 선택한 당원들은 검찰이 이재명을 잡기 위하여 파상적인 공격을 가해올 것이라는 것을 알고도 뽑은 것이다.

이재명 당대표를 향한 300회가 넘는 압수수색에도 불구하고, 검찰은 이재명을 무너뜨릴 결정적 한 방을 제시하지 못하고 있다. 만일 이재명이 아닌 다른 정치인을 이렇게 압수수색 했다면 살아남을 정치인은 단 한 명도 없을 것이다. 300회 이상이라는 경이적인 숫자의 압수수색은 역설적이게도 이재명이 매우 깨끗한 정치인이라는 것을 증명하고 있다.

이 책을 마무리할 즈음 이재명 당대표는 국회의원에게 헌법으로 보장된 '회기 중 불체포 특권'을 포기하는 승부수를 던졌다. 이제 검찰은 뻥카 구속영장을 청구할 수 없게 되었다. 지난번처럼 엉터리 구속영장을 청구하게 된다면 당연히 법원에서 기각될 것이고 검찰은 더이상 수사를 이어갈 동력을 잃게 되고 말 것이다.

그리고 최근에는 문재인 대통령 시절 금융감독원에서 분쟁조정위원 및 제재심의위원으로 활동했던 보험법 전문가 김은경 교수를 더불어민주당 혁신위원장으로 임명했다. 김은경 혁신위가 처음으로 당에 요청한 것은 다른 국회의원들의 불체포특권 포기였다. 필자의 개인적인 생각으로는 불체포특권은 당연히 존재해야 할 헌법적 권리라고 생각한다. 불체포특권이 있다고 해서 국회의원에 대한 수사 및 기소가 불가능한 것도 아니다. 검찰 수사에 적극적으로 협조하는 국회의원에 대해서 인신 구속을 해서 수사를 한다는 것은 무죄추정의 원칙에도 어긋난다. 더욱이 지금처럼 노골적인 야당 탄압의 도구로 쓰고 있는 검찰의 엉터리 구속영장 청구에는 불체포특권으로 당당히 맞서야 한다고 생각한다. 하지만, 국민의 대부분은 국회의원의 불체포특권에 대해서 매우 부정적이다. 일반인들에게 남발되고 있는 구속영장에 대한 불만이 국회의원에게 불똥이 튄 것이라고 볼 수 있다.

지금 검찰은 대통령의 처 김건희가 가담한 주가조작 사건에 대해서는 관련자들을 모두 구속하고 나아가 유죄를 받아냈음에도 불구하고, 영부인이라고 해서 수사를 전혀 진행하고 있지 않거나, 무혐의 처리하고 있다. 국회의원의 불체포특권 포기를 말하기 전에 영부인 김건희와 대통령의 장모 최은순에 대한 공정한 수사가 우선이다.

후쿠시마 핵 폐기수 방류 문제로 온 나라가 시끄럽다. 윤석열 정부는 일본의 대변인 역할을 하면서 핵 폐기수를 오염수도 아닌 처리수라고 불러야 한다며, 아울러 야당이 괴담을 유포하고 있다고 주장하고 있다.

1993년 10월 일본은 러시아가 핵잠수함에서 생긴 저준위 핵폐기물 900t을 동해인 일본 홋카이도 서쪽 540km 떨어진 바다에 투기하자 환경보호단체 그린피스와 함께 저지했다. 사실 당시 원전 의존도가 높았던 일본과 미국도 핵폐기물을 바다에 버렸다. 이 사건 이후 그린피스가 주도해서 1972년 런던에서 체결되어 1975년 발효된 런던협약은 핵 폐기물 해양 투기를 원칙적으로 금지하는 강력한 개정안 '96 개정의정서'가 1996년 새로 채택되었다. 당연히 일본도 가입되어 있으며, 대한민국도 1993년에 가입했다. 일본의 후쿠시마 오염수 방류는 런던협약 위반이라고 할 수 있다.

윤석열은 2023년 6월 28일 자유총연맹 행사에서 "반국가 세력들은 핵무장을 고도화하는 북한 공산집단에 대하여 유엔안보리 제재를 풀어달라고 읍소하고, 유엔사를 해체하는 종전선언을 노래 부르고 다녔습니다."라며 문재인 전 대통령과 민주당을 반국가세력으로 지칭했다.

윤석열의 폭주가 어디까지 갈지 매우 위태롭다. 이재명 대표가 과거 대통령선거 후보 토론회에서 윤석열을 가리켜 '빙하 타고 온 둘리'라고 했는데, 지금 윤석열의 의식은 이승만 박정희 시절의 반공 웅변대회 수준을 넘어서지 못하고 있다. 한반도의 실질적인 비핵화와 영구적인 평화를 위한 당연한 절차인 종전선언을 북한의 침략을 용인하기 위한 것이라고 주장하고 있다.

윤석열의 폭주를 막으려면 2024년 총선에서 민주당이 압도적으로 승리해야 한다. 야권이 지금처럼 200석에 모자라는 과반을 유지해서는 윤석열의 폭주를 막을 수가 없다. 윤석열은 지금 새롭게 법을 만들어서 무엇인가 할 생각이 전혀 없다. 자신에게 주어진 헌법적 권리를 통해 국회를 무시하고 시행령 통치를 하고 있다. 야권이 법안을 만들면, 윤석열은 번번이 거부권을 행사하고 있다. 언론은 국회의원의 불체포특권을 문제 삼기 이전에 대통령의 거부권과 시행령 통치를 비판해야 할 것이다. 하지만 대한민국 언론은 윤석열 정부가 갖다 주는 광고와 압수수색 공포에 언론이길 포기했다.

2024년 총선에서 민주당이 압승하기 위해서는 그동안 미루어왔던 당내 민주주의를 실현해서 제대로 된 후보를 선출해야 한다. 현역 국회의원은 모두 경선을 받아들여야 할 것이다. 그가 당대표라고 할지라도, 그가 원내대표라고 할지라도 도전자가 있으면 반드시 경선해야 한다.

그리고 후보 결정은 권리당원의 투표로 해야 한다. 대의원이라고 해서 권리당원보다 더 가중치가 높은 투표를 해서는 안 된다. 민주당의 주인인 매월 당비를 납부하고 있는 권리당원이다. 민주당의 주인이 대한민국 국민이라는 헛소리 집어치우고, 민주당의 주인이 권리당원임을 인정하고 이번 총선을 준비하는 과정부터 적용해야 한다.

당내 민주주의를 기반으로, 민주적으로 선출된 후보라면, 필자는 그가 지금 수박이라고 비난받고 있는 자라 할지라도 적극적으로 지지할 생각이 있다.

대통령선거는 보통 70% 안팎의 투표율을 보인다. 국회의원 선거는 60% 안팎의 투표율을 보인다. 대통령선거보다 보통 10% 이상 빠진 투표율을 보인다. 이는 중도층이라고 얘기하는 사람들이 대거 투표를 안한다는 것이다. 다시 말해서 국회의원 선거는 정치에 매우 관심이 많은 고관여 층이 주로 투표를 한다. 지금 민주당의 지지율과 국민의힘 지지율을 합치면 보통 60% 안팎이다. 국회의원 선거에 투표하는 사람들은 주로 이들이다.

지금 윤석열이 노조를 때려잡고, 전직 대통령을 반국가세력이라고 주장하는 것도 사실은 내년 총선에서 극우들의 적극적인 투표를 이끌기 위한 노림수라고 보인다. 극우들이 투표장에 많이 나오면 국민의힘이 승리할 수 있기 때문이다.

민주당이 승리하려면, 지금 ARS 여론조사에서 지지하는 정당이 민주당이라고 말하고 있는 40~50%의 민주당 지지자들을 투표장에 나오게 하면 된다.

중도층을 잡으려고 야성을 잃고, 얌전한 민주당으로 국회의원 선거를 하면 민주당 지지자들이 투표를 포기한다. 윤석열과 생사를 걸고 싸우는 투쟁하는 강력한 민주당일 때 민주당 지지자들은 적극적으로 투표에 참여한다.

ARS 여론조사에서 지지 정당 없다고 밝히는 사람들은 어차피 투표장에 나오지도 않는다. 그들을 잡겠다고 하는 것은 바람을 잡겠다고 하늘에 그물을 던지는 것과 같은 짓이다.

그런 관점에서 봤을 때 윤석열의 노조 때리기, 문재인 전 대통령과 민주당을 반국가 세력으로 몰아넣는 것은 영악한 전술이고, 일정 정도 성과를 거둘 것이다. 매우 나쁜 방법이지만, 꽤 효과 있는 방법이기 때문이다. 그래서 우리는 더욱 긴장해야 한다.

수단과 방법을 가리지 않는 저들과 싸워서 민주당이 이기는 방법은 오직 당원을 믿고, 당원의 선택에 앞장서서 달려가는 민주당의 국회의원 후보를 만드는 것뿐이다.

60%의 투표율에서는 지난 대선에서 이재명 후보를 선택했던 사람들이 모두 투표장에 나오게 하면 이긴다. 그것도 200석 이상으로 압도적으로 이긴다. 여기에 지난 대선에서 아파트 가격 떨어지지 말라고 윤석열을 지지했다가 지금 후회하고 있는 유권자들까지 합치면 승리하지

못할 이유가 없다.

이 책이 나올 때까지 응원해주신 박재성 예림인쇄 대표님, 성미산 체육관 앞 호프집 피노키오 김정숙 사장님과, 변갑수 공인중개사님, 그리고 안치관 형님께 감사를 드린다. 이 책의 제목이 된 '미안해요, 이재명'이라는 매력적인 말을 만들어내고 영감을 준 전국의 개딸들에게 감사를 드린다.

2023년 7월7일
백승대 이수현